한국어능력시험

HOT TOPIK 쓰기 토픽 II Writing

New 개정판

한글파크

개정판을 내면서

　〈HOT TOPIK II 쓰기〉는 토픽 시험 준비와 함께 여러분의 한국어 쓰기 실력 향상에 도움이 되고자 하는 마음에서 시작되었습니다. 핫토픽 쓰기가 지난 2년 간 베스트셀러의 자리를 지킬 수 있었던 것은 교재를 만드는 동안 학생의 입장에서 교사의 입장에서 끊임없이 고민하고 최신 경향을 반영하기 위해 노력했기 때문입니다. 첫 출간 이후에도 최신 경향에 대한 연구는 계속되었습니다. 이러한 노력의 결과로 〈HOT TOPIK II 쓰기〉 개정판을 출간하게 되었습니다.

최신 출제 경향 완벽 반영!

　최신 토픽 출제 경향을 분석하여 각 문항의 제일 뒤에 〈최신 경향 이렇게 나와요〉와 〈최신 경향 연습 문제〉를 추가하였습니다. 이를 통해 기존 문제와 어떻게 달라졌는지 분석된 내용을 확인해 보고 최근 자주 출제되고 있는 유형들을 실제로 연습해 볼 수 있습니다.

토픽에서 가장 큰 변화, 53번!

　NEW 토픽 시행 이후 53번 문제는 가장 변화가 많았습니다. 따라서 〈요즘 이렇게 나와요〉를 가장 먼저 보는 것이 좋습니다. 그리고 문제의 변화에 맞춰 개정판에서는 53번 ①과 ②의 순서를 바꾸었습니다. 53번 '① 그래프 유형'을 연습하고 53번 '② 표 유형'을 차례로 연습하면 새로운 유형(그래프와 표가 복합된 유형)도 자연스럽게 연습할 수 있습니다.

실전 모의고사 2회분 추가!

　최신 토픽 경향을 반영하여 실전 모의고사를 2회분 더 추가하였습니다. 최신 경향을 이론과 연습 문제로 충분히 공부한 후 모의고사 문제를 통해 자신의 실력을 점검해 볼 수 있습니다.

학습 계획표만 따라가면 OK!

　추가된 내용에 맞게 학습 계획표를 수정하고 일부 내용을 변경하였습니다. 단순히 공부를 했는지 확인하는 데에서 그치지 않고 시험까지 남은 날짜를 확인하면서 학습 결과에 대해 자기 평가를 해 볼 수 있습니다.

　〈HOT TOPIK II 쓰기〉 개정판은 기본부터 실전까지 체계적인 학습이 될 수 있도록 크고 작은 부분들을 수정 및 추가하였습니다. 또한 실전 문제를 추가하여 다양한 문제를 충분히 연습할 수 있도록 하였습니다. 〈HOT TOPIK II 쓰기〉가 여러분의 토픽 목표 달성에 도움이 되고 나아가 여러분의 한국어 쓰기 실력 향상에 도움이 되는 필수 교재가 되기를 바랍니다.

현 빈, 최재천

이 책의 특징

1 25일 완성

25일 동안 학습할 수 있도록 구성되어 있어서 계획적인 공부가 가능합니다. 혼자 공부하는 경우에도 목표를 세우고 꾸준히 학습하면 25일 후에 향상된 쓰기 실력을 확인할 수 있을 것입니다.

2 '쓰기의 기초'와 '시험의 기술'을 동시에

이 책 한 권으로 〈꼭 봐야 하는 기본기〉를 통해 쓰기의 기초 이론을 배울 수 있으며 동시에 〈답안 작성 전략〉을 통해 시험의 기술을 배울 수 있습니다.

3 학습자들이 자주 틀리는 것을 확인할 수 있는 '실수 클리닉'

〈실수 클리닉〉 코너를 통해 자주 틀리는 표현, 주의해야 하는 표현, 알아 두면 좋은 표현 등을 확인할 수 있게 구성하였습니다.

4 기초가 부족한 학생들을 위한 '기본기 연습'

기초가 부족한 학생들이 문제 유형별 〈기본기 연습〉을 통해 실력을 쌓을 수 있도록 연습 문제 코너를 만들었습니다.

5 자신이 쓴 답과 비교해 볼 수 있는 수준별 '해설'

실제로 학생들이 많이 틀리는 답을 모아서 만든 수준별 〈해설〉을 통해 자신이 쓴 답과 비교해 볼 수 있습니다.

6 최신 토픽 II 출제 경향 분석 • 반영

가장 최근에 실시된 토픽 문제의 내용까지 철저하게 분석하여 책에 반영하였습니다.

이 책의 구성

☑ 실력 평가해 보기

토픽 기출 문제를 한번 풀어 봄으로써 공부를 시작하기 전에
자신의 실력을 평가해 보도록 하였습니다.

☑ 꼭 봐야 하는 기본기

토픽 쓰기 문제를 풀기 위해 꼭 알아야 하는 기초 이론을
배울 수 있습니다. 이것을 통해서 기초를 쌓고 나면
뒤에서 문제를 쉽게 풀 수 있게 하였습니다.

☑ 답안 작성 전략

쓰기 문제의 답을 쓰는 방법을 STEP별로 연습하며
실제 시험에 대한 감각을 익힐 수 있습니다.
STEP을 통해 답안 작성 전략을 배우고 문제 풀이
과정을 배운 후 연습해 볼 수 있게 하였습니다.

☑ 연습 문제

다양한 문제를 통해 기출 문제의 유형을 연습하고
익힐 수 있습니다. '잊지 마세요!'는 답을 쓸 때 이 순서에
맞게 생각하면서 써야 한다는 것을 강조한 것입니다.
'몇 분 걸렸어요?'는 답을 쓰는 데 시간이 얼마나
걸렸는지를 써 보며 실전 감각을 익히는 것입니다.
'단어'는 중급 이상의 단어를 정리한 것입니다.

☑ 예상 문제

앞으로 나올 만한 다양한 예상 문제를 통해
시험에 대비할 수 있습니다. 세부 구성은
'연습 문제'와 같습니다.

☑ 실수 클리닉

실수 클리닉은 학생들이 자주 틀리는 것을 정리하여
문제로 만든 것입니다. 학생들은 자신이 자주 하는 실수를
직접 확인해 봄으로써 실력을 높일 수 있습니다.
실수 클리닉은 Day가 끝나는 부분에 있습니다.

☑ 최신 경향

기존 교재 발간 이후 추가된 최신 출제 경향을 완벽하게
분석해서 정리했습니다. 이를 반영한 추가 연습 문제도
포함되어 있습니다. 최신 경향은 part1, 2, 3, .4 마지막
부분에 있습니다.

☑ 실전 모의고사 1, 2, 3, 4, 5

실전 모의고사는 Day 22까지 모두 공부한 후에
마지막으로 자신의 실력을 확인해 보고 실제 시험의
감각을 익히는 것입니다. 총 5회분으로 실제 시험과
같은 형태로 만들었습니다.

해설집 책속의 책

☑ 기본기 연습

기본기 연습은 51번부터 54번까지의 문제를
풀기 위해서 기본적으로 알아야 하는 다양한
문법 및 표현을 연습해 볼 수 있게 정리한 것입니다.

☑ 해설

51, 52번은 정답과 자신의 답을 비교해 볼 수 있도록
점수별(0~5점)로 답을 제시하였습니다.
53, 54번은 쓰기 수준을 상·하로 나누어서 자신의 글과
비교해 볼 수 있도록 답을 제시하였습니다.

목 차

토픽 II 소개

시험의 목적

☑ 한국어를 모국어로 하지 않는 재외동포 · 외국인의 한국어 학습 방향 제시 및 한국어 보급 확대

☑ 한국어 사용 능력을 측정 · 평가하여 그 결과를 국내 대학 유학 및 취업 등에 활용

시험 시기

시기	시행 지역	성적 발표
1월경	국내	2월경
3월경	국내 · 외	4월경
4월경	국내 · 외	5월경
7월경	국내	8월경
10월경	국내 · 외	11월경
11월경	국내	12월경

※ 발표일 15:00 기준 TOPIK 홈페이지(www.topik.go.kr)를 통하여 발표함.

※ 결과 발표일은 사정에 따라 변동될 수 있음. (15:00 기준)

※ 성적 확인 방법 – 홈페이지(www.topik.go.kr) 접속 후 확인(시험 회차, 수험번호, 생년월일 필요)

원서 접수 방법

구분	개인접수	단체접수
한국	개인별 인터넷 접수	단체 대표자에 의한 일괄 접수
해외	해외접수기관 방침에 의함	

시험 수준 및 등급

☑ 시험수준: TOPIK I, TOPIK II

☑ 평가등급: 6개 등급(1~6급)

☑ 획득한 종합점수를 기준으로 판정되며, 등급별 분할점수는 아래와 같습니다.

구분	TOPIK II			
	3급	4급	5급	6급
등급 결정	120점 이상	150점 이상	190점 이상	230점 이상

※ 35회 이전 시험기준으로 TOPIK I은 초급, TOPIK II는 중 · 고급 수준

※ 35회부터 과목별 과락이 없어졌음.

❶ 수준별 구성

시험수준	교시	영역(시간)	유형	문항수	배점	총점
TOPIK II	1교시	듣기(60분)	객관식	50	100	300
		쓰기(50분)	주관식	4	100	
	2교시	읽기(70분)	객관식	50	100	

❷ 문제유형

· 객관식 문항(사지선다형)
· 주관식 문항(쓰기 영역)
 – 문장완성형(단답형): 2문항
 – 작문형: 2문항
  (200~300자 정도의 중급 수준 설명문 1문항, 600~700자 정도의 고급 수준 논술문 1문항)

시험 당일 유의 사항

❶ 시험 당일 준비물

· 수험표, 신분증
 – 기간만료 전의 여권, 외국인등록증, 국내거소신고증(출입국 관리사무소 발행), 대한민국 주민등록증(발급신청 확인서), 대한민국 운전면허증, 주한 외국공관 직원증, 장애인등록증(복지카드), 한국어능력시험 신원확인증명서, 청소년증 중 하나의 신분증 지참(미지참 시 응시 불가, 학생증 사용할 수 없음)

❷ 입실 시간 및 고사실 확인(한국 기준)

· 오후 12:20까지 시험실 입실

❸ 시험 진행 안내

시간	내용	비고	
~ 12:20	시험실 입실	입실 시간이 지난 경우 입실 불가	
12:20 ~ 12:50 (30분)	답안지 작성 안내 및 1차 본인 확인	휴대폰 수거	
12:50 ~ 13:00 (10분)	문제지 배부 및 듣기 시험 방송		
13:00 ~ 14:00 (60분)	듣기 평가		
14:00 ~ 14:50 (50분)	쓰기 평가	2차 본인 확인: 듣기 평가 후 실시	
14:50 ~ 15:10 (20분)	쉬는 시간		
15:10 ~ 15:20 (10분)	답안지 작성 안내 및 1차 본인 확인		
15:20 ~ 16:30 (70분)	읽기 평가	2차 본인 확인	

쓰기 영역 작문 소개 및 내용

시간	문제 번호	문제 수준	세부 유형	점수
50분	51	3급	실용문 빈칸 채우기(1문장) × 2	10점
	52		설명문 빈칸 채우기(1문장) × 2	10점
	53	3급 ~ 4급	표나 그래프를 보고 글쓰기(200 ~ 300자)	30점
	54	5급 ~ 6급	주어진 주제로 주장하는 글쓰기(600 ~ 700자)	50점

쓰기 영역 작문 문항 평가 범주

문항	평가범주	평가내용
51 ~ 52	내용 및 과제 수행	제시된 과제에 맞게 적절한 내용으로 썼는가?
	언어사용	어휘와 문법 등의 사용이 정확한가?
53 ~ 54	내용 및 과제 수행	주어진 과제를 충실히 수행하였는가? 주제에 관련된 내용으로 구성하였는가? 주어진 내용을 풍부하고 다양하게 표현하였는가?
	글의 전개 구조	글의 구성이 명확하고 논리적인가? 글의 내용에 따라 단락 구성이 잘 이루어졌는가? 논리 전개에 도움이 되는 담화 표지를 적절하게 사용하여 조직적으로 연결하였는가?
	언어사용	문법과 어휘를 다양하고 풍부하게 사용하며 적절한 문법과 어휘를 선택하여 사용하였는가? 문법, 어휘, 맞춤법 등의 사용이 정확한가? 글의 목적과 기능에 따라 격식에 맞게 글을 썼는가?

2주 만에 끝내는 학습 계획

	공부한 날짜			공부 시간	해야 할 일	어땠어요?			
1주	월	일	D-14		실력 평가해 보기	☺	☺	☹	
					51번 꼭 봐야 하는 기본기	☺	☺	☹	
					51번 답안 작성 전략	☺	☺	☹	
	월	일	D-13		51번 연습 문제	☺	☺	☹	
					51번 예상 문제	☺	☺	☹	
					51번 최신 경향	☺	☺	☹	
	월	일	D-12		52번 꼭 봐야 하는 기본기	☺	☺	☹	
					52번 답안 작성 전략	☺	☺	☹	
	월	일	D-11		52번 연습 문제	☺	☺	☹	
					52번 예상 문제	☺	☺	☹	
					52번 최신 경향	☺	☺	☹	
	월	일	D-10		53번 꼭 봐야 하는 기본기①	☺	☺	☹	
					53번 답안 작성 전략①	☺	☺	☹	
	월	일	D-9		53번 연습 문제①	☺	☺	☹	
					53번 최신 경향	☺	☺	☹	
	월	일	D-8		53번 꼭 봐야 하는 기본기②	☺	☺	☹	
					53번 답안 작성 전략②	☺	☺	☹	
2주	월	일	D-7		53번 연습 문제②	☺	☺	☹	
					53번 예상 문제	☺	☺	☹	
	월	일	D-6		54번 꼭 봐야 하는 기본기①	☺	☺	☹	
					54번 답안 작성 전략①	☺	☺	☹	
	월	일	D-5		54번 연습 문제①	☺	☺	☹	
					54번 최신 경향	☺	☺	☹	
	월	일	D-4		54번 꼭 봐야 하는 기본기②	☺	☺	☹	
					54번 답안 작성 전략②	☺	☺	☹	
	월	일	D-3		54번 연습 문제②	☺	☺	☹	
					54번 예상 문제	☺	☺	☹	
	월	일	D-2		실전 모의고사 1~3회	☺	☺	☹	
	월	일	D-1		**실전 모의고사 4~5회**	☺	☺	☹	

※〈실수 클리닉〉과 해설집에 있는〈기본기 연습〉은 학습 계획 안에 포함되어 있지 않지만 꼭 공부하세요.

25일 만에 끝내는 학습 계획

	공부한 날짜		공부 시간	해야 할 일	어땠어요?	
1주	월 일	D-25		실력 평가해 보기	☺ ☺ ☺	
				51번 꼭 봐야 하는 기본기	☺ ☺ ☺	
				51번 답안 작성 전략	☺ ☺ ☺	
	월 일	D-24		51번 연습 문제	☺ ☺ ☺	
				51번 예상 문제	☺ ☺ ☺	
	월 일	D-23		**51번 최신 경향**	☺ ☺ ☺	
	월 일	D-22		52번 꼭 봐야 하는 기본기	☺ ☺ ☺	
				52번 답안 작성 전략	☺ ☺ ☺	
	월 일	D-21		52번 연습 문제	☺ ☺ ☺	
				52번 예상 문제	☺ ☺ ☺	
2주	월 일	D-20		**52번 최신 경향**	☺ ☺ ☺	
	월 일	D-19		53번 꼭 봐야 하는 기본기①	☺ ☺ ☺	
				53번 답안 작성 전략①	☺ ☺ ☺	
	월 일	D-18		53번 연습 문제①	☺ ☺ ☺	
	월 일	D-17		**53번 최신 경향**	☺ ☺ ☺	
	월 일	D-16		53번 꼭 봐야 하는 기본기②	☺ ☺ ☺	
				53번 답안 작성 전략②	☺ ☺ ☺	
3주	월 일	D-15		53번 연습 문제②	☺ ☺ ☺	
	월 일	D-14		53번 예상 문제	☺ ☺ ☺	
	월 일	D-13		54번 꼭 봐야 하는 기본기①	☺ ☺ ☺	
	월 일	D-12		54번 답안 작성 전략①	☺ ☺ ☺	
	월 일	D-11		54번 연습 문제①	☺ ☺ ☺	
4주	월 일	D-10		**54번 최신 경향**	☺ ☺ ☺	
	월 일	D-9		54번 꼭 봐야 하는 기본기②	☺ ☺ ☺	
	월 일	D-8		54번 답안 작성 전략②	☺ ☺ ☺	
	월 일	D-7		54번 연습 문제②	☺ ☺ ☺	
	월 일	D-6		54번 예상 문제	☺ ☺ ☺	
5주	월 일	D-5		실전 모의고사 1회	☺ ☺ ☺	
	월 일	D-4		실전 모의고사 2회	☺ ☺ ☺	
	월 일	D-3		실전 모의고사 3회	☺ ☺ ☺	
	월 일	D-2		실전 모의고사 4회	☺ ☺ ☺	
	월 일	D-1		실전 모의고사 5회	☺ ☺ ☺	

※〈실수 클리닉〉과 해설집에 있는 〈기본기 연습〉은 학습 계획 안에 포함되어 있지 않지만 꼭 공부하세요.

» 실력 평가해 보기

본격적으로 공부를 시작하기 전에
자신의 실력을 평가해 보세요.

잠깐!

| ❶ 휴대 전화의 전원을 끄셨나요? | ☐ 예 |

| ❷ 펜, 수정 펜을 준비하셨나요? | ☐ 예 |

| ❸ 시계를 준비하셨나요? | ☐ 예 |

모든 준비가 끝났으면 시험을 시작합니다.

시험이 끝나는 시간은 지금부터 50분 후인 ＿＿＿시 ＿＿＿분입니다.

▶ 해설집 20쪽

※ [51~52] 다음을 읽고 ㉠과 ㉡에 들어갈 말을 한 문장씩 쓰시오. (각 10점)

51.

초대합니다

한 달 전에 이사를 했습니다.
그동안 집안 정리 때문에 정신이 없었는데 이제 좀 정리가 됐습니다.
그래서 저희 집에서 (㉠   ). (㉡   )?
그 시간이 괜찮으신지 연락 주시면 감사하겠습니다.

㉠ _____

㉡ _____

52.

어려운 일이 생겼을 때 그 일을 대하는 우리의 태도는 크게 두 가지이다.
(㉠   ). 다른 하나는 어려워서 불가능하다고 포기하는 것이다.
그런데 긍정적인 결과를 기대할수록 좋은 결과를 얻을 확률이 높다. 반대로
(㉡   ). 그러므로 우리는 시련이나 고난이 닥쳤을 때일수록
더욱 긍정적으로 생각할 필요가 있다.

㉠ _____

㉡ _____

※ [53] 다음을 참고하여 '아이를 꼭 낳아야 하는가'에 대한 글을 200~300자로 쓰시오. 단, 글의 제목을 쓰지 마시오. (30점)

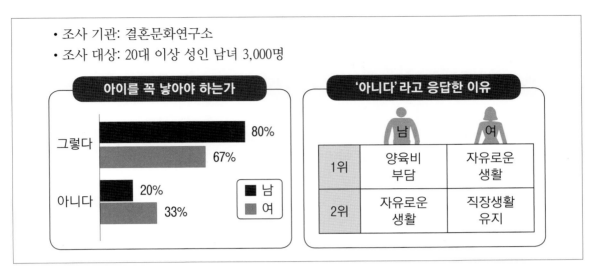

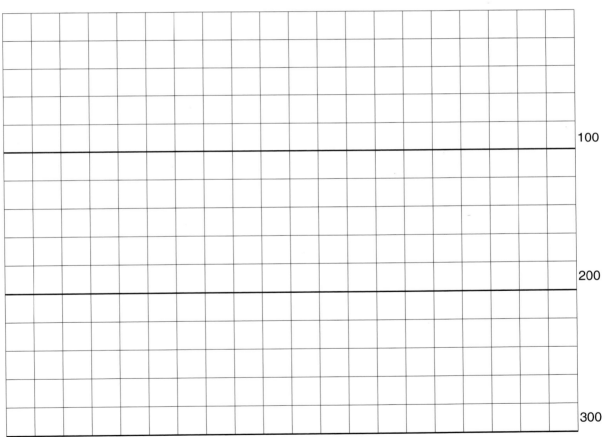

100

200

300

※ [54] 다음을 주제로 하여 600~700자로 글을 쓰시오. 단, 문제를 그대로 옮겨 쓰지 마시오. (50점)

> 사람들은 다양한 경제 수준의 삶을 살고 있으며 그러한 삶에 대해 느끼는 각자의 만족도도 다양하다. 그러나 경제적 여유와 행복 만족도가 꼭 비례한다고는 할 수 없다. 경제적 여유가 행복에 미치는 영향에 대해 아래의 내용을 중심으로 자신의 생각을 쓰시오.

· 사람들이 생각하는 행복한 삶이란 무엇인가?
· 경제적 조건과 행복 만족도의 관계는 어떠한가?
· 행복 만족도를 높이기 위해 어떠한 노력이 필요한가?

* 원고지 쓰기의 예

| | 머 | 리 | 는 | | 언 | 제 | | 감 | 는 | | 것 | 이 | | 좋 | 을 | 까 | ? | | 사 |
| 람 | 들 | 은 | | 보 | 통 | | 아 | 침 | 에 | | 머 | 리 | 를 | | 감 | 는 | 다 | . | | 그 |

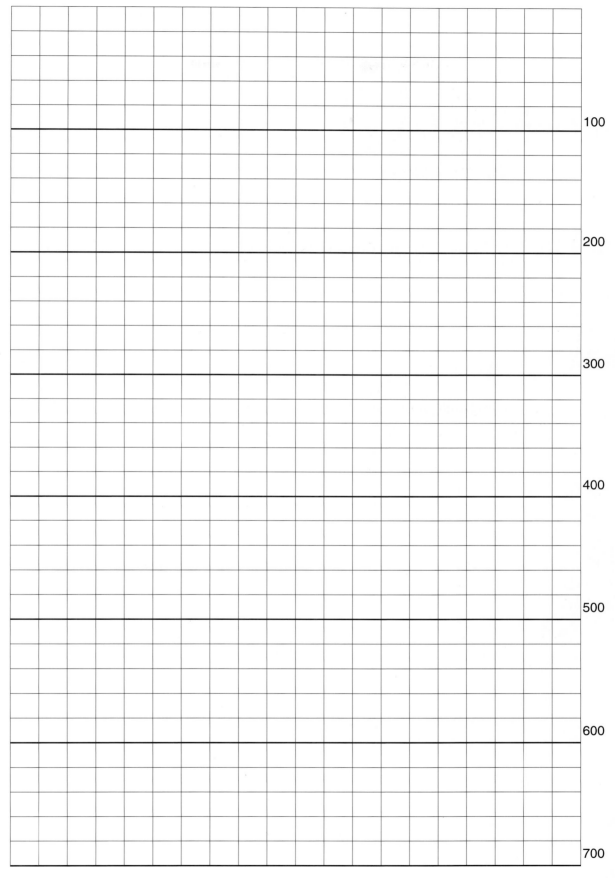

100

200

300

400

500

600

700

Part 1

실용문 문장 완성하기

※ [51] 다음을 읽고 (   )에 들어갈 말을 각각 한 문장씩으로 쓰십시오. (10점)

> # 초대합니다
>
> 한 달 전에 이사를 했습니다.
> 그동안 집안 정리 때문에 정신이 없었는데 이제 좀 정리가 됐습니다.
> 그래서 저희 집에서 (㉠   ). (㉡   )?
> 그 시간이 괜찮으신지 연락 주시면 감사하겠습니다.

▶ 문제 소개

　　51번은 실용문을 읽고 2개의 빈칸이 있는 문장을 완성시키는 문제입니다.

　　보통 4~7개의 문장으로 이루어져 있습니다.

　　점수는 10점으로 (   )가 2개 있으므로 각각 5점입니다.

　　3급 수준의 문제입니다.

　　5분 안에 답을 써야 합니다.

51번 꼭 봐야 하는 기본기

▶️ 해설집 4~7쪽

51번 문제를 풀기 전에 '꼭 봐야 하는 기본기'는 다음과 같습니다.

1 실용문의 의미   **2** 실용문의 종류와 목적   **3** 실용문에서 알아야 하는 표현

1 실용문의 의미

실용문이란 동아리에서 사람을 모집하거나 친구에게 문자 메시지를 보내는 등 우리 생활의 필요에 따라 쓴 글을 말합니다.

건물 내 금연 안내

저희 건물은 금연 건물입니다.
그러므로 건물 전체에서
담배를 피우실 수 없습니다.
여러분의 협조 부탁드립니다.

안내문

축복 속에 저희 두 사람이 하나가 되려고 합니다.
꼭 오셔서 결혼식을 축하해 주시기 바랍니다.

김철수 ♥ 이보미

초대장

받는 사람	khn26@yaho.com; ah-sa92@nava.com……
제목	회의 시간 조정

다음 주 월요일에 하는 회의 시간 때문에 메일을 보냅니다. 월요일 몇 시가 괜찮으십니까?
저희는 3시부터 가능합니다.
가능한 시간을 정해서 이메일로 알려 주시기 바랍니다.

이메일

미영 씨, 우리 내일 3시에 백화점 앞에서 만나기로 했잖아요. 그런데 약속 시간을 지키기가 어려울 것 같아요. 내일 아르바이트가 3시에 끝나거든요. 미안하지만 4시 이후에 만나도 될까요? 문자 메시지 보면 연락 주세요.

문자 메시지

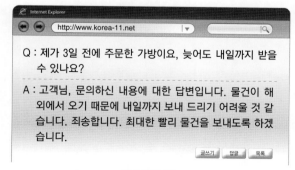

http://www.korea-11.net

Q : 제가 3일 전에 주문한 가방이요, 늦어도 내일까지 받을 수 있나요?

A : 고객님, 문의하신 내용에 대한 답변입니다. 물건이 해외에서 오기 때문에 내일까지 보내 드리기 어려울 것 같습니다. 죄송합니다. 최대한 빨리 물건을 보내도록 하겠습니다.

글쓰기 답글 목록

인터넷 글

안녕하세요, 정민 누나.
매일 아침 누나 라디오 잘 듣고 있어요. 항상 듣기만 하다가 처음으로 라디오에 사연을 보냅니다. 오늘 여자 친구하고 만난 지 100일 되는 날이라서 특별한 선물을 해 주고 싶었거든요. 누나의 아름다운 목소리로 저희 100일을 축하해 주시면 정말 좋을 것 같아요. 그리고 제 여자 친구에게 사랑한다고 전해 주세요. "지영아, 사랑해"

편지

실용문의 종류와 그 종류를 나누는 방법은 기준에 따라 아주 다양합니다. 따라서 이 책에서는 눈으로 확인할 수 있는 형식을 기준으로 안내문, 초대장, 이메일, 문자 메시지, 인터넷 글, 편지 등으로 나누었습니다. 그리고 다시 글의 목적에 따라 나누었습니다.

종류	목적
안내문	모집, 대회, 고장, 관람, 이용, 모임 안내, 알림, 금지, 나눔, 드림, 구함, 분실, 광고
초대장	결혼식, 돌잔치, 집들이, 환갑잔치, 졸업식, 입학식
이메일	환불, 교환, 약속 정하기, 변경, 취소, 요청, 확인
문자 메시지	약속 정하기, 변경, 취소, 알림, 요청, 확인
인터넷 글	구매 후기, 환불, 교환, 변경, 취소
편지	안부, 변경, 취소, 요청, 확인, 감사, 사연(라디오)

아래의 실용문을 보면서 실용문의 종류와 목적을 확인해 봅시다.

> 축복 속에 저희 두 사람이 하나가 되려고 합니다.
> 꼭 오셔서 결혼식을 축하해 주시기 바랍니다.
>
> 김철수 ♥ 이보미

종류: 초대장
글의 목적:
결혼식 초대

실용문을 읽을 때 종류를 알면 51번 문제의 답을 쓸 때 조금 쉽게 답을 생각해 낼 수 있습니다. 문제에 이메일이 나왔다면 여러분은 이메일을 쓰는 법을 생각해 볼 수 있습니다. 그러나 실용문의 종류보다 더 중요한 것은 실용문을 쓴 목적입니다. 51번 문제에서는 주로 왜 이 글을 썼는지 그 목적을 답으로 써야 하는 경우가 많기 때문입니다. 51번 기출 문제를 다시 한번 봅시다.

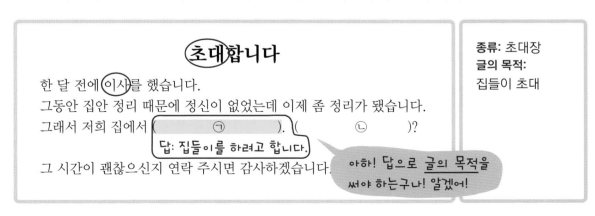

종류: 초대장
글의 목적:
집들이 초대

3 실용문에서 알아야 하는 표현

1. 문법 표현

51번 실용문에 자주 나오는 문법 표현입니다. 예문을 통해 공부하세요.

① | 계획

미래에 대한 계획을 설명하고 싶을 때 사용하는 문법 표현입니다. 글을 쓴 목적을 밝힐 때 자주 사용합니다.

예문	저희 동아리에서는 새로운 신입 회원을 모집하**려고 합니다.**
표현	-(으)려고 합니다 -(으)ㄹ 예정입니다 -(으)ㄹ까 합니다 -(으)ㄹ 생각입니다

② | 금지

어떤 것을 하지 말라고 하거나 불가능하다는 것을 알려 줄 때 사용하는 문법 표현입니다.

예문	엘리베이터가 고장이므로 이용하**실 수 없습니다.** 엘리베이터 이용**이 불가능합니다.**
표현	-(으)실 수 없습니다 N이/가 불가능합니다 -(으)면 안 됩니다

③ | 돌려 말하기

곤란한 상황에 대해 조심스럽게 말할 때 쓰는 문법 표현입니다. 곤란한 상황에서 자주 사용하므로 약속을 변경하거나 거절할 때 자주 사용합니다.

예문	약속 시간까지 도착하**기가 어려울 것 같습니다.** / 환불해 드리기 **어려울 것 같습니다.**
표현	-(으)ㄹ 것 같습니다 -기(가) 어려울 것 같습니다

④ | 가능

어떤 것을 할 수 있다는 가능을 이야기할 때 사용하는 문법입니다. 신청이나 모집의 글에서 신청 자격을 이야기할 때 자주 사용합니다.

예문	외국인**이라면** 누구나 참가하**실 수 있습니다.**
표현	N(이)라면 (누구나) -(으)실 수 있습니다 N이/가 가능합니다

⑤ | 감사/사과

고마움을 표시하거나 미안함을 표시할 때 사용하는 문법 표현입니다.

예문	저희 결혼식에 참석해 **주셔서 감사합니다.**
표현	-아/어 주셔서 감사합니다 / 고맙습니다 -아/어서 죄송합니다 / 미안합니다

⑥ | 의향 물어보기

어떤 것이 가능한지 상대방에게 정중하게 의향을 물어볼 때 사용하는 문법 표현입니다.

예문	언제 시간**이 되십니까?**
표현	N이/가 괜찮으십니까?　　N이/가 되십니까? N이/가 괜찮으세요? / 괜찮으신가요? / 괜찮으신지요?　　N이/가 되세요?

⑦ | 당위

어떤 것을 꼭 해야 한다고 강하게 말할 때 사용하는 문법 표현입니다.

예문	내일까지 전기 요금을 입금하**셔야 합니다.**
표현	(꼭, 반드시) + -아/어야 합니다　　-(으)셔야 합니다　　-(으)십시오

⑧ | 부탁 1

어떤 것을 부탁할 때 사용하는 문법 표현입니다. 안내문에서 자주 사용합니다.

예문	이메일로 신청서를 제출해 **주시기 바랍니다.**
표현	-아/어 주시기 바랍니다　　-아/어 주십시오　　-아/어 주시면 좋겠습니다 -아/어 주시면 감사하겠습니다　　-(으)면 N을/를 부탁합니다

⑨ | 부탁 2

어떤 것을 부탁할 때 사용하는 문법 표현입니다. 〈부탁 1〉과 달리 의문문의 형태여서 좀 더 부드럽게 부탁하는 느낌을 줍니다.

예문	미안하지만, 약속 시간을 바꿔**도 되겠습니까?**
표현	-아/어 주시겠습니까?　　-아/어 주실 수 있으십니까?　　-아/어도 되겠습니까? -(으)실 수 있을까요?　　-아/어 주실 수 있을까요?　　-아/어도 될까요?

⑩ | 전달(간접화법)

들은 내용이나 하고 싶은 이야기를 전달할 때 사용하는 문법 표현입니다.

예문	일기예보**에 의하면** 내일 비가 온다고 **합니다.**
표현	-다/자/냐고 합니다

2. 접속사

'그러나, 그리고, 그래서'와 같은 접속사를 공부하는 것이 좋습니다. 51번 문제를 다시 보면 '그래서'와 같은 접속사가 (㉠)에 무엇을 써야 할지 힌트를 줍니다.

초대합니다

한 달 전에 이사를 했습니다.
그동안 집안 정리 때문에 정신이 없었는데 이제 좀 정리가 됐습니다.
그래서 저희 집에서 (㉠   ). (㉡   )?
그 시간이 괜찮으신지 연락 주시면 감사하겠습니다.

반대	하지만 그렇지만 그러나 그런데
인과	그래서 그러므로 따라서 그 결과 그러니까 그렇기 때문에 그래야
추가	그리고 또 또한 게다가
양보	그래도
전환	그런데 그러면 아무튼

3. 부사

다음으로 '혹시, 만약에, 꼭'과 같은 부사도 51번 문제에서 힌트를 줄 수 있습니다.

교환 및 환불

고객님 안녕하십니까? (㉠   )?
그런데 정말 죄송하지만 저희 쇼핑몰은 교환은 가능하지만 환불은 불가합니다.
혹시 (㉡   )?
교환은 가능하오니 연락 주시면 감사하겠습니다.

혹시	-(으)면 + -아/어 주시기 바랍니다 -아/어 주십시오
	-(으)십니까? -(으)시겠습니까? -아/어 주시겠습니까?
만약(에)/만일	-(으)면 + -아/어 주시기 바랍니다 -아/어 주십시오
꼭/반드시	-아/어야 합니다 -(으)셔야 합니다 -아/어 주십시오
별로/전혀/좀처럼	-지 않다 -지 못하다 안/못 없다

4. 실용문에서 자주 사용되는 단어

실용문에서 자주 사용되는 단어입니다. 이 단어들을 알아 두면 도움이 됩니다.

목적	단어
모집 대회	모집하다, 뽑다, 관심이 있다, 신청하다, 신청서, 신청 기간, 날짜, 제출하다 방문하다, 참가하다, 참여하다, 가입하다, 지원하다, 문의하다, 환영하다, 접수하다, 선착순, 공모전, 수기, 남녀노소, 젊은이, 지원자, 누구나 대회가 열리다, 대회에 참가하다, 대회에 참여하다
안내	안내, 알림, 알리다
고장	고장이 나다, 사용이 불가능하다, 멈추다, 문제가 생기다, 사용할 수 없다, 수리하다, 고치다
관람	매표소, 관람하다, 관람객, 방청객, 시청자, 예매하다, 입장료, 입장권, 전시회
이용	대출하다, 이용하다, 빌리다, 반납하다, 반납일, 연체하다, 연체료, 요금, 보험금을 받다, (돈을) 내다
경고	위험하다, 금지되다, 주의하다, 유의하다, 조심하다, 불가능하다, 벌금, 이용하다
초대	초대하다, 축하하다, 참석하다, 집들이, 돌잔치, 결혼식, 환갑잔치, 졸업식, 입학식
참석	참석하다, 축하하다, 감사하다
구매 후기	만족하다, 마음에 들다, 불만족스럽다, 부족하다, 별로다, 잘(딱) 맞다
환불 교환	환불하다, 교환하다, 바꾸다, 환불(교환)이 가능하다/불가능하다, 영수증
나눔 드림 구함	무료, 구하다, 거의, 사용하다, 원하다, 찾다, 구하다/구함, -(으)ㄹ/(으)신 분, 원하다, 필요하다, 연락하다, 궁금하다, 문의하다, 사항
분실	-(으)ㄴ 분(가지고 계신 분), 찾다, 잃어버리다, 가지고/데리고 있다, 보관하다, 연락하다, 사례하다, 분실물, 분실물센터
변경 취소	변경하다, 바꾸다, 취소하다, 연기하다
편지 이메일	N에게/께, N 드림/올림
라디오	청취자, 신청곡, 애청자, DJ(디제이), 사연을 보내다/소개하다, (신청곡을) 틀다

실수 클리닉

>> 다음 문장에서 (   ) 안에 들어갈 알맞은 단어를 써 봅시다.

1. 초대합니다. 우리 민지가 태어난 지 1년이 되었습니다. 그래서 민지에게 사랑을 주신 분들을 모시고 (   )를 하려고 합니다.

2. 초대합니다. 얼마 전에 이사를 하고 이제 집이 정리가 됐습니다. 그래서 가까운 친구들과 함께 (   )를 하려고 합니다.

3. 초대합니다. 저희 아버지께서 이제 60번째 생신을 맞이하게 되었습니다. 그래서 소중한 분들을 모시고 (   )를 하려고 합니다.

4. 안녕하세요, 고객님. 저희 쇼핑몰에서 구입하신 제품에 문제가 있다고 하셨지요? 제품에 문제가 생겼을 경우에는 100% (   )이 가능합니다. 계좌번호를 알려 주시면 제품 금액을 보내 드리도록 하겠습니다.

5. 안녕하세요, 고객님. 저희 쇼핑몰에서 구입하신 신발 사이즈가 작다고요? 사이즈가 문제라면 한 번은 무료로 (   )을 하실 수 있습니다. 원래 받은 제품을 보내 주시면 한 사이즈 큰 걸로 보내 드리겠습니다.

6. 10월 9일 한글날을 맞이해 외국인 글쓰기 대회가 열립니다. 한국에서 유학 중인 외국인 학생이라면 (   ) 참가하실 수 있습니다. 많은 관심 부탁드립니다.

7. 한국여행사에서 가을 제주도 여행 상품을 준비했습니다. (   ) 20명에게는 제주도에서 이용할 수 있는 관광지 입장권을 드리니 지금 바로 예약해 주시기 바랍니다.

8. 강아지를 잃어버렸습니다. 어제 저녁에 잠깐 문을 열어 놨는데 저희 집 강아지 '초코'가 집 밖으로 나갔습니다. 혹시 '초코'를 보셨거나 (   ) 분은 저에게 연락해 주시기 바랍니다.

9. 이 건물은 전체가 금연 건물이므로 실내에서 흡연이 (   ). 따라서 담배를 피우실 분은 건물 밖으로 나가 주시기 바랍니다.

10. 뮤지컬 '사랑하니까'에 월, 수, 금요일에 출연하기로 한 배우 김민수 씨의 공연이 화, 목, 토요일로 (   )되었습니다. 예매하실 때 참고하시기 바랍니다.

실용문 단어

>> 이번 실수 클리닉은 **실용문에서 쓰이는 단어**를 정리한 것입니다. 51번 문제를 이해하거나 답을 쓰는 데 필요한 단어이므로 알아 두면 좋습니다.

1. 초대합니다. 우리 민지가 태어난 지 1년이 되었습니다. 그래서 민지에게 사랑을 주신 분들을 모시고 (**돌잔치**)를 하려고 합니다.

2. 초대합니다. 얼마 전에 이사를 하고 이제 집이 정리가 됐습니다. 그래서 가까운 친구들과 함께 (**집들이**)를 하려고 합니다.

3. 초대합니다. 저희 아버지께서 이제 60번째 생신을 맞이하게 되었습니다. 그래서 소중한 분들을 모시고 (**환갑잔치**)를 하려고 합니다.

4. 안녕하세요, 고객님. 저희 쇼핑몰에서 구입하신 제품에 문제가 있다고 하셨지요? 제품에 문제가 생겼을 경우에는 100% (**환불**)이 가능합니다. 계좌번호를 알려 주시면 제품 금액을 보내 드리도록 하겠습니다.

5. 안녕하세요, 고객님. 저희 쇼핑몰에서 구입하신 신발 사이즈가 작다고요? 사이즈가 문제라면 한 번은 무료로 (**교환**)을 하실 수 있습니다. 원래 받은 제품을 보내 주시면 한 사이즈 큰 걸로 보내 드리겠습니다.

6. 10월 9일 한글날을 맞이해 외국인 글쓰기 대회가 열립니다. 한국에서 유학 중인 외국인 학생이라면 (**누구나**) 참가하실 수 있습니다. 많은 관심 부탁드립니다.

7. 한국여행사에서 가을 제주도 여행 상품을 준비했습니다. (**선착순**) 20명에게는 제주도에서 이용할 수 있는 관광지 입장권을 드리니 지금 바로 예약해 주시기 바랍니다.

8. 강아지를 잃어버렸습니다. 어제 저녁에 잠깐 문을 열어 놨는데 저희 집 강아지 '초코'가 집 밖으로 나갔습니다. 혹시 '초코'를 보셨거나 (**데리고 계신**) 분은 저에게 연락해 주시기 바랍니다.

9. 이 건물은 전체가 금연 건물이므로 실내에서 흡연이 (**불가능합니다**). 따라서 담배를 피우실 분은 건물 밖으로 나가 주시기 바랍니다.

10. 뮤지컬 '사랑하니까'에 월, 수, 금요일에 출연하기로 한 김민수 씨의 공연이 화, 목, 토요일로 (**변경**)되었습니다. 예매하실 때 참고하시기 바랍니다.

51번 답안 작성 전략

1 답안 작성 전략 배우기

51번 문제는 비교적 쉽지만 연습을 하지 않으면 좋은 점수를 받기 어렵습니다. 그러므로 아래의 STEP에 맞게 단계별로 연습을 하는 것이 좋습니다.

STEP 1	글의 종류가 무엇인지 파악한다.
	실용문의 종류에는 안내문, 초대장, 이메일, 문자 메시지, 인터넷 글, 편지 등이 있습니다. 문제를 받자마자 글의 종류가 무엇인지 생각해 보세요.
STEP 2	제목을 보고 글을 쓴 목적을 생각해 본다.
	왜 이 글을 썼는지 알아야 괄호 안에 답을 쓰기 쉽습니다. 제목이 있으면 제목이 그 글의 목적을 알려 주는 경우가 많습니다(제목: 아르바이트생 모집 ⇨ 목적: 모집). 제목이 없으면 글 안에서 목적을 찾아야 합니다.
STEP 3	(㉠)과 (㉡)의 앞·뒤 문장을 읽고 어울리는 내용을 써 본다.
	앞·뒤 문장을 읽고 빈칸에 들어갈 내용을 추측해 보세요. (㉠)은 보통 목적을 설명하는 경우가 많고 (㉡)은 글을 읽는 사람에게 하고 싶은 말(부탁, 의향 물어보기 등)을 쓰는 경우가 많습니다. 접속사나 부사는 힌트가 될 수 있으니까 반드시 신경 써야 합니다.
STEP 4	STEP 3에서 쓴 답에 중급 문법과 단어를 사용했는지 다시 확인해 본다.
	중급 문법과 단어를 요구하므로 그에 맞는 문법과 단어를 썼는지 다시 확인해 보세요. 어울리는 문법과 단어를 썼으면 그대로 두고 어울리지 않는다면 고쳐 봅니다.

잠깐!

✻ 문장의 끝을 확인했습니까? ☞ '-아/어요'인지 '-(스)ㅂ니다'인지 ☐

✻ 틀린 글자가 없습니까? ☞ 긍정적(○), 긍격적(×) ☐

✻ 격식에 맞는 표현을 사용했습니까? ☞ '괜찮으십니까?' (○), '괜찮습니까?'(×) ☐

✻ 5분 안에 썼습니까? ☞ 51번은 5분 안에 쓸 수 있어야 합니다. ☐

2 답안 작성 과정 배우기

앞에서 배운 답안 작성 전략을 이용해서 문제를 풀어 보겠습니다.

※ [51] 다음을 읽고 (   )에 들어갈 말을 각각 한 문장씩으로 쓰십시오. (10점)

초대합니다

한 달 전에 이사를 했습니다.
그동안 집안 정리 때문에 정신이 없었는데 이제 좀 정리가 됐습니다.

이사+정리+초대=집들이

그래서 저희 집에서 (㉠   ). (㉡   )?

그 시간: ○월 ○일, ○요일, ○시

그 시간이 괜찮으신지 연락 주시면 감사하겠습니다.

---

1. 글의 종류를 골라 보세요.

글의 종류	① 안내문	✔②초대장	③ 이메일	④ 문자 메시지

2. 글의 목적을 써 보세요.

글의 목적	이사 후 초대

3. (㉠)과 (㉡)의 앞·뒤 문장을 읽고 어울리는 내용을 만들어서 써 보세요.

초대합니다 ⇨ 이사를 했습니다 ⇨ 정리가 됐습니다. 그래서 (   )

(㉠)	파티를 할까 합니다 ←
(㉡)	금요일 저녁 6시에 올 수 있어요

(㉡) 뒤에 '그 시간이'가 있으므로 글쓴이가 정한 날짜와 시간에 올 수 있는지 물어보는 내용을 써야 합니다.

4. 3번에 쓴 문장에 중급 문법/단어가 있는지 확인하고 다시 써 보세요.

이사를 하고 초대한다는 내용이므로 '집들이'라고 하는 정확한 단어를 써야 합니다.

정답	(㉠)	집들이를 할까 합니다
	(㉡)	금요일 저녁 6시에 와 주시겠습니까

'-(스)ㅂ니다', '저희'와 같은 표현이 있으므로 (㉡)에도 '-(스)ㅂ니까'를 써야 합니다.

앞에서 배운 답안 작성 전략을 이용해서 아래에 답을 써 봅시다.

※ [51] 다음을 읽고 (   )에 들어갈 말을 각각 한 문장씩으로 쓰십시오. (10점)

과모임 안내

안녕하십니까? 경영학과 과모임 안내입니다.
이번 주 금요일에 (㉠   ).
중요한 회의 내용이 있으니까 모두 꼭 와 주시기 바랍니다.
혹시 (㉡   ). 제 연락처는 010-1234-5678입니다.

---

1. 글의 종류를 골라 보세요.

글의 종류	① 편지 ② 이메일 ③ 안내문 ④ 인터넷 글

2. 글의 목적을 써 보세요.

글의 목적	

3. (㉠)과 (㉡)의 앞·뒤 문장을 읽고 어울리는 내용을 만들어서 써 보세요.

(㉠)	
(㉡)	

4. 3번에 쓴 문장에 중급 문법/단어가 있는지 확인하고 다시 써 보세요.

(㉠)	
(㉡)	

🔍 정답 풀이

1.	글의 종류	③ 안내문

2.	글의 목적	과모임 안내

3~4.

(㉠)	**과모임을 하려고 합니다**
(㉡)	**못 오시는 분은 연락해 주시기 바랍니다**

🔖 학생 답안 및 평가

㉠	㉡	점수
과모임 안내를 해요 / 과모임을 하기 바랍니다 / 오시겠습니다	늦을 거 같아요 / 올 거예요? / 저에게 전화해 주십시오	0
오십시오 / 모일 거예요 / 회의가 있습니다	못 오세요? / 안 와요? / 질문 있어요?	1~2
과모임을 합니다 / 과모임을 하고 싶습니다 / 과모임을 할까 합니다	못 오면 연락하십시오 / 이번 주 금요일에 못 오십니까? / 못 오는 사람은 연락해 주세요	3~4
과모임을 하려고 합니다	**못 오시는 분은 연락해 주시기 바랍니다 궁금한 점이 있으면 연락해 주시기 바랍니다**	5

* ㉠ 과모임을 한다고 알리는 것이 목적이므로 목적의 '-(으)려고 하다'를 써야 합니다.

* ㉡ 괄호가 마침표(.)로 끝났으므로 의문문을 쓸 수 없습니다.

실수 클리닉

>>> 다음 문장에서 틀린 부분을 고쳐 봅시다.

1. 교수님, 지금 통화 <u>괜찮습니까</u>?

→

2. 고객 여러분, 저희 호텔에서는 무료로 인터넷을 <u>이용할 수 있습니다</u>.

→

3. 도서관에서 전화를 받을 때는 반드시 <u>나가 주기</u> 바랍니다.

→

4. (다이어트 광고) 날씬해지고 <u>싶지 않습니까</u>?

→

5. 이번 주 금요일이 <u>가능하면</u> 연락 주시기 바랍니다.

→

6. 그동안 저희 딸에게 관심을 <u>가져 줘서</u> 감사합니다.

→

7. 제 지갑을 <u>가지고 있는 사람은</u> 연락 주시면 감사드리겠습니다.

→

8. 이번에 <u>제 가게</u>에서 전시회를 하려고 합니다.

→

9. 3달 이상 등록하신 분께는 운동복을 1달 무료로 <u>줍니다</u>.

→

10. 만 원 이상 구매하신 분께 무료로 배달을 <u>해 주겠습니다</u>.

→

높임말

>> 이번 실수 클리닉은 **높임말** 쓸 때 학생들이 자주 틀리는 것을 정리한 것입니다.
특히 51번 답을 쓸 때는 상황에 따라 적절한 높임말을 써야 합니다.

1 '-(으)시-'를 붙인다.

1. 교수님, 지금 통화 <u>괜찮습니까?</u> → 괜찮으십니까

2. 저희 호텔에서는 무료로 인터넷을 <u>이용할 수 있습니다.</u> → 이용하실 수 있습니다

3. 도서관에서 전화를 받을 때는 반드시 <u>나가 주기</u> 바랍니다. → 나가 주시기 바랍니다

4. (다이어트 광고) 날씬해지고 <u>싶지 않습니까?</u> → 싶지 않으십니까

5. 이번 주 금요일이 <u>가능하면</u> 연락 주시기 바랍니다. → 가능하시면

6. 그동안 저희 딸에게 관심을 <u>가져 줘서</u> 감사합니다. → 가져 주셔서

기타

- -아/어야 하다 → -(으)셔야 하다
  예 제출해야 합니다 → 제출하셔야 합니다
- -(으)면 되다 → -(으)시면 되다
  예 제출하면 됩니다 → 제출하시면 됩니다
- -아/어도 되다 → -(으)셔도 되다
  예 가도 됩니다 → 가셔도 됩니다

- -지 말고 → -지 마시고
  예 기다리지 말고 → 기다리지 마시고
- -지요?/-았/었지요? → -(으)시지요?/-(으)셨지요?
  예 했지요? → 하셨지요?

2 어휘 높임말도 있다.

7. 제 지갑을 <u>가지고 있는 사람은</u> 연락 주시면 감사드리겠습니다. → 가지고 계신 분

8. 이번에 <u>제 가게</u>에서 전시회를 하려고 합니다. → 저희 가게 (*저희는 자신을 낮추는 말)

9. 3달 이상 등록하신 분께는 운동복을 1달 무료로 <u>줍니다.</u> → 드립니다

10. 만 원 이상 구매하신 분께 무료로 배달을 <u>해 주겠습니다.</u> → 해 드리겠습니다

기타

단어	높임말	단어	높임말
집	댁	자다	주무시다
먹다/마시다	드시다	있다/없다	계시다/안 계시다
데리다	모시다	죽다	돌아가시다
생일	생신	주다	드리다

※ [1~8] 다음을 읽고 (   )에 들어갈 말을 각각 한 문장씩으로 쓰십시오. (각 10점)

1.

초대합니다

우리 영호가 태어난 지 1년이 되었습니다.
1년 동안 여러분 덕분에 건강하게 컸습니다.
그래서 여러분을 모시고 (㉠   ).
(㉡   )? 그 날짜가 가능하신지 연락 주시면 감사하겠습니다.

잊지 마세요!!
1. 글의 종류 파악하기
2. 제목 통해 글의 목적 파악하기
3. ㉠, ㉡에 들어갈 내용 써 보기
4. 중급 문법, 철자 확인하기

㉠ _____

㉡ _____

🕐 몇 분 걸렸어요? (   )분

2.

✉ E-Mail

이미영 부장님께,

안녕하세요? 신입사원 왕준입니다.
지난번에 댁에 초대해 주셔서 이번에는 부장님을 저희 집으로 초대하고 싶습니다.
제가 일은 아직 (㉠   ). 그렇지만 요리는 자신이 있습니다.
다음 주 토요일과 일요일 중에 언제 시간이 되십니까?
저는 (㉡   ). 편한 요일을 말씀해 주시면 감사하겠습니다.

왕준 올림

잊지 마세요!!
1. 글의 종류 파악하기
2. 제목 통해 글의 목적 파악하기
3. ㉠, ㉡에 들어갈 내용 써 보기
4. 중급 문법, 철자 확인하기

㉠ _____

㉡ _____

🕐 몇 분 걸렸어요? (   )분

단어

1번   □ 태어나다   □ 덕분에   □ 모시다   □ 가능하다

2번   □ 신입사원   □ 댁   □ 아직   □ 자신이 있다

3.

싸게 팝니다

제가 제주도로 이사를 가게 돼서 쓰던 물건들을 정리해야 합니다.
산 지 얼마 안 된 소파가 있는데 가져갈 수는 없어서 (㉠   ).
사지 않고 전화로 물어보기만 하는 분이 많아서 힘듭니다.
그러니까 (㉡   ). 물어보기만 하실 분은 연락하지 말아 주십시오.

잊지 마세요!!
1. 글의 종류 파악하기
2. 제목 통해 글의 목적 파악하기
3. ㉠, ㉡에 들어갈 내용 써 보기
4. 중급 문법, 철자 확인하기

㉠ _____

㉡ _____

🕐 몇 분 걸렸어요? (   )분

4.

새 책 팝니다

한 달 전에 샀는데 시험을 안 보게 돼서 (㉠   ).
책을 사고 전혀 (㉡   ).
원래 가격은 20,000원인데 15,000원에 드릴 테니까 관심이 있으신 분은 아래의 연락처로
연락 주시기 바랍니다.

샤오밍 010-1234-5678

잊지 마세요!!
1. 글의 종류 파악하기
2. 제목 통해 글의 목적 파악하기
3. ㉠, ㉡에 들어갈 내용 써 보기
4. 중급 문법, 철자 확인하기

㉠ _____

㉡ _____

🕐 몇 분 걸렸어요? (   )분

단어

3번 □ 정리하다

4번 □ 전혀 □ 원래 □ 연락처

5.

기타 동호회 회원 모집

저희 기타 동호회에서 함께 연주할 회원을 모집합니다.
기타에 관심이 있는 분이라면 (㉠   ).
(㉡   )?
그래도 걱정하지 마십시오.
저희가 친절하게 가르쳐 드립니다.
함께 연주하실 분은 동호회 인터넷 카페에 신청해 주시기 바랍니다.

잊지 마세요!!
1. 글의 종류 파악하기
2. 제목 통해 글의 목적 파악하기
3. ㉠, ㉡에 들어갈 내용 써 보기
4. 중급 문법, 철자 확인하기

㉠ _____

㉡ _____

🕐 몇 분 걸렸어요? (   )분

6.

대학생 해외 봉사단 모집

※ **신청: 5/10 ~ 5/20**
※ **봉사 활동: 7/1 ~ 7/31**

여러분, 방학을 의미 있게 보내고 싶지 않으십니까?
이번에 저희 국제 협력처에서 (㉠   ).
봉사 활동 기간은 7월 1일부터 한 달 간이며 아프리카에서 봉사 활동을 하게 됩니다.
우리 학교 학생은 누구나 신청이 가능합니다.
신청하실 이메일 주소는 bongsa@university.ac.kr입니다. (㉡   ).
날짜를 꼭 지켜주시기 바랍니다.

잊지 마세요!!
1. 글의 종류 파악하기
2. 제목 통해 글의 목적 파악하기
3. ㉠, ㉡에 들어갈 내용 써 보기
4. 중급 문법, 철자 확인하기

㉠ _____

㉡ _____

🕐 몇 분 걸렸어요? (   )분

단어

5번 □ 동호회 □ 모집(하다) □ 연주하다 □ 관심이 있다 □ 인터넷 카페 □ 신청하다
6번 □ 해외 □ 봉사단 □ 의미(가) 있다 □ 국제 협력처 □ 기간 □ 간 □ 아프리카 □ 누구나

7.

Internet Explorer

[공지 사항] 설악산 여행 안내

모레 떠나는 설악산 여행에 대해 몇 가지 알려 드립니다.

가끔 구두를 신고 오시는 분들이 있는데 등산을 해야 하니까 (㉠   ).

그리고 일기예보에 의하면 (㉡   ). 그러니까 옷을 따뜻하게 입고 오시기 바랍니다.

Day 03

잊지 마세요!!
1. 글의 종류 파악하기
2. 제목 통해 글의 목적 파악하기
3. ㉠, ㉡에 들어갈 내용 써 보기
4. 중급 문법, 철자 확인하기

㉠ _____

㉡ _____

몇 분 걸렸어요? (   )분

8.

E-Mail

사장님께,

그동안 잘 지내셨습니까? 저는 고향에서 잘 지내고 있습니다.

그런데 며칠 전에 같이 아르바이트했던 아유미 씨에게 (㉠   ).

정말 축하드립니다. 사장님을 닮았으면 딸이 아주 예쁠 것 같습니다.

그래서 작은 선물을 샀습니다. (㉡   )?

집이나 가게 중에서 받기 편한 곳을 알려 주시면 그곳으로 보내 드리겠습니다.

아기와 사장님 모두 건강하게 지내시기를 바랍니다.

유키 드림

잊지 마세요!!
1. 글의 종류 파악하기
2. 제목 통해 글의 목적 파악하기
3. ㉠, ㉡에 들어갈 내용 써 보기
4. 중급 문법, 철자 확인하기

㉠ _____

㉡ _____

몇 분 걸렸어요? (   )분

단어 7번 □공지 사항 □설악산 □떠나다 □일기예보

>> 다음 문장에서 틀린 부분을 고쳐 봅시다.

> 과장님께,
> 안녕하세요? 지영입니다.
> 지난주에 집들이에 초대해 주셔서 감사합니다.
> 과장님 덕분에 재미있는 시간을 보냈습니다.
> 이번에는 ㉠ (제가 초대합니다).
> 다음 주 토요일과 일요일 중에 ㉡ (시간이 있습니까)?
> 저는 주말에는 언제든지 괜찮습니다.
> 편하신 요일을 이야기해 주시면 감사하겠습니다.

틀린 부분을 고쳐 봅시다.

㉠ 제가 초대합니다 → _____

㉡ 시간이 있습니까 → _____

무료로 드립니다

제가 제주도로 이사를 가게 돼서 쓰던 물건들을 정리해야 합니다.
산 지 얼마 안 된 소파가 있는데 가져갈 수는 없어서 ㉠ (싸게 팔겠습니다).
다음 주 월요일에 이사합니다. 그러니까 ㉡ (연락하십시오).
제 연락처는 010-2345-6789입니다.

틀린 부분을 고쳐 봅시다.

㉠ 싸게 팔겠습니다 → _____

㉡ 연락하십시오 → _____

51번에서 자주 틀리는 표현 1

>>> 이번 실수 클리닉은 51번의 답을 쓸 때 학생들이 자주 하는 실수를 정리한 것입니다.

> 과장님께,
>
> 안녕하세요? 지영입니다.
>
> 지난주에 집들이에 초대해 주셔서 감사합니다.
>
> 과장님 덕분에 재미있는 시간을 보냈습니다.
>
> 이번에는 ㉠ (　　　제가 과장님을 저희 집으로 초대하고 싶습니다　　　).
>
> 다음 주 토요일과 일요일 중에 ㉡ (　　　언제 시간이 되십니까　　　)?
>
> 저는 주말에는 언제든지 괜찮습니다.
>
> 편하신 요일을 이야기해 주시면 감사하겠습니다.

Day 03

1. '초대합니다'는 일방적으로 알리는 것입니다. 여기에서는 초대하고 싶다는 '희망'이기 때문에 '-고 싶다'를 써야 합니다. 그리고 문장으로 써야 하므로 '누가, 누구를'을 써야 합니다.

   ㉠ 제가 초대합니다 → 제가 과장님을 저희 집으로 초대하고 싶습니다

2. '시간이 있느냐'고 정중하게 물어볼 때는 '시간이 되다'나 '괜찮다'를 써야 합니다. 그리고 토요일과 일요일 중에서 선택해야 하므로 의문사 '언제'가 필요합니다.

   ㉡ 시간이 있습니까 → 언제 시간이 되십니까

> ## 무료로 드립니다
>
> 제가 제주도로 이사를 가게 돼서 쓰던 물건들을 정리해야 합니다.
>
> 산 지 얼마 안 된 소파가 있는데 가져갈 수는 없어서 ㉠ (　　　무료로 드리려고 합니다　　　).
>
> 다음 주 월요일에 이사합니다. 그러니까 ㉡ (　　　연락해 주시기 바랍니다　　　).
>
> 제 연락처는 010-2345-6789입니다.

3. 제목에서 무료로 드린다고 했으므로 내용이 맞지 않습니다. 제목을 보면 글을 쓴 목적을 알 수 있는데 이 글의 목적은 소파를 무료로 주기 위한 것이므로 목적을 나타내는 '-(으)려고 하다'를 써야 합니다.

   ㉠ 싸게 팔겠습니다 → 무료로 드리려고 합니다

4. 연락을 부탁하는 것이므로 '-(으)십시오'가 아니라 '-아/어 주시기 바랍니다'를 써야 합니다.

   ㉡ 연락하십시오 → 연락해 주시기 바랍니다

※ [1~8] 다음을 읽고 (　　　　)에 들어갈 말을 각각 한 문장씩으로 쓰십시오. (각 10점)

1.

　.....📶

< ✉ 010-2345-6789 8/16 11:00　　　　　　　　　　📞🗑

김미정 고객님, 조금 전에 전화드렸는데 안 받으셔서 (　　　㉠　　　).
환불을 원하신다는 문자를 받았습니다. 저희 쇼핑몰은 교환은 가능하지만 환불은 불가
능합니다. 혹시 (　　㉡　　)? 생각해 보시고 연락해 주시기 바랍니다.

잊지 마세요!!
1. 글의 종류 파악하기
2. 제목 통해 글의 목적 파악하기
3. ㉠, ㉡에 들어갈 내용 써 보기
4. 중급 문법, 철자 확인하기

㉠ _____

㉡ _____

🕐 몇 분 걸렸어요? (　　　　)분

2.

- 지갑을 찾습니다 -

금요일 오후에 7층 남자 휴게실에서 (　　　㉠　　　). 검은색 지갑인데 그 안에 있는 가
족 사진은 저에게 매우 소중한 것입니다. 주민등록증과 교통카드도 찾고 싶습니다. 혹시 지
갑을 보셨거나 보관하고 계신 분이 있으면 (　　㉡　　).
찾아 주신 분께 사례하겠습니다. 제 연락처는 010-2222-3333입니다.

잊지 마세요!!
1. 글의 종류 파악하기
2. 제목 통해 글의 목적 파악하기
3. ㉠, ㉡에 들어갈 내용 써 보기
4. 중급 문법, 철자 확인하기

㉠ _____

㉡ _____

🕐 몇 분 걸렸어요? (　　　　)분

단어

1번　□환불　□원하다　□쇼핑몰　□교환　□가능하다　□불가능하다　□혹시

2번　□휴게실　□소중하다　□주민등록증　□보관하다　□사례하다

3.

안녕하세요, 정민 누나.

매일 아침 누나 라디오 잘 듣고 있어요.

항상 듣기만 하다가 처음으로 (　　　　㉠　　　　).

오늘 여자 친구하고 만난 지 100일 되는 날이라서 특별한 선물을 해 주고 싶었거든요.

누나의 아름다운 목소리로 저희 100일을 축하해 주시면 정말 좋을 것 같아요.

그리고 제 여자 친구에게 (　　　　㉡　　　　). "지영아, 사랑해"

잊지 마세요!!
1. 글의 종류 파악하기
2. 제목 통해 글의 목적 파악하기
3. ㉠, ㉡에 들어갈 내용 써 보기
4. 중급 문법, 철자 확인하기

㉠ _____

㉡ _____

🕐 몇 분 걸렸어요? (　　　　)분

4.

[한국항공] 예약 안내

김미정 고객님께,

예약하신 8월 16일 인천 출발 북경 행 HE0629편 항공권에 대한 안내입니다.

항공권 구입 기한은 8월 13일 17시 30분입니다.

그러니까 (　　　　㉠　　　　).

만약 기한까지 구입하지 않으시면 (　　　　㉡　　　　).

취소 후에는 처음부터 다시 예약을 하셔야 합니다.

잊지 마세요!!
1. 글의 종류 파악하기
2. 제목 통해 글의 목적 파악하기
3. ㉠, ㉡에 들어갈 내용 써 보기
4. 중급 문법, 철자 확인하기

㉠ _____

㉡ _____

🕐 몇 분 걸렸어요? (　　　　)분

단어

4번 □행 □편 □항공권 □구입 □기한 □만약 □취소

5.

준호 ♥ 지영

사랑으로 만난 두 사람이 이제 두 사람이 아닌 하나가 되려고 합니다.
바쁘시겠지만 저희 결혼식에 오셔서 (㉠   ).
죄송하지만 주차장이 매우 좁습니다. 그러니까 (㉡   ).
버스나 지하철 이용 시 명동역에서 내리시면 됩니다.

잊지 마세요!!
1. 글의 종류 파악하기
2. 제목 통해 글의 목적 파악하기
3. ㉠, ㉡에 들어갈 내용 써 보기
4. 중급 문법, 철자 확인하기

㉠ _____

㉡ _____

🕐 몇 분 걸렸어요? (   )분

6.

다이어트의 혁신!!!! '파워헬스'

(㉠   )?
그러면 오늘부터 하루 10분씩 '파워헬스'를 시작해 보십시오.
그동안 야외에서 힘들게 운동하셨습니까?
'파워헬스'는 집에서 텔레비전을 보면서 (㉡   ).
쉽고 편한 '파워헬스'! 여러분도 경험해 보세요.
주문 전화는 1234-5678입니다.

잊지 마세요!!
1. 글의 종류 파악하기
2. 제목 통해 글의 목적 파악하기
3. ㉠, ㉡에 들어갈 내용 써 보기
4. 중급 문법, 철자 확인하기

㉠ _____

㉡ _____

🕐 몇 분 걸렸어요? (   )분

단어

5번 □되다 □주차장 □시

6번 □혁신 □파워 □야외 □경험하다 □주문

7.

미영 씨, 미안해요. 우리 11시에 만나기로 했잖아요. 그런데 (㉠   ).
아침에 일어나 보니까 이미 10시였어요. ㅜㅜ
지금 지하철 타고 가고 있는데 거의 (㉡   ).
조금만 기다려 주세요.

> 잊지 마세요!!
> 1. 글의 종류 파악하기
> 2. 제목 통해 글의 목적 파악하기
> 3. ㉠, ㉡에 들어갈 내용 써 보기
> 4. 중급 문법, 철자 확인하기

㉠ _____

㉡ _____

🕐 몇 분 걸렸어요? (   )분

8.

✉ E-Mail

왕신아, 안녕?

그동안 잘 지냈지? 나 다음 주에 (㉠   ). 회사에서 일로 가는 건데
잠깐이라도 너희 고향 구경 좀 시켜 줘. 그런데 핸드폰을 바꾸면서 연락처가 다 없어
졌어.
미안하지만 (㉡   )? 답장 기다릴게.

미영이가

> 잊지 마세요!!
> 1. 글의 종류 파악하기
> 2. 제목 통해 글의 목적 파악하기
> 3. ㉠, ㉡에 들어갈 내용 써 보기
> 4. 중급 문법, 철자 확인하기

㉠ _____

㉡ _____

🕐 몇 분 걸렸어요? (   )분

단어

| 7번 | □ 거의 |
| 8번 | □ 답장 |

》 다음 문장에서 틀린 부분을 고쳐 봅시다.

1. 중요한 회의 내용이 있으니까 모두 꼭 와 주시기 바랍니다.
혹시 (제 연락처를 모르시면 연락해 주시기 바랍니다)? 제 연락처는 010-1234-5678입니다.

→

2. 진수를 사랑해 주신 분들을 모시고 돌잔치를 하려고 합니다.
(시간이 괜찮으십니까)? 그 날짜가 가능하신지 연락 주시면 감사하겠습니다.

→

3. 미영 씨, 우리 내일 3시에 백화점 앞에서 만나기로 했잖아요.
그런데 (3시가 안 돼요). 내일 아르바이트가 3시에 끝나거든요.

→

4. 안녕하세요, 정민 누나.
매일 아침 누나 라디오 잘 듣고 있어요.
그리고 제 여자 친구에게 (사랑해요 이야기해 주세요). "지영아, 사랑해"

→

5. 혹시 지갑을 보셨거나 보관하고 계신 분이 있으면 (저에게 연락하세요).
찾아 주신 분께 사례하겠습니다. 제 연락처는 010-2222-3333입니다.

→

51번에서 자주 틀리는 표현 2

▶▶ 이번 실수 클리닉은 **상황이나 문법에 맞지 않는 표현**을 정리한 것입니다.

1. 혹시 (제 연락처를 모르시면 연락해 주시기 바랍니다)? 제 연락처는 010-1234-5678입니다.

   → 제 연락처를 모르십니까?

   (   ) 뒤에 물음표(?)가 있으므로 '혹시 + -(으)면 -아/어 주시기 바랍니다'가 아니라
   '혹시 + -까?'를 써야 합니다.

2. (시간이 괜찮으십니까)? 그 날짜가 가능하신지 연락 주시면 감사하겠습니다.

   → 11월 12일이 괜찮으십니까?

   (   ) 뒤에 '그 날짜가'로 물어봤으므로 구체적인 날짜를 써야 합니다.

3. 그런데 (3시가 안 돼요). 내일 아르바이트가 3시에 끝나거든요.

   → 3시에 만나기가 힘들 것 같아요.

   어떤 것이 '안 된다'고 말할 때 직접적으로 말하기보다는 '-(으)ㄹ 것 같다'처럼 조심스럽게
   돌려서 말하는 것이 좋습니다. (약속 변경 및 취소, 거절 등에서 많이 사용합니다.)

4. 그리고 제 여자 친구에게 (사랑해요 이야기해 주세요). "지영아, 사랑해"

   → 사랑한다고 이야기해 주세요.

   간접화법을 사용해야 합니다. '-다고 하다'로 써야 합니다.

5. 혹시 지갑을 보셨거나 보관하고 계신 분이 있으면 (저에게 연락하세요).
   찾아 주신 분께 사례하겠습니다. 제 연락처는 010-2222-3333입니다.

   → 저에게 연락해 주시기 바랍니다.

   부탁을 하는 상황이므로 '-(으)세요'가 아니라 '-아/어 주세요'를 써야 하는데 '-(스)ㅂ니다'로
   끝나야 하고 격식적인 상황이므로 '-아/어 주시기 바랍니다'를 써야 합니다.

최신 경향 51번 요즘 이렇게 나와요!

1. 지금까지 어떤 문제가 나왔을까요?

new 토픽 초반에 출제된 문제 유형은 크게 두 가지로 나누어 볼 수 있습니다.

❶ 특정 대상에게 쓴 글

특별한 대상을 상대로 쓴 글이 자주 나왔습니다. 상대방에 따라 높임말을 적절히 사용해서 예의 있게 글을 쓸 수 있는지 확인하기 위한 문제입니다. 주로 선생님, 교수님, 선배 등에게 쓴 글이 출제되었습니다.

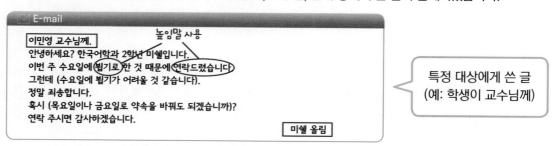

> E-mail
>
> 이민영 교수님께.
> 높임말 사용
> 안녕하세요? 한국어학과 2학년 미쉘입니다.
> 이번 주 수요일에 뵙기로 한 것 때문에 연락드렸습니다.
> 그런데 (수요일에 뵙기가 어려울 것 같습니다).
> 정말 죄송합니다.
> 혹시 (목요일이나 금요일로 약속을 바꿔도 되겠습니까?)
> 연락 주시면 감사하겠습니다.
>
> 미쉘 올림

특정 대상에게 쓴 글
(예: 학생이 교수님께)

자주 나온 문법 표현은 아래와 같습니다.

-기가 어려울 것 같습니다	혹시 -(으)십니까?

'-기가 어려울 것 같습니다'는 곤란한 상황에 대해 조심스럽게 돌려서 말하는 표현으로 약속을 취소하거나 변경할 때 한국 사람들이 자주 사용합니다. '혹시 -(으)십니까?'는 상대방의 의향을 조심스럽게 물어볼 때 사용하는 표현입니다.

❷ 불특정 대상에게 쓴 글

불특정 대상을 상대로 쓴 글이 자주 나왔습니다. 상황에 어울리는 격식적인 표현을 알고 쓸 수 있는지 확인하기 위한 문제입니다.

> 싸게 팝니다
>
> 저는 유학생인데 공부를 마치고 다음 주에 고향으로 돌아갑니다. 그래서 지금 (물건을 싸게 팔려고 합니다). 책상, 의자, 컴퓨터, 냉장고, 텔레비전 등이 있습니다. 이번 주 일요일까지 방을 비워 줘야 합니다. (토요일 전까지 연락 주시기 바랍니다). 제 연락처는 010-1234-5678입니다.

불특정 대상에게 쓴 글

자주 나온 문법 표현은 아래와 같습니다.

-(으)려고 합니다	-아/어 주시기 바랍니다

'-(으)려고 합니다'는 앞으로의 계획을 설명할 때 사용하는 표현으로 주로 글을 쓴 목적을 밝힐 때 자주 사용합니다. '-아/어 주시기 바랍니다'는 부탁할 때 사용하는 '-아/어 주세요'의 격식적인 표현입니다.

2. 요즘에는 이런 문제가 나왔어요.

이전 문제와 최근 문제를 비교해 보면 51번은 크게 달라지지 않았습니다. 최근까지도 대부분 '특정 대상에게 쓴 글'과 '불특정 대상에게 쓴 글'이 번갈아 가면서 출제되고 있습니다.

3. 요즘 나왔던 문제를 좀 더 자세하게 살펴볼까요?

❶ 문장 중간에 (   )가 있는 문제가 나오기 시작했습니다.

전에는 문장을 완성해야 했는데 최근에는 문장 중간에 내용을 써야 하는 문제도 나옵니다.

이전	최근
지금 (물건을 무료로 드리려고 합니다).	책을 (빌려 주셔서) 감사합니다.

❷ 최근에는 아래의 문법이 시험에 나온 적이 있습니다.

-다/자/냐/라고 합니다	일기예보에 의하면 (내일 비가 온다고 합니다).
-아/어 주셔서 감사합니다	저에게 이렇게 (좋은 기회를 주셔서) 감사합니다.
-(으)면 좋겠습니다	호텔이 버스정류장에서 (가까웠으면 좋겠습니다).

❸ 최근에는 부사를 이용해서 써야 하는 문제도 시험에 나왔습니다.

꼭	제 수업 자료도 꼭 (받아 주셨으면 좋겠습니다).
아직	제가 아직 (한국말을 잘 못해서) 실수를 자주 합니다.
거의	책은 거의 (사용하지 않아서) 아주 깨끗합니다.

4. 고득점 대비 TIP

❶ 자주 나오는 문법은 무조건 외우기

아래 표현을 어떤 상황에서 사용하는지 꼭 공부해 두시기 바랍니다. (22~24쪽 참고)

특정 대상에게 사용하는 표현	-기가 어려울 것 같습니다
	혹시 + -아/어도 되겠습니까? -아/어 주실 수 있으십니까? -괜찮으십니까?
	-아/어 주셔서 감사합니다
	-고 싶습니다
	-다/자/냐/라고 합니다
	-(으)면 좋겠습니다
불특정 대상에게 사용하는 표현	-(으)려고 합니다
	-아/어 주시기 바랍니다
	N(이)든지 가능합니다 / 괜찮습니다

'-습니다' 형태로 쓰세요! 그동안 '-아/어요'는 시험에 안 나왔어요!

❷ 높임말 잘 알아 두기

높임말을 정확하게 사용하는 것이 중요하므로 꼭 공부해 두시기 바랍니다. (32~33쪽 참고)

❸ 문제 푸는 데 도움이 되는 문법도 알아 두기

아래 문법은 51번 글 속에 자주 나오는 표현이므로 공부해 두시기 바랍니다.

-(으)ㄴ/는 덕분에	예) 선배님이 도와주신 덕분에 과제를 잘할 수 있었습니다.
N(이)라면 -(으)실 수 있습니다	예) 우리 학교 학생이라면 누구나 참가하실 수 있습니다.
-아/어 주시면 감사하겠습니다	예) 연락해 주시면 감사하겠습니다.

51번 연습 문제

▶▶ 해설집 29~30쪽

※[1~4] 다음 글을 읽고 (   ) 안에 알맞은 말을 쓰십시오. (각 10점)

1.

깨끗한 책 사세요

제가 시험공부를 하려고 책을 샀는데 집에 있는 책과 내용이 비슷합니다. 그래서 (
　　㉠　　). 책은 일주일 전에 샀습니다. 거의 (　　㉡　　) 아주 깨끗합니다. 직접 보신 후에 사셔도 됩니다. 관심이 있으신 분은 010-1234-5678로 연락 주시기 바랍니다.

㉠ _____

㉡ _____

> **잊지 마세요!!**
> 1. 글의 종류 파악하기
> 2. 제목 통해 글의 목적 파악하기
> 3. ㉠, ㉡에 들어갈 내용 써 보기
> 4. 중급 문법, 철자 확인하기

🕐 몇 분 걸렸어요? (　　　　)분

2.

룸메이트 구함

안녕하세요! 경영학과 2학년 트엉이라고 합니다. 제가 지금은 기숙사에서 살고 있는데 다음 달에 학교 근처에 있는 원룸으로 (　　㉠　　). 그런데 혼자 지내기에 월세가 비싸서 같이 생활할 (　　㉡　　). 우리 학교 유학생이면 좋겠습니다. 관심이 있는 친구는 연락해 주시기 바랍니다. 010-1234-5678

㉠ _____

㉡ _____

> **잊지 마세요!!**
> 1. 글의 종류 파악하기
> 2. 제목 통해 글의 목적 파악하기
> 3. ㉠, ㉡에 들어갈 내용 써 보기
> 4. 중급 문법, 철자 확인하기

🕐 몇 분 걸렸어요? (　　　　)분

단어

1번 ▢ 거의

2번 ▢ 원룸　▢ 월세

3.

✉ E-Mail

선배님, 안녕하십니까? 마이클입니다. 부탁드릴 일이 있어서 메일을 씁니다.
제가 며칠 전에 수리 센터에 노트북을 맡겼는데 내일 찾으러 오라고 합니다.
그런데 급한 사정이 생겨서 오늘 고향에 가야 합니다. 그래서 제가 노트북을 찾으러
갈 수 없을 것 같습니다. 혹시 저 대신에 (㉠   )?
선배님도 바쁘실 텐데 (㉡   ) 죄송합니다.

마이클

잊지 마세요!!

1. 글의 종류 파악하기
2. 제목 통해 글의 목적 파악하기
3. ㉠, ㉡에 들어갈 내용 써 보기
4. 중급 문법, 철자 확인하기

㉠ _____

㉡ _____

🕐 몇 분 걸렸어요? (   )분

4.

< ✉ 마이클

미영 씨,
지난주에 돈을 (㉠   ) 감사합니다.
돈이 급하게 필요했는데 미영 씨 덕분에 문제가 잘 해결됐습니다.
주말에 아르바이트비를 받는데 혹시 돈을 다음 주 월요일에 (㉡   )?
그럼 연락 기다리겠습니다.

잊지 마세요!!

1. 글의 종류 파악하기
2. 제목 통해 글의 목적 파악하기
3. ㉠, ㉡에 들어갈 내용 써 보기
4. 중급 문법, 철자 확인하기

㉠ _____

㉡ _____

🕐 몇 분 걸렸어요? (   )분

단어

3번 □선배 □부탁(하다) □수리 센터 □노트북 □맡기다 □급하다 □사정이 생기다 □대신(에)

4번 □덕분에 □문제 □해결되다

Part 2

쓰기 52번 문제

설명문 문장 완성하기

※ [52] 다음을 읽고 (   )에 들어갈 말을 각각 한 문장씩으로 쓰십시오. (10점)

> 어려운 일이 생겼을 때 그 일을 대하는 우리의 태도는 크게 두 가지이다. (㉠   ). 다른 하나는 어려워서 불가능하다고 포기하는 것이다. 그런데 긍정적인 결과를 기대할수록 좋은 결과를 얻을 확률이 높다. 반대로 (㉡   ). 그러므로 우리는 시련이나 고난이 닥쳤을 때일수록 더욱 긍정적으로 생각할 필요가 있다.

▶ 문제 소개

52번은 설명문을 읽고 2개의 빈칸이 있는 문장을 완성시키는 문제입니다.

보통 4~7개의 문장으로 이루어져 있습니다.

점수는 10점으로 51번보다 단어나 문법이 조금 더 어렵습니다.

3급 수준의 문제입니다.

5분 안에 답을 써야 합니다.

52번 꼭 봐야 하는 기본기

▶ 해설집 8~10쪽

52번 문제를 풀기 전에 '꼭 봐야 하는 기본기'는 다음과 같습니다.

1 설명 방법의 의미　　**2** 설명 방법의 종류와 중요성　　**3** 설명문에서 알아야 하는 표현

1 설명 방법의 의미

51번 문제는 한 단락의 설명문으로 구성되어 있습니다. 글을 이해하기 쉽게 쓰려면 다양한 설명 방법을 이용해야 합니다. 설명 방법이란 글을 쓸 때 글의 내용을 읽는 사람이 읽기 쉽게 논리적으로 설명하는 방법을 의미합니다.

여름은 덥다. **그렇지만** 겨울은 춥다.　⇨　**설명 방법: 대조**

위에서처럼 두 대상을 비교해서 차이점을 보여 주는 것이 바로 대조의 설명 방법입니다.

2 설명 방법의 종류와 중요성

설명 방법의 종류는 아래와 같이 아주 다양합니다.

종류	나열, 비교 · 대조, 유추, 인과, 환언 · 요약, 분류, 분석, 정의, 예시

각각의 설명 방법에는 그에 따른 표현이 있는데 이 표현을 알고 있어야 문제를 풀 수 있습니다. 예를 들어서 '여름은 덥다. 그렇지만 겨울은 (　　　).'에서 '그렇지만(대조)'을 통해서 (　　　)에 반대 단어를 써야 한다는 것을 알 수 있습니다. 52번 문제를 처음 보면 무엇을 써야 할지 몰라서 당황합니다. 따라서 설명 방법과 설명 방법에 따른 표현을 알고 있어야 합니다.

어려운 일이 생겼을 때 그 일을 대하는 우리의 태도는 크게 두 가지이다. (　　⊙　　). 다른 하나는 어려워서 불가능하다고 포기하는 것이다. 그런데 긍정적인 결과를 기대할수록 좋은 결과를 얻을 확률이 높다. 반대로 ^Hint (　　⊙　　). 그러므로 우리는 시련이나 고난이 닥쳤을 때일수록 더욱 긍정적으로 생각할 필요가 있다.

설명 방법: 대조
연결 표현: 반대로

아하! 앞의 내용과 반대 내용을 써야 해! 알겠어!

3 설명문에서 알아야 하는 표현

1. 설명 방법에 따른 표현

52번 설명문에서 알아야 하는 설명 방법에 따른 표현입니다. 예문을 보면서 공부하세요.

① | 나열

관련된 내용을 옆으로 늘어 놓으며 설명하는 방법을 말합니다.

예문	건강을 위해서는 **첫째**, 아침밥을 꼭 먹고 **둘째**, 잠을 푹 자고 **셋째**, 꾸준히 운동해야 한다.			
표현	그리고　　또　　또한　　게다가			
	하나는 / 다른 하나는　　먼저(우선) / 다음으로　　　　첫째 / 둘째 / 셋째 시작 / 중간 / 끝　　우선 / 다음으로 / 마지막으로			
	N도 있고 N도 있다　　-고 -다　　-(으)며 -다　　-기도 하고 -기도 하다　　N뿐만 아니라			

② | 대조

둘 이상의 대상이 가지는 차이점을 설명하는 방법을 말합니다.

예문	언니는 조용하고 말이 없**는데 반해** 동생은 활발하고 말이 많다.
표현	하지만　　그렇지만　　그러나　　그런데
	반면에　　반대로　　오히려
	-(으)ㄴ/는데 반해　　-(으)ㄴ/는 반면에　　N와/과 다르게(달리)

③ | 유추

같거나 비슷한 것을 통해 다른 사물이나 현상을 추측하는 방식을 말합니다.

예문	마라톤은 긴 시간 동안 고통을 참고 이겨내야 한다. 인생**도 마찬가지이다**.
표현	A는 -다 / B도 마찬가지이다　　이처럼

④ | 환언·요약

앞의 내용을 정리해서 다시 말하거나 짧게 요약하는 설명 방법을 말합니다.

예문	나는 기다리는 것을 가장 싫어하고 일도 빨리 하려고 한다. **즉** 나는 성격이 급한 사람이다.
표현	즉　　요약하면　　곧　　바꾸어 말하면　　다시 말하면

2. 문법 표현

설명 방법에 따른 표현 외에도 52번 설명문에서 알아야 하는 문법 표현입니다. 예문을 통해서 공부하세요.

① | 가정

사실이 아니지만 사실인 것처럼 생각해 보는 문법 표현입니다.

예문	**만일** 세상에 여자가 없다**면** 남자들은 우울증에 걸릴 **것이다.**	
표현	그런데 만일 / 만약에 -(으)면	-(으)ㄹ 것이다
		-(으)ㄹ 수도 있다

② | 부분 부정

전체가 아닌 부분을 부정하는 문법 표현입니다.

예문	모델들은 보통 키가 크다. **그렇지만 모델이라고 해서** 모두 다 키가 큰 **것은 아니다.**
표현	그렇지만 / 그러나 / 하지만 -다고 해서 -(으)ㄴ/는 것은 아니다

③ | 이유

앞 문장의 내용에 대해 왜 그런지 이유를 설명하는 문법 표현입니다.

예문	나는 밥을 먹었다. **왜냐하면** 배가 고팠**기 때문이다.**
표현	왜냐하면 / 그래야 / 그 이유는 -기 때문이다

④ | 판단 기준

어떤 판단의 기준이 되는 것을 설명하는 문법 표현입니다.

예문	음식의 맛은 누가 만드느**냐에 따라 달라진다.**	
표현	N은/는 N에 따라(서) 다르다/달라지다	-(으)/느냐에 따라(서) 다르다/달라지다

⑤ | 당위

꼭 그렇게 해야 한다는 것을 설명하는 문법 표현입니다.

예문	살을 빼**려면** 운동을 해**야 한다.**	
표현	-(으)려면 / -기 위해서	-아/어/해야 하다
	그래야	-(으)ㄹ 수 있다
	그래서 / 그러므로 따라서 / 그렇기 때문에	-(으)ㄴ는 것이 좋다 -(으)ㄹ 필요가 있다 -아/어/해야 하다

3. 서술문

52번 문제는 설명문이므로 모두 서술문으로 쓰여 있습니다. 따라서 답을 쓸 때 서술문으로 써야 합니다. 아래 표는 서술문을 정리한 것입니다. 서술문을 어떻게 써야 하는지 공부하세요.

현재	형용사	A-다	싸다　적다　행복하다　다르다　크다　춥다
	동사	V-ㄴ/는다	간다　먹는다　운동한다　부른다　쓴다　산다　짓는다
	명사	N이다	학생이다　의사이다
과거	형용사	A-았/었다	쌌다　적었다　행복했다　달랐다　컸다　추웠다
	동사	V-았/었다	갔다　먹었다　운동했다　불렀다　썼다　살았다　지었다
	명사	N이었/였다	학생이었다　의사였다
미래/추측	형용사	A-(으)ㄹ 것이다	쌀 것이다　적을 것이다　행복할 것이다 다를 것이다　클 것이다　추울 것이다
	동사	V-(으)ㄹ 것이다	갈 것이다　먹을 것이다　운동할 것이다 부를 것이다　쓸 것이다　살 것이다　지을 것이다
	명사	N일 것이다	학생일 것이다　의사일 것이다

아래 표는 서술문에서 자주 틀리는 단어와 표현들을 정리한 것입니다.

틀린 표현 (X)	맞는 표현 (O)
있는다 없는다	있다 없다
다른다 필요한다 중요한다 복잡한다	다르다 필요하다 중요하다 복잡하다
할 수 있는다	할 수 있다
먹고 싶어 하다	먹고 싶어 한다
예쁘기도 한다 슬퍼하기도 하다	예쁘기도 하다 (형용사) 슬퍼하기도 한다 (동사)
예쁘지 않는다 먹지 않다	예쁘지 않다 (형용사) 먹지 않는다 (동사)
공부해야 하다	공부해야 한다
학생인다 어렵기 때문인다	학생이다 어렵기 때문이다

실수 클리닉

>> 다음 단어들의 반대 단어를 써 보세요.

단어	반의어	단어	반의어	단어	반의어
낙관적	**비관적**	가짜		오르다	
빠르다		밝다		올라가다	
얇다		국내		상승하다	
가볍다		긍정적		현실적	
간단하다		빨리		동성	
나타나다		빌리다		기쁨	
게으르다		웃음		성공	
입학하다		버리다		(전원을) 켜다	
깊다		(힘이) 세다		전통적	
꺼내다		사다		병이 걸리다	
날씬하다		감소하다		직접적	
낮다		늘다		승낙하다	
편하다		최소		수동적	
출국		초보		해롭다	
외향적		녹다		눈을 뜨다	
이기다		죽다		(자원이) 부족하다	
희망		배고프다		(스트레스를) 받다	

반의어

>> 이번 실수 클리닉에서는 **반의어**를 공부해 보겠습니다. 52번은 반의어를 알고 있으면 도움이 됩니다.

단어	반의어	단어	반의어	단어	반의어
낙관적	비관적	가짜	진짜	오르다	내리다
빠르다	느리다	밝다	어둡다	올라가다	내려가다
얇다	두껍다	국내	해외	상승하다	하락하다
가볍다	무겁다	긍정적	부정적	현실적	이상적/비현실적
간단하다	복잡하다	빨리	천천히	동성	이성
나타나다	사라지다	빌리다	갚다/돌려주다	기쁨	슬픔
게으르다	부지런하다	웃음	울음	성공	실패
입학하다	졸업하다	버리다	줍다	(전원을) 켜다	끄다
깊다	얕다	(힘이) 세다	약하다	전통적	현대적
꺼내다	넣다	사다	팔다	병이 걸리다	병이 낫다
날씬하다	뚱뚱하다	감소하다	증가하다	직접적	간접적
낮다	높다	늘다	줄다	승낙하다	거절하다
편하다	불편하다	최소	최대	수동적	능동적
출국	입국	초보	전문가	해롭다	이롭다
외향적	내성적	녹다	얼다	눈을 뜨다	눈을 감다
이기다	지다	죽다	살다	(자원이) 부족하다	넘치다/풍부하다
희망	절망	배고프다	배부르다	(스트레스를) 받다	해소하다/풀다

52번 답안 작성 전략

1 답안 작성 전략 배우기

52번 문제는 보기에는 어려워 보이지만 조금만 연습하면 답을 쓰기 쉽습니다. 그러므로 아래의 STEP에 맞게 단계별로 문제를 푸는 연습을 하는 것이 좋습니다.

STEP 1	글의 첫 문장을 읽고 어떤 내용인지 추측해 본다.
	문제를 받자마자 첫 문장을 읽고 가장 중요한 단어에 표시해 봅니다. 보통 첫 문장에 글의 내용을 이해하는 데 필요한 정보가 가장 많습니다.
STEP 2	괄호를 중심으로 설명 방법을 생각해 본다.
	(㉠), (㉡)의 앞이나 뒤에 있는 접속사나 설명 방법을 나타내는 표현이 힌트를 주기 때문에 (㉠), (㉡) 앞·뒤를 확인하고 설명 방법을 생각해 보세요.
STEP 3	(㉠)과 (㉡)의 앞·뒤 문장을 읽고 어울리는 내용을 써 본다.
	앞·뒤 문장에서 힌트를 찾아서 빈칸에 들어갈 내용을 추측해 보세요. (㉠)은 중심 내용을 설명하는 문장을 써야 하는 경우가 많고 (㉡) 앞에는 보통 접속사가 있으므로 접속사와 앞·뒤 문장을 읽고 내용을 추측해서 답을 써 보세요.
STEP 4	STEP 3에서 쓴 답이 어울리는 문법과 단어를 사용했는지 다시 확인해 본다.
	중급 중·상 수준의 문법과 단어를 요구하므로 그에 맞는 문법과 단어를 썼는지 다시 확인해 보세요. 어울리는 문법과 단어를 썼으면 그대로 두고, 어울리지 않는다면 고쳐 봅니다.

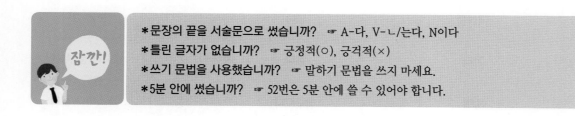

*문장의 끝을 서술문으로 썼습니까? ☞ A-다, V-ㄴ/는다, N이다 ☐
*틀린 글자가 없습니까? ☞ 긍정적(○), 긍격적(×) ☐
*쓰기 문법을 사용했습니까? ☞ 말하기 문법을 쓰지 마세요. ☐
*5분 안에 썼습니까? ☞ 52번은 5분 안에 쓸 수 있어야 합니다. ☐

앞에서 배운 답안 작성 전략을 이용해서 문제를 풀어 보겠습니다.

※ [52] 다음을 읽고 (   )에 들어갈 말을 각각 한 문장씩으로 쓰십시오. (10점)

> 어려운 일이 생겼을 때 그 일을 대하는 우리의 태도는 크게 (두 가지이다). (하나는~ ㉠   ). 다른 하나는 어려워서 불가능하다고 포기하는 것이다. 그런데 긍정적인 결과를 기대할수록 좋은 결과를 얻을 확률이 높다. (반대로) (부정적 ㉡ 확률이 낮다). 그러므로 우리는 시련이나 고난이 닥쳤을 때일수록 더욱 긍정적으로 생각할 필요가 있다.

1. 글의 첫 문장을 한번 써 보고 중요한 단어에 표시해 보세요.

첫 문장	어려운 일이 생겼을 때 그 일을 대하는 우리의 태도는 크게 두 가지이다.

2. (㉠), (㉡)의 앞·뒤에 있는 연결 표현과 설명 방법을 써 보세요.

(㉠)	다른 하나는	(㉡)	반대로
설명 방법	나열	설명 방법	대조

3. (㉠)과 (㉡)의 앞·뒤 문장을 읽고 어울리는 내용을 만들어서 써 보세요.

> 어려운 일에 대한 태도 두 가지는?
> ① 하나는 → (어려워도 포기하지 않는 것) ② 다른 하나는 → 어려워서 불가능하다고 포기하는 것

(㉠)	어려워도 포기하지 않는다
(㉡)	나쁜 결과를 생각하면 좋은 결과를 얻을 확률이 낮다

> ㉡ 앞에 '반대로'가 있으므로 반대가 되는 내용을 써야 합니다.

4. 3번에 쓴 문장에 중급 문법/단어가 있는지 확인하고 다시 써 보세요.

> (㉠) 뒤에 '다른 하나'이 있으므로 '하나는'을 써야 합니다.

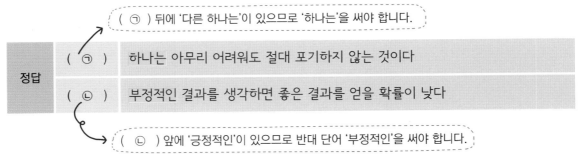

정답	(㉠)	하나는 아무리 어려워도 절대 포기하지 않는 것이다
	(㉡)	부정적인 결과를 생각하면 좋은 결과를 얻을 확률이 낮다

> (㉡) 앞에 '긍정적인'이 있으므로 반대 단어 '부정적인'을 써야 합니다.

앞에서 배운 답안 작성 전략을 이용해서 아래의 답을 써 봅시다.

※ [52] 다음을 읽고 (   )에 들어갈 말을 각각 한 문장씩으로 쓰십시오. (10점)

> 앞으로 일어날 미래에 대한 우리의 태도는 크게 두 가지이다. (㉠   ). 다른 하나는 미래에 나쁜 일만 일어날 것이라고 생각하는 태도이다. 그런데 조사에 의하면 낙관적으로 생각하는 사람의 미래가 더 밝을 확률이 높다고 한다. 반면에 (㉡   ). 그러므로 아직 일어나지 않은 미래에 대해 낙관적으로 생각하는 것이 좋다.

1. 글의 첫 문장을 한번 써 보고 중요한 단어에 표시해 보세요.

첫 문장	

2. (㉠), (㉡)의 앞이나 뒤에 있는 연결 표현과 설명 방법을 써 보세요.

(㉠)		(㉡)	
설명 방법		설명 방법	

3. (㉠)과 (㉡)의 앞·뒤 문장을 읽고 어울리는 내용을 만들어서 써 보세요.

(㉠)	
(㉡)	

4. 3번에 쓴 문장에 중급 문법/단어가 있는지 확인하고 다시 써 보세요.

(㉠)	
(㉡)	

🔍 정답 풀이

1.

첫 문장	앞으로 일어날 미래에 대한 우리의 태도는 크게 두 가지이다

2.

(㉠)	다른 하나는	(㉡)	반면에
설명 방법	나열	설명 방법	대조

3~4.

(㉠)	하나는 미래에 좋은 일만 일어날 거라고 생각하는 것이다
(㉡)	비관적으로 생각하는 사람의 미래가 밝을 확률은 낮다고 한다

👤 학생 답안 및 평가

㉠	㉡	점수
나쁜 일이 일어날 것이다	좋은 결과를 기대하면 좋다	0
좋은 일만 일어날 거예요	나쁜 결과를 생각하면 나쁜 결과가 있어요	1~2
첫 번째로 미래에 좋은 일만 일어날 것이다	비관적인 결과를 생각하면 나쁜 결과를 얻는다	3~4
하나는 미래에 좋은 일만 일어날 거라고 생각하는 것이다	**비관적으로 생각하는 사람의 미래가 밝을 확률은 낮다고 한다**	5

* ㉠ 미래에 대한 태도가 두 가지라고 했고 (㉠) 뒤에서 '나쁜 일~'이라고 했으므로 (㉠)에는 반대가 되는 내용을 써야 합니다. 또한 (㉠) 뒤에 '다른 하나'가 있으므로 (㉠)에는 '하나는'을 써야 합니다.

* ㉡ '반면에'가 있으므로 반대가 되는 내용을 써야 합니다. (㉡) 앞 문장의 반의어를 쓰면 됩니다.

(낙관적 ↔ 비관적   확률이 높다 ↔ 확률이 낮다)

실수 클리닉

▶▶ 다음 속담을 읽고 속담의 의미를 찾아 연결해 보세요.

발 없는 말이 천리 간다	아무리 잘하는 사람이라도 가끔 실수할 때가 있다.
원숭이도 나무에서 떨어진다	윗사람이 잘해야 아랫사람도 잘한다.
고생 끝에 낙이 온다	값이 싼 물건은 당연히 품질도 안 좋다.
윗물이 맑아야 아랫물이 맑다	큰 것보다 작은 것에 돈이나 노력이 더 많이 든다.
백지장도 맞들면 낫다	무슨 일이든지 시작하기가 어렵고 시작하면 일을 끝내는 것은 그리 어렵지 않다.
세 살 적 버릇이 여든까지 간다	말은 아주 빠르게 퍼져 나가므로 말조심을 해야 한다.
싼 게 비지떡이다	어릴 때 생긴 버릇은 나이가 많아져도 고치기 어렵다.
시작이 반이다	어떤 일을 자세히 알지 못하고 겉만 대충 보는 것.
배보다 배꼽이 더 크다	쉬운 일이라도 같이 협력해서 하면 훨씬 쉽다.
수박 겉핥기	어려운 일이나 힘든 일이 끝나면 반드시 즐겁고 좋은 일이 생긴다.

속담

▶▶ 이번 실수 클리닉에서는 **속담**을 공부해 보겠습니다. 52번 문제의 경우 속담이 글 속에 나올 때가 있으므로 속담의 의미를 알고 있으면 도움이 됩니다.

발 없는 말이 천리 간다	말은 아주 **빠르게** 퍼져 나가므로 말조심을 해야 한다. 예 발 없는 말이 천리 간다고 두 사람이 사귄다는 사실을 하루 만에 모두 알게 되었다.
원숭이도 나무에서 떨어진다	아무리 잘하는 사람이라도 가끔 실수할 때가 있다. 예 원숭이도 나무에서 떨어진다고 수영 선수가 바다에 놀러 갔다가 물에 **빠졌**다고 한다.
고생 끝에 낙이 온다	어려운 일이나 힘든 일이 끝나면 반드시 즐겁고 좋은 일이 생긴다. 예 고생 끝에 낙이 온다고 철수는 여러 번 시험을 봐서 의대에 합격했다.
윗물이 맑아야 아랫물이 맑다	윗사람이 잘해야 아랫사람도 잘한다. 예 윗물이 맑아야 아랫물이 맑다고 부모가 아이들 앞에서 잘못된 모습을 보이면 아이들은 그대로 따라 한다.
백지장도 맞들면 낫다	쉬운 일이라도 같이 협력해서 하면 훨씬 쉽다. 예 백지장도 맞들면 낫다고 영희는 친구의 도움을 받아서 이사를 금방 끝냈다.
세 살 적 버릇이 여든까지 간다	어릴 때 생긴 버릇은 나이가 많아져도 고치기 어렵다. 예 세 살 적 버릇이 여든까지 간다고 어릴 때부터 좋은 습관을 갖는 것이 중요하다.
싼 게 비지떡이다	값이 싼 물건은 당연히 품질도 안 좋다. 예 싼 게 비지떡이라고 싸게 산 스웨터를 한 번밖에 안 입었는데 다 늘어나 버렸다.
시작이 반이다	무슨 일이든지 시작하기가 어렵고 시작하면 일을 끝내는 것은 그리 어렵지 않다. 예 시작이 반이라고 논문 주제를 잡았으니까 금방 쓸 수 있을 것이다.
배보다 배꼽이 더 크다	큰 것보다 작은 것에 돈이나 노력이 더 많이 든다. 예 배보다 배꼽이 더 크다고 친구가 산 밥값보다 내가 산 커피값이 더 많이 나왔다.
수박 겉핥기	어떤 일을 자세히 알지 못하고 겉만 대충 보는 것. 예 공부를 할 때 수박 겉핥기 식으로 대충 공부하면 어려운 문제가 나왔을 때 풀 수 없다.

52번 연습 문제

▶▶ 해설집 31~34쪽

※ [1~8] 다음을 읽고 (   )에 들어갈 말을 각각 한 문장씩으로 쓰십시오. (각 10점)

1.

> 텔레비전이 우리에게 미치는 나쁜 영향은 크게 두 가지이다. (㉠   ). 다른 하나는 텔레비전을 보면서 자기도 모르는 사이에 비속어나 유행어에 노출된다는 것이다. 이처럼 텔레비전은 우리의 눈 건강에도 언어 생활에도 지장을 준다. 반대로 (㉡   ). 왜냐하면 뉴스나 다양한 프로그램을 통해서 많은 정보를 얻을 수 있고 방송을 즐기면서 스트레스를 해소할 수도 있기 때문이다.

잊지 마세요!!
1. 첫 문장의 중요 단어에 표시하기
2. 접속사 · 설명 방법 표현에 표시하기
3. ㉠, ㉡에 들어갈 내용 써 보기
4. 중급 문법, 철자 확인하기

㉠ _____

㉡ _____

🕐 몇 분 걸렸어요? (   )분

2.

> 사람들은 여러 가지 다양한 방법으로 다이어트를 한다. 한 가지 음식만 먹으면서 다이어트를 하기도 하고 (㉠   ). 그러나 이렇게 한 가지 음식만 먹거나 무조건 아무것도 안 먹는 방법만으로 다이어트를 하는 것은 일시적으로 살이 빠질 수는 있지만 다시 살이 찌기 쉽다. 반면에 (㉡   ). 따라서 성공적인 다이어트를 위해서는 반드시 운동을 해야 한다.

잊지 마세요!!
1. 첫 문장의 중요 단어에 표시하기
2. 접속사 · 설명 방법 표현에 표시하기
3. ㉠, ㉡에 들어갈 내용 써 보기
4. 중급 문법, 철자 확인하기

㉠ _____

㉡ _____

🕐 몇 분 걸렸어요? (   )분

단어

1번 ▢영향을 미치다 ▢비속어 ▢유행어 ▢노출되다 ▢지장을 주다 ▢정보 ▢얻다 ▢해소하다

2번 ▢무조건 ▢일시적 ▢반면에 ▢따라서 ▢성공적 ▢반드시

3.

언어는 그 사람의 인격을 보여 준다. 인격이 훌륭한 사람은 이야기할 때 예의 바르고 아름다운 말을 쓴다. 반면에 (㉠   ). 이처럼 상대방과 대화해 보면 그 사람의 인격을 알 수 있다. 그러므로 (㉡   ). 말을 통해 그 사람이 훌륭한 인격을 지닌 사람인지 아닌지를 알 수 있기 때문이다.

잊지 마세요!!
1. 첫 문장의 중요 단어에 표시하기
2. 접속사 · 설명 방법 표현에 표시하기
3. ㉠, ㉡에 들어갈 내용 써 보기
4. 중급 문법, 철자 확인하기

㉠ _____

㉡ _____

🕐 몇 분 걸렸어요? (   )분

4.

'웃으면 복이 온다'는 말이 있다. 무슨 일이든지 긍정적으로 생각하면 좋은 일이 생길 것이라는 말이다. 옛날부터 우리 조상은 좋은 일이 생겨서 웃는 것이 아니라고 생각했다. 반대로 (㉠   ). 그러므로 (㉡   ).

잊지 마세요!!
1. 첫 문장의 중요 단어에 표시하기
2. 접속사 · 설명 방법 표현에 표시하기
3. ㉠, ㉡에 들어갈 내용 써 보기
4. 중급 문법, 철자 확인하기

㉠ _____

㉡ _____

🕐 몇 분 걸렸어요? (   )분

단어

3번 ☐훌륭하다 ☐인격 ☐예의 바르다 ☐상대방 ☐(인격을) 지니다 ☐그러므로

4번 ☐웃으면 복이 온다 ☐긍정적 ☐생기다 ☐조상

5.

　　과학의 발달은 인류에게 다양한 혜택을 가져다주었다. 암 치료가 가능해졌고 로봇이 청소도 대신해 주게 되었다. 이처럼 과학의 발전으로 인해 고치기 어려웠던 질병을 고칠 수 있게 되었을 뿐만 아니라 (　　㉠　　). 그렇지만 (　　㉡　　). 왜냐하면 과학의 발달로 핵무기나 환경오염 등의 안 좋은 결과들도 생겼기 때문이다.

잊지 마세요!!
1. 첫 문장의 중요 단어에 표시하기
2. 접속사 · 설명 방법 표현에 표시하기
3. ㉠, ㉡에 들어갈 내용 써 보기
4. 중급 문법, 철자 확인하기

㉠ _____

㉡ _____

🕐 몇 분 걸렸어요? (　　　)분

6.

　　여러 종류의 악기를 함께 연주할 때는 다른 사람의 소리를 들으며 연주해야 아름다운 소리를 낼 수 있다. 그런데 만일 (　　㉠　　). 우리 사회도 마찬가지이다. 사회를 구성하는 모든 개인도 다른 사람들의 의견에 귀를 기울여야 한다. 그래야 (　　㉡　　).

잊지 마세요!!
1. 첫 문장의 중요 단어에 표시하기
2. 접속사 · 설명 방법 표현에 표시하기
3. ㉠, ㉡에 들어갈 내용 써 보기
4. 중급 문법, 철자 확인하기

㉠ _____

㉡ _____

🕐 몇 분 걸렸어요? (　　　)분

단어

5번　□과학　□발달　□인류　□혜택　□가져다주다　□암　□치료　□로봇　□대신하다　□질병
　　　□핵무기　□환경오염

6번　□종류　□악기　□연주하다　□소리를 내다　□마찬가지　□사회　□구성하다　□개인
　　　□사회　□귀를 기울이다　□그래야

7.

> 잠은 얼마나 자는 것이 좋을까? 사람들은 보통 피곤함을 느끼면 충분히 잠을 자려고 한다. 그러나 9시간 이상 잠을 자는 것은 오히려 질병을 유발할 수 있기 때문에 (㉠   ). 그런데 수면 시간이 6시간보다 적을 경우 역시 면역력이 약해질 수 있다. 따라서 (㉡   ).

잊지 마세요!!
1. 첫 문장의 중요 단어에 표시하기
2. 접속사 · 설명 방법 표현에 표시하기
3. ㉠, ㉡에 들어갈 내용 써 보기
4. 중급 문법, 철자 확인하기

㉠ _____

㉡ _____

🕐 몇 분 걸렸어요? (   )분

8.

> 서양인과 동양인은 외모와 말하는 방식에 차이가 있다. 서양인은 눈이 크고 코가 높다. 반면에 (㉠   ). 또한 서양인은 말을 할 때 직접적으로 표현을 하는 편이다. 그렇지만 (㉡   ).

잊지 마세요!!
1. 첫 문장의 중요 단어에 표시하기
2. 접속사 · 설명 방법 표현에 표시하기
3. ㉠, ㉡에 들어갈 내용 써 보기
4. 중급 문법, 철자 확인하기

㉠ _____

㉡ _____

🕐 몇 분 걸렸어요? (   )분

단어

7번 □느끼다 □충분히 □오히려 □유발하다 □수면 □경우 □역시 □면역력

8번 □서양인 □동양인 □외모 □방식 □차이 □직접적 □표현(을) 하다

◈ 다음 문장에서 틀린 부분을 찾아 고쳐 봅시다.

1. 현재 서울에는 다양한 나라에서 온 사람들이 <u>살다</u>.

→

2. 실패를 경험해 보지 않은 사람은 <u>없는다</u>.

→

3. 오래 쉬는 것보다 잘 쉬는 것이 <u>중요한다</u>.

→

4. 외국으로 유학을 가려면 무엇보다도 큰 용기가 <u>필요한다</u>.

→

5. 대부분의 사람들은 부자가 <u>되고 싶어 하다</u>.

→

6. 성공으로 인해 기뻐하기도 하고 실패로 인해 <u>슬퍼하기도 하다</u>.

→

7. 무슨 일이든지 열심히 하면 <u>성공할 수 있는다</u>.

→

8. 건강을 위해서 꾸준히 <u>운동해야 하다</u>.

→

9. 부정적으로 생각하는 사람은 언제나 <u>즐겁지 않는다</u>.

→

10. 어떤 나라의 사람들은 돼지고기를 <u>먹지 않다</u>.

→

서술문

>> 이번 실수 클리닉은 **서술문**을 쓸 때 학생들이 자주 틀리는 것을 정리한 것입니다. 52, 53, 54번은 모두 서술문으로 써야 하므로 서술문은 꼭 공부해야 합니다.

1. 현재 서울에는 다양한 나라에서 온 사람들이 <u>살다</u>. → **산다** (동사 - ㄹ불규칙)

2. 실패를 경험해 보지 않은 사람은 <u>없는다</u>. → **없다** (형용사)

3. 오래 쉬는 것보다 잘 쉬는 것이 <u>중요한다</u>. → **중요하다** (형용사)

4. 외국으로 유학을 가려면 무엇보다도 큰 용기가 <u>필요한다</u>. → **필요하다** (형용사)

5. 대부분의 사람들은 부자가 <u>되고 싶어 하다</u>. → **되고 싶어 한다**
   '-고 싶어 하다'는 동사처럼 활용합니다. ('-고 싶다'는 형용사처럼 활용)

6. 성공으로 인해 기뻐하기도 하고 실패로 인해 <u>슬퍼하기도 하다</u>. → **슬퍼하기도 한다** (동사)
   형용사 + -기도 하다 → **예쁘기도 하다**
   동사 + -기도 한다 → **좋아하기도 한다**

7. 무슨 일이든지 열심히 하면 <u>성공할 수 있는다</u>. → **성공할 수 있다**
   '-(으)ㄹ 수 있다'는 형용사처럼 활용합니다.

8. 건강을 위해서 꾸준히 <u>운동해야 하다</u>. → **운동해야 한다**
   '-아/어야 하다'는 동사처럼 활용합니다.

9. 부정적으로 생각하는 사람은 언제나 <u>즐겁지 않는다</u>. → **즐겁지 않다** (형용사 부정)

10. 어떤 나라의 사람들은 돼지고기를 <u>먹지 않다</u>. → **먹지 않는다** (동사 부정)
    형용사 + -지 않다 → **예쁘지 않다**
    동사 + -지 않는다 → **좋아하지 않는다**

52번 예상 문제

▶▶ 해설집 35~38쪽

※ [1~8] 다음을 읽고 (   )에 들어갈 말을 각각 한 문장씩으로 쓰십시오. (각 10점)

1.

문제를 해결하기 위해서 정보는 많을수록 좋다고 말하는 경우가 많다. 그런데 실제로 (㉠   ). 왜냐하면 정보가 많을 경우 어떤 정보가 그 문제를 해결할 때 가장 유용한지 정말 필요한 정보인지 파악하는 데에 시간을 많이 써 버리기 때문이다. 과거에 비해 우리는 많은 정보를 쉽게 얻을 수 있다. 그렇지만 이 정보를 이용할 때는 신중해야 할 필요가 있다. 그래야 (㉡   ).

잊지 마세요!!
1. 첫 문장의 중요 단어에 표시하기
2. 접속사 · 설명 방법 표현에 표시하기
3. ㉠, ㉡에 들어갈 내용 써 보기
4. 중급 문법, 철자 확인하기

㉠ _____

㉡ _____

🕐 몇 분 걸렸어요? (   )분

2.

유학생이 집을 구할 때는 여러 가지 조건을 생각해야 한다. 먼저 유학생이므로 안전을 가장 중요하게 생각해야 한다. (㉠   ). 아무리 좋은 집이라도 교통이 불편하면 생활을 편하게 할 수 없다. 그러나 실제로 (㉡   ). 오히려 집값을 가장 중요하게 생각하는데 그 이유는 부모님에게 용돈을 받으며 생활하기 때문이다.

잊지 마세요!!
1. 첫 문장의 중요 단어에 표시하기
2. 접속사 · 설명 방법 표현에 표시하기
3. ㉠, ㉡에 들어갈 내용 써 보기
4. 중급 문법, 철자 확인하기

㉠ _____

㉡ _____

🕐 몇 분 걸렸어요? (   )분

단어

1번 □해결하다 □정보 □실제로 □유용하다 □파악하다 □얻다 □신중하다 □그래야

2번 □(집을) 구하다 □조건 □안전 □교통 □불편하다 □오히려 □용돈

3.

> 　실패하는 사람들은 항상 '나중에', '내일'이라는 단어를 입에 달고 다니며 해야 할 일을 나중으로 미룬다. 반면에 (　　　㉠　　　). 어떤 일을 하기에 가장 좋은 날이 따로 있지 않다. 어떤 일을 하기에 가장 좋은 시간은 '오늘' 그리고 바로 '지금'이다. 그러므로 '내일'과 '나중'은 패자들의 단어이고 (　　　㉡　　　).

잊지 마세요!!
1. 첫 문장의 중요 단어에 표시하기
2. 접속사 · 설명 방법 표현에 표시하기
3. ㉠, ㉡에 들어갈 내용 써 보기
4. 중급 문법, 철자 확인하기

㉠ _____

㉡ _____

몇 분 걸렸어요? (　　　　)분

Day 08

4.

> 　지하철역에는 장애인들을 위한 엘리베이터가 설치되어 있다. 그러나 (　　　㉠　　　). 이로 인해 정작 장애인들은 꼭 필요할 때 이 시설을 이용하기가 어렵다. 따라서 정부는 비장애인들의 엘리베이터 사용을 금지하거나 벌금을 내도록 해야 할 것이다. 그래야 (　　　㉡　　　).

잊지 마세요!!
1. 첫 문장의 중요 단어에 표시하기
2. 접속사 · 설명 방법 표현에 표시하기
3. ㉠, ㉡에 들어갈 내용 써 보기
4. 중급 문법, 철자 확인하기

㉠ _____

㉡ _____

몇 분 걸렸어요? (　　　　)분

단어

3번 □실패　□나중에　□입에 달고 다니다　□미루다　□따로　□바로　□패자

4번 □장애인/비장애인　□설치되다　□정작　□시설　□정부　□금지하다　□벌금

5.

　　'아침에 먹는 사과는 보약'이라는 말이 있다. 아침에 먹는 사과가 건강에 약처럼 좋다는 뜻이다. 왜 아침에 먹는 사과라고 했을까? 그 이유는 아침에 먹는 사과는 건강을 유지하는 데 효과적이지만 저녁에 먹는 사과는 위를 불편하게 만들어서 건강에 큰 효과를 주지 못하기 때문이다. 이처럼 사과의 효능은 (　　　㉠　　　). 그러므로 (　　　㉡　　　).

잊지 마세요!!
1. 첫 문장의 중요 단어에 표시하기
2. 접속사 · 설명 방법 표현에 표시하기
3. ㉠, ㉡에 들어갈 내용 써 보기
4. 중급 문법, 철자 확인하기

㉠ _____

㉡ _____

🕐 몇 분 걸렸어요? (　　　　　)분

6.

　　'토끼와 거북이'라는 옛날이야기가 있다. 거북이는 토끼와의 달리기 시합에서 끝까지 노력해서 결국 토끼를 이겼다. 그런데 만일 (　　　㉠　　　). 이것은 우리의 인생도 마찬가지이다. (　　　㉡　　　). 왜냐하면 어떤 일을 하는 도중에 포기하는 사람은 성공하기 힘들기 때문이다.

잊지 마세요!!
1. 첫 문장의 중요 단어에 표시하기
2. 접속사 · 설명 방법 표현에 표시하기
3. ㉠, ㉡에 들어갈 내용 써 보기
4. 중급 문법, 철자 확인하기

㉠ _____

㉡ _____

🕐 몇 분 걸렸어요? (　　　　　)분

단어

5번　□ 보약　□ 유지하다　□ 효과적　□ 위　□ 효능

6번　□ 토끼　□ 거북이　□ 달리기　□ 시합　□ 결국　□ 이기다　□ 인생　□ 도중　□ 포기하다
　　　□ 성공하다

7.

운동은 언제 하는 것이 좋을까? 아침에 운동을 하는 것이 건강에 좋다고 생각하는 사람들이 있다. 그러나 (㉠). 저녁에 비해서 아침에는 아직 몸이 풀리지 않은 상태이기 때문이다. 그런데 저녁에 운동을 한다고 해서 다 좋은 것은 아니다. 잠자기 한 시간 전에 운동을 하면 수면을 방해할 수 있다. 따라서 (㉡).

잊지 마세요!!
1. 첫 문장의 중요 단어에 표시하기
2. 접속사 · 설명 방법 표현에 표시하기
3. ㉠, ㉡에 들어갈 내용 써 보기
4. 중급 문법, 철자 확인하기

㉠ _____

㉡ _____

🕐 몇 분 걸렸어요? ( )분

8.

대학은 고등학교와 완전히 다르다. 모든 일을 자기 스스로 해야 하기 때문이다. 고등학교에서는 교사가 정해 준 계획대로 공부를 해야 한다. 반면에 (㉠). 그렇기 때문에 고등학교를 졸업하기 전까지는 수동적인 학생들이 많다. 하지만 (㉡).

잊지 마세요!!
1. 첫 문장의 중요 단어에 표시하기
2. 접속사 · 설명 방법 표현에 표시하기
3. ㉠, ㉡에 들어갈 내용 써 보기
4. 중급 문법, 철자 확인하기

㉠ _____

㉡ _____

🕐 몇 분 걸렸어요? ( )분

단어

7번 ☐ 몸이 풀리다 ☐ 상태 ☐ 수면 ☐ 방해하다

8번 ☐ 완전히 ☐ 스스로 ☐ 정하다 ☐ 수동적

실수 클리닉

>> 다음 글에서 틀린 부분을 고쳐 봅시다.

텔레비전이 우리에게 미치는 나쁜 영향은 크게 두 가지이다. ㉠ (**눈이 나빠진다는 것과**). 다른 하나는 텔레비전을 보면서 자기도 모르는 사이에 비속어나 유행어에 노출된다는 것이다.

이처럼 텔레비전은 우리의 눈 건강에도 언어생활에도 지장을 준다. 반대로 ㉡ (**텔레비전은 좋은 것도 있어요**). 왜냐하면 뉴스나 다양한 프로그램을 통해서 많은 정보를 얻을 수 있고 방송을 즐기면서 스트레스를 해소할 수도 있기 때문이다.

1. ㉠ 눈이 나빠진다는 것과 → _____

2. ㉡ 텔레비전은 좋은 것도 있어요 → _____

사람들은 여러 가지 다양한 방법으로 다이어트를 한다. 한 가지 음식만 먹으면서 다이어트를 하기도 하고 ㉠ (**운동을 한다**). 그러나 이렇게 한 가지 음식만 먹거나 무조건 아무것도 안 먹는 방법만으로 다이어트를 하는 것은 일시적으로 살이 빠질 수는 있지만 다시 살이 찌기 쉽다. 반면에 운동으로 살을 빼면 다시 살이 잘 찌지 않는다. 따라서 성공적인 다이어트를 위해서는 ㉡ (**운동을 한다**).

1. ㉠ 운동을 한다 → _____

2. ㉡ 운동을 한다 → _____

52번에서 자주 틀리는 표현

>>> 이번 실수 클리닉은 **52번의 답을 쓸 때 학생들이 자주하는 실수를** 정리한 것입니다.

> 텔레비전이 우리에게 미치는 나쁜 영향은 크게 두 가지이다. ㉠ (**하나는 눈이 나빠진다는 것이다**). 다른 하나는 텔레비전을 보면서 자기도 모르는 사이에 비속어나 유행어에 노출된다는 것이다. 이처럼 텔레비전은 우리의 눈 건강에도 언어생활에도 지장을 준다. 반대로 ㉡ (**텔레비전은 좋은 영향을 미치기도 한다**). 왜냐하면 뉴스나 다양한 프로그램을 통해서 많은 정보를 얻을 수 있고 방송을 즐기면서 스트레스를 해소할 수도 있기 때문이다.

1. ( ) 뒤에 마침표(.)가 있으므로 '와/과'로 연결하면 안 되고 '-ㄴ/는다'로 끝내야 합니다. ( ) 앞에 '두 가지'가 있고 ( ) 뒤에 '다른 하나'가 있으므로 '하나는'이라는 표현을 써야 합니다.

    ㉠ 눈이 나빠진다는 것과 → 하나는 눈이 나빠진다는 것이다

2. 서술문으로 써야 하므로 '-아/어요'로 쓰면 안 되고 '-ㄴ/는다'로 써야 합니다. 또한 위에서 '나쁜 영향'이라는 단어를 사용했으므로 반대 단어인 '좋은 영향'을 쓰는 것이 좋습니다.

    ㉡ 텔레비전은 좋은 것도 있어요 → 텔레비전은 좋은 영향을 미치기도 한다

> 사람들은 여러 가지 다양한 방법으로 다이어트를 한다. 한 가지 음식만 먹으면서 다이어트를 하기도 하고 ㉠ (**무조건 굶기도 한다**). 그러나 이렇게 한 가지 음식만 먹거나 무조건 아무것도 안 먹는 방법만으로 다이어트를 하는 것은 일시적으로 살이 빠질 수는 있지만 다시 살이 찌기 쉽다. 반면에 운동으로 살을 빼면 다시 살이 잘 찌지 않는다. 따라서 성공적인 다이어트를 위해서는 ㉡ (**운동을 해야 한다**).

3. ( )의 뒤를 보면 '한 가지 음식만 먹거나 무조건 아무것도 안 먹는 방법'이라고 말했으므로 안 먹는다는 내용을 써야 합니다. 그리고 ( ) 앞에서 '-기도 하고'를 사용하고 있으므로 뒤에도 '-기도 하다'를 써서 자연스럽게 연결해야 합니다.

    ㉠ 운동을 한다 → 무조건 굶기도 한다

4. ( ) 앞에서 '다이어트를 위해서는'이라고 했으므로 이와 어울리는 '-아/어야 한다'를 써야 합니다.

    ㉡ 운동을 한다 → 운동을 해야 한다

52번 요즘 이렇게 나와요!

1. 지금까지 어떤 문제가 나왔을까요?

new 토픽 초반에 출제된 문제 유형(설명 방법)은 크게 두 가지로 나누어 볼 수 있습니다.

❶ 반대

앞이나 뒤의 내용과 반대가 되는 내용을 써야 하는 문제가 자주 나왔습니다.

> 사람들은 여러 가지 다양한 방법으로 다이어트를 한다. 한 가지 음식만 먹으면서 다이어트를 하기도 하고 (㉠ **아무것도 안 먹으면서 다이어트를 하기도 한다**). 그러나 이렇게 한 가지 음식만 먹거나 무조건 아무것도 안 먹는 방법으로 다이어트를 하면 일시적으로 살이 빠질 수는 있지만 다시 살이 찌기 쉽다. 반면에 (㉡ **운동으로 다이어트를 하면 다시 살이 잘 찌지 않는다**). 따라서 성공적인 다이어트를 위해서는 반드시 운동을 해야 한다.

〈반대〉
반면에

자주 나온 문법 표현은 아래와 같습니다.

그러나	반대로	반면에

'그러나, 반대로, 반면에'는 앞뒤의 내용이 다름을 나타내는 접속사입니다. 이런 접속사가 문제에 나오면 접속사 앞이나 뒤에 반대가 되는 내용을 생각하고 답을 써야 합니다.

❷ 나열

여러 가지를 나열하면서 설명하는 문제도 자주 나왔습니다.

> 사람들은 **여러 가지 다양한 방법**으로 다이어트를 한다. 한 가지 음식만 먹으면서 다이어트를 하기도 하고 (㉠ **아무것도 안 먹으면서 다이어트를 하기도 한다**). 그러나 이렇게 한 가지 음식만 먹거나 무조건 아무것도 안 먹는 방법만으로는 다이어트를 하면 일시적으로 살이 빠질 수는 있지만 다시 살이 찌기 쉽다. 반면에 (㉡ **운동으로 다이어트를 하면 다시 살이 잘 찌지 않는다**). 따라서 성공적인 다이어트를 위해서는 반드시 운동을 해야 한다.

〈나열〉
-기도 하고 -기도 하다

자주 나온 문법 표현은 아래와 같습니다.

-기도 하고 + -기도 하다	하나는 + 다른 하나는

'-기도 하고 -기도 하다', '하나는, 다른 하나는'은 여러 가지를 나열할 때 사용하는 설명 방법입니다. 이런 표현이 일부분 제시가 되면 나머지 부분에 나열의 설명 방법을 사용해 내용에 맞게 답을 쓰면 됩니다.

2. 요즘에는 이런 문제가 나왔어요.

이전 문제와 최근 문제를 비교해 보면 52번은 크게 달라지지 않았습니다. 그렇지만 최근에는 반대나 나열뿐만 아니라 다양한 접속사, 다양한 설명 방법이 출제되고 있습니다.

3. 요즘 나왔던 문제를 좀 더 자세하게 살펴볼까요?

➊ 문장 중간에 (   )가 있는 문제도 나왔습니다.

전에는 문장을 완성해야 했는데 최근에는 문장 중간에 내용을 써야 하는 문제도 나옵니다.

이전	최근
왜냐하면 (<u>날씨가 기분에 영향을 주기 때문이다</u>).	날씨가 안 좋을수록 (<u>밝은 옷을 입는</u>) 것이 좋다.

➋ 최근에는 다양한 설명 방법과 접속사, 문법이 시험에 나오고 있습니다. 따라서 그 표현과 함께 쓰이는 호응을 정확하게 알고 있어야 합니다.

이처럼	이처럼 (사람마다 생각하는 것이 <u>다르</u>다는 것을 알 수 있다).
-다/자/냐/라고 하다	전문가들은 (건강을 위해 적정 온도를 유지<u>하라고 한다</u>).
-기 위해서(는)	건강해지<u>기 위해서는</u> (자주 운동을 <u>해야 한다</u>).

4. 고득점 대비 TIP

➊ 자주 나오는 표현 무조건 외우기 (문법 호응, 접속사, 설명 방법)

아래 표현을 어떤 상황에서 사용하는지 꼭 공부해 두시기 바랍니다. (53~54쪽 참고)

-기 위해서는	+ -아/어야 하다	목적을 나타낼 때
(전문가)들은	+ -다/자/냐/라고 하다	인용해서 이야기할 때
왜냐하면	+ -기 때문이다	이유를 말할 때
그러므로	+ -는 것이 좋다 -아/어야 하다 -(으)ㄹ 필요가 있다	결론을 정리해서 말할 때
이처럼, 이렇게	+ (앞에서 언급한 내용 정리)	언급한 내용을 정리하며 말할 때
마찬가지	A는 -다. B도 마찬가지다	앞에서 설명한 것과 뒤의 것도 같다고 말할 때

➋ 반의어 잘 알아 두기

보통 반대의 내용이 많이 나오므로 반의어를 꼭 공부해 두시기 바랍니다. (56~57쪽 참고)

➌ 서술문 잘 알아 두기

52번은 서술문으로 답을 써야 하므로 꼭 공부해 두시기 바랍니다. (55, 68~69쪽 참고)

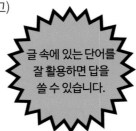

글 속에 있는 단어를 잘 활용하면 답을 쓸 수 있습니다.

52번 연습 문제

해설집 39~40쪽

※ [1~4] 다음 글을 읽고 (   ) 안에 알맞은 말을 쓰십시오.(각 10점)

1.

'가는 말이 고와야 오늘 말이 곱다'는 말이 있다. 이 말은 다른 사람에게 말을 좋게 해야 상대방도 나에게 똑같이 반응한다는 것을 의미한다. 내가 먼저 예의를 갖춰 말을 하면 (㉠   ). 반면에 내가 예의 없이 말을 하면 상대방도 예의 없이 말을 할 것이다. 이처럼 내가 어떻게 말을 하느냐에 따라서 (㉡   ).

잊지 마세요!!
1. 글의 종류 파악하기
2. 제목 통해 글의 목적 파악하기
3. ㉠, ㉡에 들어갈 내용 써 보기
4. 중급 문법, 철자 확인하기

㉠ _____

㉡ _____

🕐 몇 분 걸렸어요? (   )분

2.

최근 미세먼지가 심한 날이 많다. 미세먼지가 입이나 코로 들어가면 건강에 안 좋은 영향을 미친다. 그래서 미세먼지가 심한 날에는 건강을 위해서 꼭 (㉠   ). 그런데 전문가들은 마스크를 쓸 때 (㉡   ). 왜냐하면 미세먼지용 마스크를 쓰지 않고 일반 마스크를 쓰면 거의 효과가 없기 때문이다.

잊지 마세요!!
1. 글의 종류 파악하기
2. 제목 통해 글의 목적 파악하기
3. ㉠, ㉡에 들어갈 내용 써 보기
4. 중급 문법, 철자 확인하기

㉠ _____

㉡ _____

🕐 몇 분 걸렸어요? (   )분

단어

1번 □ 가는 말이 고와야 오는 말이 곱다 □ 반응하다 □ 예의를 갖추다

2번 □ 미세먼지 □ 영향을 미치다 □ 심하다 □ 전문가 □ 마스크 □ 미세먼지용 □ 일반 □ 효과

3.

등산을 즐겨 하는 사람들이 많다. 사람들이 등산을 하는 목적은 (㉠) 것이다. 몇 시간 동안 산을 오르내리면 몸이 튼튼해지기 때문이다. 그런데 맑은 공기를 마시면 스트레스가 풀려서 마음도 저절로 건강해진다. 이처럼 등산은 단순히 (㉡) 정신 건강에도 도움을 준다.

> **잊지 마세요!!**
> 1. 글의 종류 파악하기
> 2. 제목 통해 글의 목적 파악하기
> 3. ㉠, ㉡에 들어갈 내용 써 보기
> 4. 중급 문법, 철자 확인하기

㉠ _____

㉡ _____

🕐 몇 분 걸렸어요? ( )분

4.

가족이라도 서로 예의를 지켜야 한다. 그런데 가족에게는 아무 말이나 함부로 하는 사람이 있다. 왜냐하면 가족이니까 다 (㉠). 하지만 가족이라고 해서 다 이해해 줄 수 있는 것은 아니다. 그러므로 가족 간에도 (㉡).

> **잊지 마세요!!**
> 1. 글의 종류 파악하기
> 2. 제목 통해 글의 목적 파악하기
> 3. ㉠, ㉡에 들어갈 내용 써 보기
> 4. 중급 문법, 철자 확인하기

㉠ _____

㉡ _____

🕐 몇 분 걸렸어요? ( )분

단어

3번	□즐겨 하다 □목적 □오르내리다 □튼튼하다 □맑다 □공기 □저절로 □단순히
	□정신 건강
4번	□서로 □예의를 지키다 □아무 □함부로 □간

Part 3

표, 그래프 보고 글로 표현하기

※ 다음을 참고하여 '아이를 꼭 낳아야 하는가'에 대한 글을 200~300자로 쓰시오. 단, 글의
  제목을 쓰지 마시오. (30점)

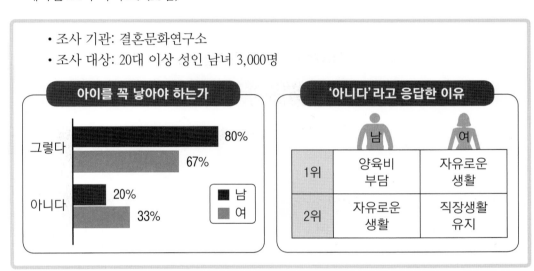

조사 기관: 결혼문화연구소
조사 대상: 20대 이상 성인 남녀 3,000명

아이를 꼭 낳아야 하는가

	남	여
그렇다	80%	67%
아니다	20%	33%

'아니다'라고 응답한 이유

	남	여
1위	양육비 부담	자유로운 생활
2위	자유로운 생활	직장생활 유지

▶ 문제 소개

　　53번은 제시된 정보(표, 그래프)를 이용하여 설명하는 글을 완성하는 문제입니다.

　　200~300자를 써야 합니다.

　　점수는 30점입니다.

　　3~4급 수준의 문제입니다.

　　10~15분 안에 답을 써야 합니다.

53번 꼭 봐야 하는 기본기 ①

▶ 해설집 11~12쪽

53번 문제를 풀기 전에 '꼭 봐야 하는 기본기 ①'은 다음과 같습니다.

1 그래프 보고 글쓰기 소개   **2** 그래프 보고 글쓰기 방법

1 그래프 보고 글쓰기 소개

1. 문제 소개

53번은 그래프나 표를 보고 그것을 글로 표현하는 문제입니다. '꼭 봐야 하는 기본기 ①'에서는 그래프를 보고 글을 쓰는 방법을 배워 보겠습니다. 아래는 다양한 그래프의 형태입니다.

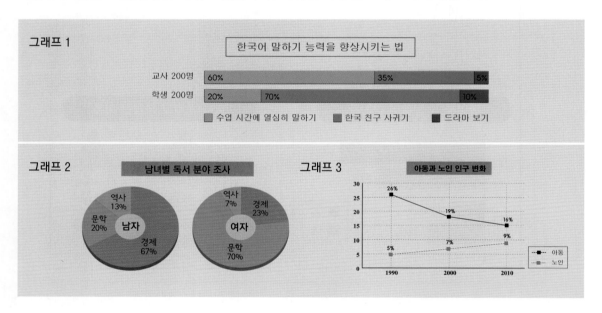

2. 그래프를 글로 풀어 쓰기

위의 그래프를 보면 정보가 그림이나 단어로 표현되어 있는데 이것을 '-ㄴ/는다'와 같은 완전한 문장으로 바꿔야 합니다. 이렇게 하면 그래프에 있는 내용을 정확하게 표현할 수 있습니다.

그래프 1	수업 시간에 열심히 말하기 60% ⇨ **수업 시간에 열심히 말해야 한다가 60%로 나타났다.**
그래프 2	독서 분야 – 남자: 경제 67% ⇨ **남자의 경우는 경제 분야가 67%로 가장 높게 나타났다.**
그래프 3	노인 인구 : 2000년 7% → 2010년 9% ⇨ **2000년에 7%였던 노인 인구가 2010년 9%로 증가하였다.**

3. 출제된 유형 소개

53번에서 그래프의 출제 유형은 **설문 조사 그래프, 시간 변화 그래프** 등이 있습니다. 설문 조사 그래프란 설문 조사 결과를 보여 주는 그래프로 82쪽 그래프 1, 그래프 2와 같은 형태입니다. 시간 변화 그래프란 보통 일정한 기간 동안의 변화를 보여 주는 그래프로 82쪽의 그래프 3과 같은 형태입니다.

---

2 그래프 보고 글쓰기 방법

1. 서론 · 본론 · 결론의 내용 구성

53번 문제에 출제되는 그래프의 모양은 다양하지만 글을 쓰는 방법은 비슷합니다. 다음은 그래프를 보고 어떻게 글을 써야 하는지 간단하게 정리한 것입니다.

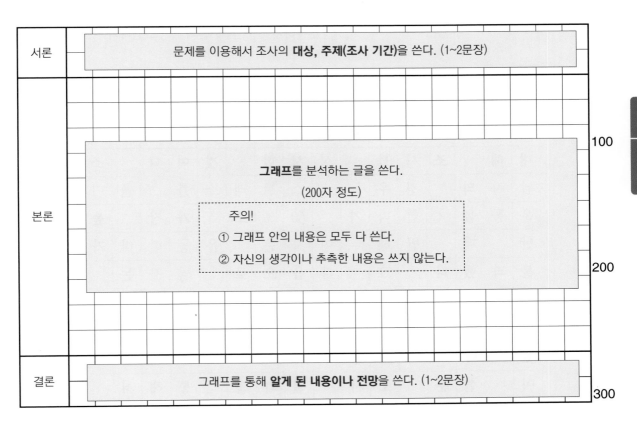

서론	문제를 이용해서 조사의 **대상, 주제(조사 기간)**을 쓴다. (1~2문장)
본론	**그래프**를 분석하는 글을 쓴다. (200자 정도) 주의! ① 그래프 안의 내용은 모두 다 쓴다. ② 자신의 생각이나 추측한 내용은 쓰지 않는다.
결론	그래프를 통해 **알게 된 내용이나 전망**을 쓴다. (1~2문장)

53번에서 어떤 그래프가 나오든지 대부분 위와 같이 내용을 구성하면 됩니다. 200~300자 쓰기는 긴 글을 쓰는 것이 아니라 한 단락의 짧은 글을 완성하는 것입니다. 따라서 원고지에 글을 쓸 때 서론 · 본론 · 결론이 필요하지만 단락을 나누지 않아도 괜찮습니다.

2. 출제된 유형

▶ 설문 조사 그래프

아래는 '설문 조사 그래프' 문제입니다. 답안을 보고 어떻게 써야 하는지 생각해 보세요.

[53] 다음은 '스트레스를 푸는 방법'에 대해 직장인 남녀를 대상으로 실시한 설문 조사입니다. 그래프를 보고, 조사 결과를 비교하여 200~300자로 쓰십시오. (30점)

스트레스 푸는 방법

남자 200명: 운동하기 60%, 음악 듣기 35%, 쇼핑하기 5%
여자 200명: 운동하기 10%, 음악 듣기 25%, 쇼핑하기 65%

■ 운동하기　▨ 음악 듣기　□ 쇼핑하기

이		그	래	프	는		직	장	인		남	녀		각	각		20	0
명	을		대	상	으	로		스	트	레	스	를		푸	는		방	법	에
대	해		조	사	를		실	시	한		것	이	다	.		조	사		결	과
남	자	의		경	우	는		스	트	레	스	를		풀	기		위	해	
운	동	을		한	다	가		60	%	로		가	장		높	게		나	타
난		데		반	해		여	자	는		운	동	한	다	가		10	%	에
불	과	했	다	.	그		다	음	으	로		남	자	는		음	악	을	
듣	는	다	가		35	%	,	여	자	는		25	%	로		나	타	났	다 .
마	지	막	으	로		남	자	는		쇼	핑	이		5	%	에		불	과
했	으	나		여	자	는		65	%	로		1	위	를		차	지	했	다 .
이		설	문		조	사		결	과	를		통	해	서		직	장	인	
남	자	와		여	자	의		스	트	레	스		푸	는		방	법	이	
다	르	다	는		것	을		알		수		있	다	.					

옆에 있는 답안을 보면서 설문 조사 그래프 문제의 내용과 표현을 공부해 보겠습니다.

① 서론

서론에는 문제를 이용해서 설문 조사의 대상과 주제를 씁니다.

서론	이 그래프는 _____을/를 대상으로 _____에 대해 설문 조사를 실시한 것이다.

② 본론

본론에는 설문 조사 그래프의 내용을 분석해서 씁니다.

본론	조사(그) 결과 N의 경우 '_____'가 ___%로 가장 높게 나타났다. '_____'가 ___%를 차지했다/로 나타났다. 응답자의 ___%는 '_____'고 응답했다. '_____'가 ___%, '_____'가 ___%를 차지했다/로 나타났다. '_____' ___%, '_____' ___% 순으로 나타났다. '_____'가 그 뒤를 이었다. '_____'가 모두 ___%로 동일하게 나타났다. '_____'는 ___%에 불과했다. 먼저 그 다음으로 마지막으로 반면에 -(으)ㄴ/는 반면에 N와/과 달리/다르게

③ 결론

결론에는 주로 설문 조사 분석을 통해 알게 된 것을 간단하게 한 문장 정도 쓰면 좋습니다.

결론	이 (설문) 조사 결과를 통해서 _____-다는 것을 알 수 있다.

┌── **Tip!** ──────────────────────────

설문 조사 그래프를 분석할 때는

1. 다양한 표현을 사용하는 것이 좋습니다.
⇒ 나타나다   차지하다   불과하다

2. 두 대상을 비교·대조하는 표현이 필요합니다.
⇒ 동일하게   반면에   -(으)ㄴ/는 데 반해   N와/과 달리/다르게

└────────────────────────────────────

▶ 일반 그래프

아래는 '일반 그래프' 문제입니다. 답안을 보고 어떻게 써야 하는지 생각해 보세요.

※ [53] 다음은 '20대와 40대의 취업률 현황'에 대한 그래프입니다. 그래프 결과를 비교하여 200~ 300자로 쓰십시오. (30점)

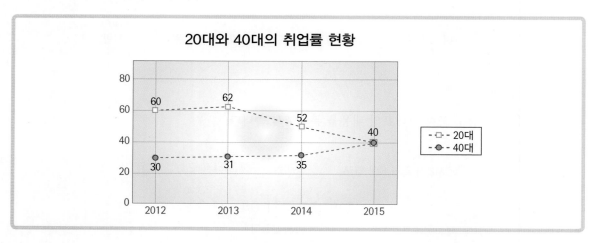

20대와 40대의 취업률 현황

		이		그	래	프	는		20	12	년	부	터		20	15	년	까	지	의
20	대	와		40	대	의		취	업	률		현	황	에		대	해			나
타	낸		것	이	다	.		조	사		결	과		20	대	의		경	우	
20	12	년	에		취	업	률	이		60	%	였	는	데		20	13	년	에	
는		62	%	로		소	폭		증	가	했	다	가		20	14	년	에		
52	%	로		크	게		감	소	하	였	다	.		그		후		20	15	년
에		40	%	로		또		다	시		10	%		이	상		감	소	하	
였	다	.	40	대	의		경	우		20	12	년	에	는		취	업	률	이	
30	%	였	는	데		20	13	년	에		31	%	로		소	폭		증	가	
하	였	고		20	14	년	,		20	15	년		각	각		35	,	40	%	로
꾸	준	히		증	가	하	였	다	.	이		그	래	프	를		통	해		
20	대	의		취	업	률	은		감	소	하	고		있	는		반	면	에	
40	대	의		취	업	률	은		꾸	준	히		증	가	하	고		있	다	
는		것	을		알		수		있	다	.									

옆에 있는 답안을 보면서 일반 그래프 문제의 내용과 표현을 공부해 보겠습니다.

① 서론

서론에는 문제를 이용해서 기간과 대상 및 주제를 씁니다.

서론	이 그래프는 (____부터 ____까지) (N의) _____에 대해 나타낸/조사한 것이다

② 본론

본론에는 그래프의 내용을 분석해서 씁니다.

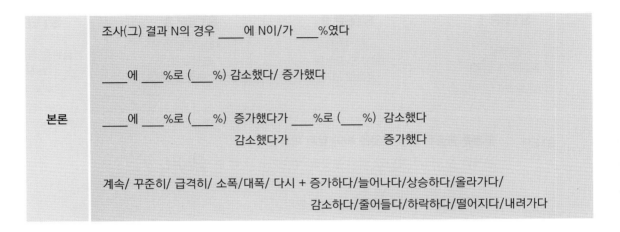

본론	조사(그) 결과 N의 경우 ____에 N이/가 ___%였다
	____에 ___%로 (___%) 감소했다/ 증가했다
	____에 ___%로 (___%) 증가했다가 ___%로 (___%) 감소했다
	감소했다가 증가했다
	계속/ 꾸준히/ 급격히/ 소폭/대폭/ 다시 + 증가하다/늘어나다/상승하다/올라가다/
	감소하다/줄어들다/하락하다/떨어지다/내려가다

③ 결론

결론에는 주로 그래프 분석을 통해 알게 된 것을 간단하게 한 문장 정도 쓰면 좋습니다.
다만 문제에서 전망을 쓰라고 되어 있으면 전망을 추가로 써 줍니다.

결론	이 그래프를 통해 _____-다는 것을 알 수 있다
	_____-(으)ㄹ 전망이다

┌─ **Tip!** ─────────────────────────────────
│ 일반 그래프를 분석할 때는 그래프 안의 숫자 변화를 정확하게 쓰는 것이 중요합니다.
│
│ ⇒ 증가하다/감소하다   늘어나다/줄어들다
└────────────────────────────────────

53번 답안 작성 전략 ①

아래의 순서대로 답안 작성 전략을 통해 어떻게 써야 하는지 배운 후 문제를 보면서 연습해 보도록 하겠습니다.

1 답안 작성 전략 배우기

53번 그래프 문제는 원고지에 답을 써야 하므로 문제를 보자마자 바로 쓰지 말고 단계별로 쓰기 계획을 세운 후에 글을 써 봅니다.

STEP 1	STEP 2	STEP 3	STEP 4
문제를 꼼꼼하게 읽자!	서론, 본론에 알맞은 표현을 생각해 보자!	내용에 맞는 표현으로 서론, 본론을 쓰자!	결론을 정리해서 쓰자!

STEP 1	**문제를 꼼꼼히 읽고 무엇을 써야 할지 파악한다.** 문제를 꼼꼼하게 확인만 해도 무엇을 써야 하는지 알 수 있습니다.
STEP 2	**서론과 본론에 필요한 표현을 생각해 본다.** 그래프를 보고 서론, 본론에 필요한 표현을 생각합니다. 서론에는 그래프 조사의 대상이나 주제, 기간 등을 써야 합니다. 본론에서는 설문 조사와 그래프에 사용되는 다양한 표현을 쓸 수 있습니다.
STEP 3	**그래프와 어울리는 표현을 이용해서 서론, 본론을 쓴다.** 실제로 원고지에 글을 쓰도록 합니다. 그래프에 제시된 정보를 알맞은 문법 표현을 써서 글로 표현하는 것이 중요합니다. 예: 2010년 인구 5% ↑ ⇨ 2010년에는 인구가 5% 증가하였다.
STEP 4	**문제에 맞는 결론을 쓴다.** 문제에서 전망이나 자기의 생각을 쓰라고 하면 결론 부분에 간단하게 전망이나 생각을 씁니다. 특별한 언급이 없으면 그래프를 분석한 후 알게 된 내용을 간단하게 씁니다.

잠깐!

*제시된 정보를 모두 썼습니까? ☞ 그래프 안에 있는 내용은 다 써야 합니다. ☐
*필요 없는 내용은 없습니까? ☞ 제시된 정보와 관계가 없는 내용을 쓰면 안 됩니다. ☐
*연결이 자연스럽습니까? ☞ 문장과 문장을 연결해 주는 연결 표현을 써야 합니다. ☐
*10분 안에 썼습니까? ☞ 53번은 10~15분 안에 쓸 수 있어야 합니다. ☐

답안 작성 과정 배우기

앞에서 배운 답안 작성 전략을 이용해서 답을 써 보도록 합시다.

[53] 다음은 '스트레스를 푸는 방법'에 대해 직장인 남녀를 대상으로 실시한 설문 조사입니다.
그래프를 보고, 조사 결과를 비교하여 200~300자로 쓰십시오. (30점)

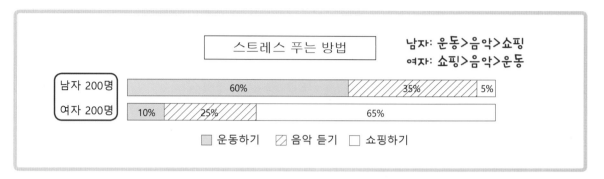

1. 문제에서 글을 쓰는 데 필요한 가장 중요한 부분을 찾아보세요.

스트레스를 푸는 방법 / 직장인 남녀 / 설문 조사 / 비교

2. 서론, 본론의 내용을 간단하게 계획해 보세요.

서론	대상	직장인 남녀 각각 200명	주제	스트레스를 푸는 방법
본론	그래프 비교	남자의 가장 %가 높은 결과를 여자와 비교		
		남자의 두 번째로 %가 높은 결과를 여자와 비교		
		남자의 마지막 결과를 여자와 비교		

3. 서론, 본론에 필요한 문법 표현을 생각해 보세요.

서론	대상	N을/를 대상으로	주제	N에 대한 설문 조사를 실시했다
본론	그래프 비교	_____%로 가장 높게 나타났다		
		_____%를 차지했다		
		_____%에 불과했다		

4. 마지막으로 결론 부분을 써 보세요.

결론	직장인 남자와 여자의 스트레스 푸는 방법이 다르다

5. 답을 써 보세요.

※ Day 9 - 84쪽에 답이 있습니다.

앞에서 배운 답안 작성 전략을 이용해서 답을 써 보도록 합시다.

※ [53] 다음은 '건강을 지키는 방법'에 대해 60대와 20대 400명을 대상으로 실시한 설문 조사입니다. 그래프를 보고, 조사 결과를 비교하여 200~300자로 쓰십시오. (30점)

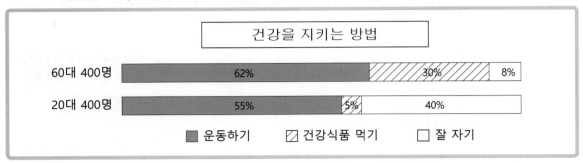

1. 문제에서 글을 쓰는 데 필요한 가장 중요한 부분을 찾아보세요.

2. 서론, 본론의 내용을 간단하게 계획해 보세요.

서론	대상		주제	
본론	그래프 비교			

3. 서론, 본론에 필요한 문법 표현을 생각해 보세요.

서론	대상		주제	
본론	그래프 비교			

4. 마지막으로 결론 부분을 써 보세요.

결론	

5. 답을 써 보세요.

🔍 정답 풀이

1.
건강을 지키는 방법 / 60대와 20대 400명 대상 / 설문 조사 / 비교

2.

서론	대상	60대와 20대 각각 400명	주제	건강을 지키는 방법
본론	그래프 비교	방법 ① 60대: 가장 높은 % > 중간 % > 가장 낮은 % 20대: 가장 높은 % > 중간 % > 가장 낮은 % 방법 ② 60대와 20대의 가장 높은 % > 중간 % > 가장 낮은 %		

3.

서론	대상	N을/를 대상으로	주제	-에 대한 설문 조사를 실시했다
본론	그래프 비교	_____%로 가장 높게 나타났다 그 다음으로 _____%를 차지했다 마지막으로 반면에		

4.

결론	60대와 20대 모두 건강을 위해서 운동이 필요하다고 생각하는 사람이 가장 많다

5.　　※ 해설집 41쪽에 답이 있습니다.

▶▶ 해설집 42~45쪽

1. 다음은 '좋아하는 한국 음식'에 대해 외국인과 한국인 300명을 대상으로 실시한 설문 조사입니다. 그래프를 보고, 조사 결과를 비교하여 200~300자로 쓰십시오. 단, 글의 제목을 쓰지 마십시오. (30점)

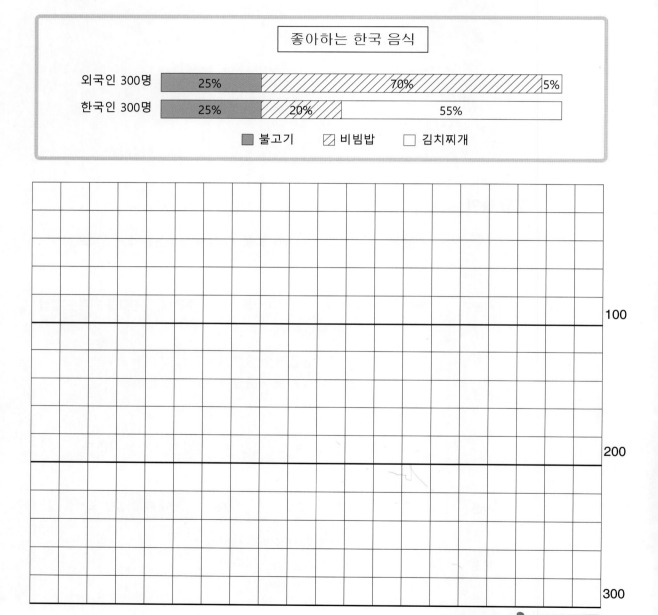

좋아하는 한국 음식

외국인 300명: 불고기 25%, 비빔밥 70%, 김치찌개 5%

한국인 300명: 불고기 25%, 비빔밥 20%, 김치찌개 55%

■ 불고기 ▨ 비빔밥 □ 김치찌개

100

200

300

🕐 몇 분 걸렸어요? (   )분

잊지 마세요!!
1. 문제 꼼꼼하게 읽기
2. 문제에 맞는 표현 생각하기
3. 표나 그래프의 내용 모두 쓰기
4. 필요 없는 내용 안 쓰기

2. 다음은 '스마트폰으로 많이 하는 것'에 대해 10대와 30대 300명을 대상으로 실시한 설문 조사입니다. 그래프를 보고, 조사 결과를 비교하여 200~300자로 쓰십시오. 단, 글의 제목을 쓰지 마십시오. (30점)

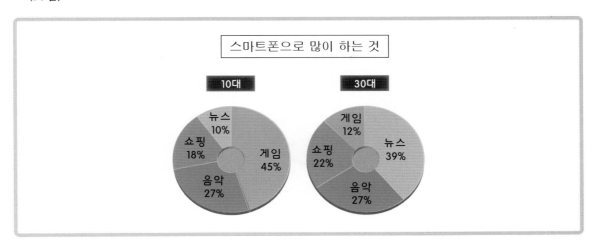

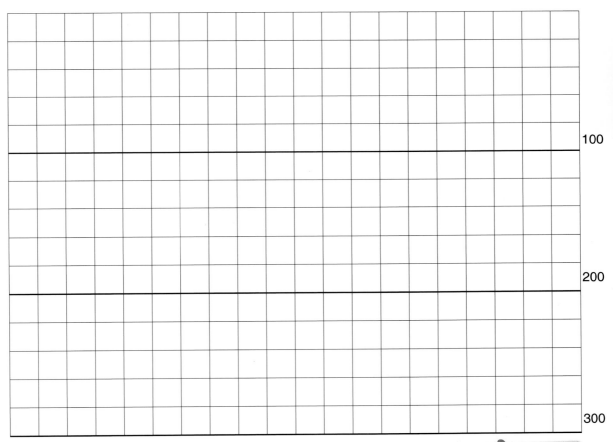

100

200

300

🕐 몇 분 걸렸어요? (   )분

잊지 마세요!!
1. 문제 꼼꼼하게 읽기
2. 문제에 맞는 표현 생각하기
3. 표나 그래프의 내용 모두 쓰기
4. 필요 없는 내용 안 쓰기

3. 다음은 성인 남녀 500명을 대상으로 '자주 읽는 독서 분야'에 대해 실시한 설문 조사입니다. 그래프를 보고, 조사 결과를 비교하여 200~300자로 쓰십시오. 단, 글의 제목을 쓰지 마십시오. (30점)

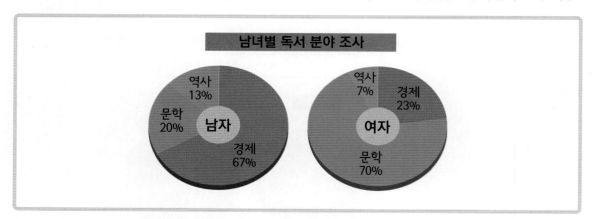

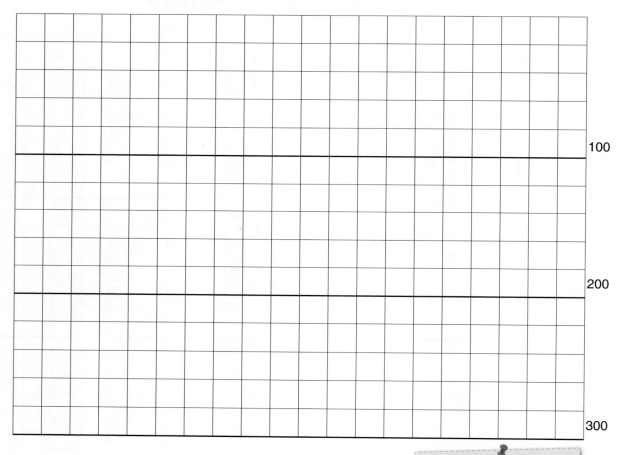

100

200

300

🕐 몇 분 걸렸어요? (   )분

잊지 마세요!!
1. 문제 꼼꼼하게 읽기
2. 문제에 맞는 표현 생각하기
3. 표나 그래프의 내용 모두 쓰기
4. 필요 없는 내용 안 쓰기

단어

3번 □ 성인 □ 분야 □ 역사 □ 문학 □ 경제

4. 다음은 1990년부터 2010년까지의 '아동과 노인 인구 변화'에 대해 조사한 그래프입니다. 그래프를 보고, 조사 결과를 비교하여 200~300자로 쓰십시오. 단, 글의 제목을 쓰지 마십시오. (30점)

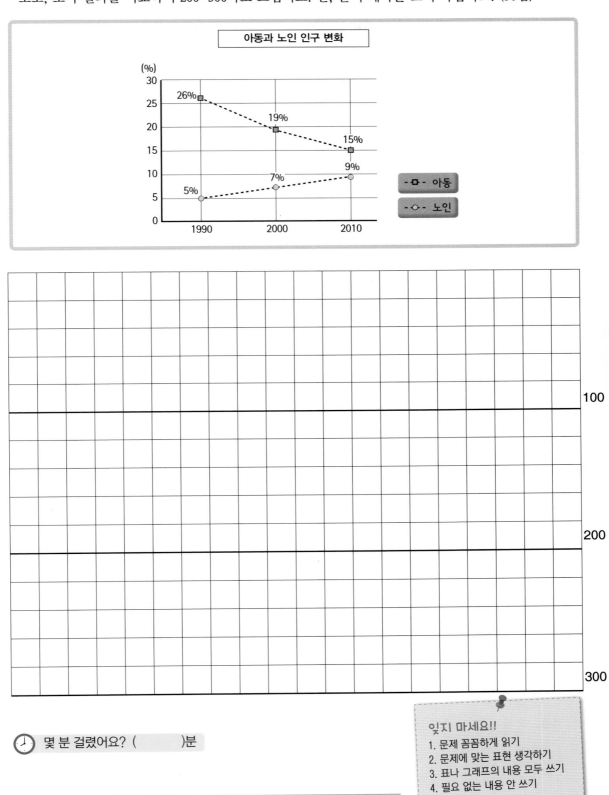

아동과 노인 인구 변화

- -□- 아동
- -◇- 노인

Day 11

🕐 몇 분 걸렸어요? (   )분

잊지 마세요!!
1. 문제 꼼꼼하게 읽기
2. 문제에 맞는 표현 생각하기
3. 표나 그래프의 내용 모두 쓰기
4. 필요 없는 내용 안 쓰기

단어
4번 □아동 □노인 □인구 □변화

▶▶ 다음 문장에서 틀린 부분을 고쳐 봅시다.

1. 조사 결과 비빔밥을 좋아하는 외국인이 <u>65%를</u> 나타났다.

　→

2. 조사 결과 비빔밥을 좋아하는 외국인이 <u>65%로</u> 차지했다.

　→

3. 조사 결과 <u>명동에서</u> 관광객이 가장 많았다.

　→

4. 2013년에는 70%였지만 2014년에는 <u>75%가</u> 5% 증가했다.

　→

5. 인터넷을 이용하면 정보를 빨리 얻을 수 있는 데 반해 <u>시간이</u> 낭비할 수 있다.

　→

6. 운동을 한다고 대답한 남자는 <u>9%가</u> 불과했다.

　→

7. <u>택시비가</u> 비싸지만 <u>버스비가</u> 싸다.

　→

8. 생물은 식물과 <u>동물을</u> 나눌 수 있다.

　→

9. 자전거는 바퀴, 안장, <u>손잡이가</u> 이루어져 있다.

　→

10. <u>유학이</u> 그 나라의 언어를 배울 수 있으며 문화도 배울 수 있다는 장점이 있다.

　→

조사 오류

>>> 이번 실수 클리닉은 53번의 답을 쓸 때 학생들이 자주 틀리는 조사를 정리한 것입니다.

N(으)로 나타나다
1. 조사 결과 비빔밥을 좋아하는 외국인이 <u>65%를</u> 나타났다. → 65%로

N을/를 차지하다
2. 조사 결과 비빔밥을 좋아하는 외국인이 <u>65%로</u> 차지했다. → 65%를

N(장소)에 + 이/가 많다 : 서울에 사람이 많다.
3. 조사 결과 <u>명동에서</u> 관광객이 가장 많았다. → 명동에

N%로 N% 증가하다 : 46%로 3% 증가했다.
4. 2013년에는 70%였지만 2014년에는 <u>75%에</u> 5% 증가했다. → 75%로

N을/를 낭비하다
5. 인터넷을 이용하면 정보를 빨리 얻을 수 있는 데 반해 <u>시간이</u> 낭비할 수 있다. → 시간을

N에 불과하다
6. 운동을 한다고 대답한 남자는 <u>9%가</u> 불과했다. → 9%에

비교: N은/는 + -지만 + N은/는 : 언니는 키가 크지만 동생은 키가 작다.
7. <u>택시비가</u> 비싸지만 <u>버스비가</u> 싸다. → 택시비는, 버스비는

N은/는 N와/과 N(으)로 나누다
8. 생물은 식물과 <u>동물을</u> 나눌 수 있다. → 동물로

N은/는 N, N, N(으)로 이루어져 있다
9. 자전거는 바퀴, 안장, <u>손잡이가</u> 이루어져 있다. → 손잡이로

N은/는 (+ N에 대한 설명)
10. <u>유학이</u> 그 나라의 언어를 배울 수 있으며 문화도 배울 수 있다는 장점이 있다. → 유학은

53번 꼭 봐야 하는 기본기 ②

▶▶ 해설집 13~15쪽

53번 문제를 풀기 전에 '꼭 봐야 하는 기본기 ②'은 다음과 같습니다.

1 표 보고 글쓰기 소개   **2** 표 보고 글쓰기 방법

1 표 보고 글쓰기 소개

1. 문제 소개

'꼭 봐야 하는 기본기 ①'에서 그래프를 보고 글을 쓰는 방법을 배웠습니다. '꼭 봐야 하는 기본기 ②'에서는 표를 보고 어떻게 글을 써야 하는지 배워 보겠습니다. 아래는 지금까지 표가 나왔던 시험의 형태입니다.

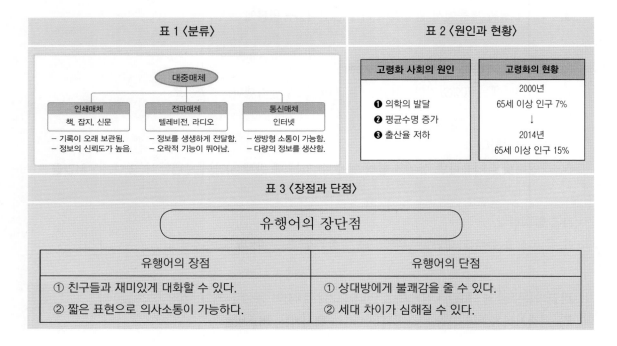

2. 표를 글로 풀어 쓰기

위의 표를 보면 정보가 그림이나 단어로 표현되어 있는데 이것을 '-ㄴ/는다'와 같은 완전한 문장으로 바꿔야 합니다. 이렇게 하면 표에 있는 내용을 정확하게 표현할 수 있습니다.

표1	기록이 오래 보관됨. ⇨ **기록이 오래 보관된다는 특징이 있다.**
표2	고령화 사회의 원인: ❶ 의학의 발달 ⇨ **고령화 사회의 원인은 첫째, 의학이 발달했기 때문이다.**
표3	유행어의 장점 ① 친구들과 재미있게 대화할 수 있다. ⇨ **유행어는 친구들과 재미있게 대화할 수 있다는 장점이 있다.**

3. 출제된 유형 소개

53번에서 표의 출제 유형은 **분류, 원인과 현황, 장점과 단점** 등이 있습니다. 앞으로 더 다양한 형태의 표가 출제될 것으로 보이지만 대부분 답을 쓰는 것은 비슷합니다. 뒤에서 이 유형을 자세하게 공부해 보겠습니다.

2 표 보고 글쓰기 방법

1. 서론 · 본론 · 결론의 내용 구성

53번 문제에 출제되는 표의 모양은 다양하지만 글을 쓰는 방법은 비슷합니다. 다음은 표를 보고 어떻게 글을 써야 하는지 간단하게 정리한 것입니다.

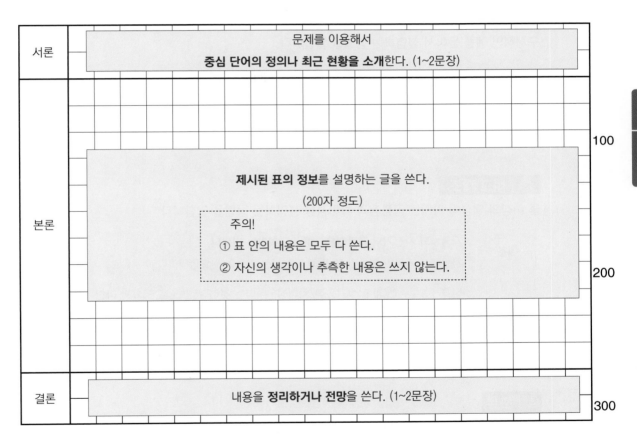

53번에서 어떤 표가 나오든지 대부분 위와 같이 내용을 구성하면 됩니다. 200~300자 쓰기는 긴 글을 쓰는 것이 아니라 한 단락의 짧은 글을 완성하는 것입니다. 따라서 원고지에 글을 쓸 때 서론·본론·결론이 필요하지만 단락을 나누지 않아도 괜찮습니다.

2. 표에서 알아야 하는 표현

다음은 53번 표 문제에서 답을 쓸 때 사용하면 좋은 표현을 정리한 것입니다. 예문을 통해 어떻게 써야 하는지 공부하세요.

① | 정의

정의는 어떤 사물이나 단어의 의미를 설명하는 방법을 말합니다.

예문	학교**란** 일정한 제도 아래에서 무엇인가를 배우고 가르치**는** 장소**이다.**
표현	N(이)란 −는 N이다　　N(이)란 −(으)ㄴ/는 N을/를 말한다　　N은/는 −는 것이다

② | 예시

구체적인 예를 들어서 설명하는 방법을 말합니다.

예문	대중교통**에는** 버스, 지하철, 택시 **등이 있다.**
표현	N에는 N, N, N 등이 있다　　예를 들면

③ | 비교·대조

둘 이상의 대상이 가지는 공통점과 차이점을 설명하는 방법을 말합니다.

예문		자동차**와** 자전거의 **공통점은** 교통수단**이라는 것이다.** 자동차는 기름이 필요한 **데 반해** 자전거는 기름이 필요없다.
표현	비교	A와/과 B의 공통점/차이점은 −다는 것이다　　A도 B와/과 마찬가지로 −다
	대조	반면에　　−(으)ㄴ/는 데 반해　　−(으)ㄴ/는 반면에

④ | 분류

대상을 일정한 기준에 따라 나누는 방법을 말합니다.

예문	생물**은** 식물과 동물**로 나눌 수 있다.**
표현	N은/는 N와/과 N(으)로 나눌 수 있다　　N은/는 N(으)로 나뉜다

⑤ | 분석

대상을 구성 요소로 나누어 설명하는 방법을 말합니다.

예문	자전거**는** 바퀴, 안장, 손잡이**로 이루어져 있다.**
표현	N은/는 N와/과 N(으)로 이루어져 있다 N은/는 N(으)로 구성되어 있다

⑥ | 나열

관련된 내용을 옆으로 늘어 놓으며 설명하는 방법을 말합니다.

예문	유학은 그 나라의 언어를 배울 수 있**으며** 그 나라의 문화**도** 배울 수 있다는 장점이 있다.
표현	N도 있고 N도 있다 -(으)며 -다 -기도 하고 -기도 하다 N뿐만 아니라 -(으)ㄹ 뿐만 아니라
	그리고 또 또한 게다가
	하나는 / 다른 하나는 먼저(우선) / 다음으로 첫째 / 둘째 우선 / 다음으로 / 마지막으로

⑦ | 인과

원인과 결과를 관련지어 설명하는 방법을 말합니다.

예문	지구 온난화**로 인해서** 이상기후가 나타났다.
표현	N(으)로 인해서 이로 인해서 그 결과 이런 이유로 말미암아

3. 출제된 유형

▶ 분류

아래는 '분류' 형태의 문제입니다. 답안을 보고 어떻게 써야 하는지 생각해 보세요.

※ [53] 다음 그림을 보고 대중매체를 어떻게 나눌 수 있는지 200~300자로 쓰십시오. (30점)

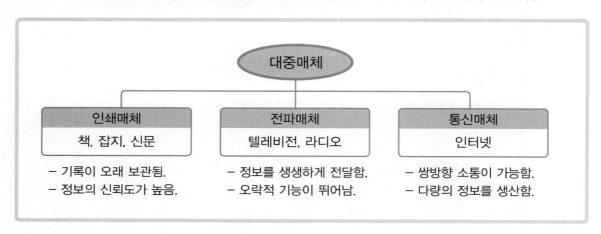

	대	중	매	체	**란**		많	은		사	람	에	게		대	량	으	로
정	보	를		전	달	하	**는**		수	단	**이**	**다**	.	**이**	**러**	**한**		대	중
매	체	는		다	양	**한**	**데**		**크**	**게**		인	쇄	매	체	,	전	파	매
체	,	통	신	매	체	**로**		**나**	**눌**		**수**		**있**	**다**	.	**먼**	**저**		인
쇄	매	체	는		책	,	잡	지	,	신	문		**등**	**으**	**로**		기	록	이
오	래		보	관	되	고		정	보	의		신	뢰	도	가		높	**다**	**는**
특	**징**	**이**		**있**	**다**	.	**다**	**음**	**으**	**로**		전	파	매	체	가		있	**는**
데		텔	레	비	전	,	라	디	오		**등**	**이**		**이**	**에**		**속**	**한**	**다.**
정	보	를		생	생	하	게		전	달	하	고		오	락	성	이		뛰
어	**나**	**다**	**는**		**특**	**징**	**을**		**가**	**진**	**다**	.	**마**	**지**	**막**	**으**	**로**		인
터	넷		**같**	**은**		통	신	매	체	**가**		**있**	**다**	.	쌍	방	향		소
통	이		가	능	하	**며**		다	량	의		정	보	를		생	산	한	**다**
는		**특**	**징**	**이**		**있**	**다**	.	**이**	**처**	**럼**		대	중	매	체	는		종
류	가		다	양	하	**며**		각	각	의		**특**	**징**	**이**		**있**	**다**	.	

옆에 있는 답안을 보면서 분류 형태 문제의 내용과 표현을 공부해 보겠습니다.

① 서론의 내용과 표현

서론에는 문제를 이용해서 중심 단어 '대중매체'에 대한 정의를 씁니다. 정의를 할 때는 아래의 표현을 이용할 수 있습니다.

서론	정의	N(이)란 -는 N이다

② 본론의 내용과 표현

본론에는 표의 내용을 씁니다. 분류 형태에는 분류의 표현과 각각의 예, 그리고 각각의 특징을 나타내는 표현을 써야 합니다.

본론	분류	N을/를 기준으로 N은/는 크게 N, N, N(으)로 나눌 수 있다
	예시	N은/는 N, N, N 등이다 N, N 등이 이에 속한다
	특징	-다는 특징이 있다 -다는 특징을 가진다
	나열	-(으)며 -고 -(으)ㄹ 뿐만 아니라
	연결	먼저 다음으로 마지막으로

Day 12

③ 결론의 내용과 표현

분류 형태에서는 특별한 결론이 없어도 괜찮습니다. 결론을 쓰고 싶다면 간단하게 정리합니다.

결론	이처럼 N은/는 -(으)며 N이/가 있다

▶ 원인과 현황

아래는 '원인과 현황' 문제입니다. 답안을 보고 어떻게 써야 하는지 생각해 보세요.

※ [53] 최근 한국의 1인당 쌀 소비량이 계속 줄고 있습니다. 다음 자료를 참고하여 쌀 소비량 감소의 원인과 현황을 설명하는 글을 200~300자로 쓰십시오. (30점)

쌀 소비량 감소의 원인	1인당 쌀 소비량 현황
❶ 육류 소비의 증가 ❷ 즉석 식품, 인스턴트 음식의 증가 ❸ 맞벌이 가족의 증가	2010년 72.8kg ↓ 2014년 61.5kg

	최	근		한	국	의		1	인	당		쌀		소	비	량	이		크
게		줄	어	들	고		있	다	.	20	10	년		72	.8	kg	였	던
1	인	당		쌀		소	비	량	은		꾸	준	히		감	소	해	서
20	14	년	에	는		61	.5	kg	로		약		10	kg		이	상		감
소	하	였	다	.	이	러	한		감	소	의		원	인	은		다	음	과
같	다	.	첫	째	,	육	류	의		소	비	가		증	가	했	기		때
문	이	다	.	둘	째	,	즉	석		식	품	과		인	스	턴	트		음
식	의		증	가	로		인	해	서		쌀		소	비	량	이		감	소
하	게		되	었	다	.	셋	째	,	맞	벌	이		가	족	의		증	가
도		쌀		소	비	량	이		감	소	하	는		데	에		영	향	을
주	었	다	.	이	러	한		원	인	으	로		한	국	의		1	인	당
쌀		소	비	량	은		앞	으	로	도		지	속	적	으	로		감	소
할		전	망	이	다	.													

옆에 있는 답안을 보면서 원인과 현황 문제의 내용과 표현을 공부해 보겠습니다.

① 서론의 내용과 표현

서론에는 문제를 이용해서 최근 한국의 1인당 쌀 소비량의 현황에 대해 씁니다.

서론	현황	최근 / 오늘날 N 이후 / -(으)ㄴ 이후로 -(으)면서 -(으)ㅁ에 따라	-고 있다 -아/어지고 있다 -게 되었다 N이/가 되었다

② 본론의 내용과 표현

본론에는 표의 내용을 씁니다. 현황의 경우는 대부분 증가하거나 감소한 숫자(%, kg 등)을 알려 줍니다. 숫자를 분석해서 쓴 후에 원인을 차례대로 써 줍니다.

본론	현황	_____년 _____(%, kg)이었/였던 N은/는 _____년에 _____(%, kg)(으)로 _____(%, kg) 증가하다/ 감소하다
	원인	이러한 N의 원인은 다음과 같다 (왜냐하면) -기 때문이다 N(으)로 인해서 첫째, 둘째, 셋째
	부사	꾸준히 지속적으로

③ 결론의 내용과 표현

결론에는 앞으로의 전망을 씁니다.

결론	이러한 원인으로 -(으)ㄹ 전망이다

> **Tip!**
> 원인과 현황 문제에서는 현황을 먼저 쓰고 원인을 써야 합니다.

▶ 장점과 단점

아래는 장점과 단점 문제입니다. 답안을 보고 어떻게 써야 하는지 생각해 보세요.

※ [53] 다음 표를 보고 유행어의 장단점에 대해 쓰고, 유행어를 올바르게 사용하기 위해서는 어떻게
해야 하는지 200~300자로 쓰십시오. (30점)

유행어의 장단점

유행어의 장점	유행어의 단점
① 친구들과 재미있게 대화할 수 있다.	① 상대방에게 불쾌감을 줄 수 있다.
② 짧은 표현으로 의사소통이 가능하다.	② 세대 차이가 심해질 수 있다.

	최	근		우	리		주	변	에	서		유	행	어	를		사	용	하
는		사	람	들	을		많	이		볼		수		있	다	.	유	행	어
는		언	어	생	활	을		재	미	있	게		해		주	지	만		잘
못		사	용	하	면		문	제	가		생	길		수		있	으	므	로
이	를		올	바	르	게		사	용	하	기		위	해	서	는		장	점
과		단	점	을		살	펴	보	아	야		한	다	.	유	행	어	는	
친	구	들	과		재	미	있	게		대	화	할		수		있	을		뿐
만		아	니	라		짧	은		표	현	으	로		의	사	소	통	이	
가	능	하	다	는		장	점	이		있	다	.	반	면	에		상	대	방
에	게		불	쾌	감	을		줄		수	도		있	고		세	대		차
이	가		심	해	질		수	도		있	다	는		단	점	이		있	다.
따	라	서		유	행	어	를		올	바	르	게		사	용	하	기		위
해	서	는		때	와		장	소	를		생	각	해	서		상	황	에	
맞	게		사	용	해	야		한	다	.	또	한		대	화	의		대	상
이		누	구	인	지	도		잘		생	각	해	야		한	다	.		

옆에 있는 답안을 보면서 분류 형태 문제의 내용과 표현을 공부해 보겠습니다.

① 서론의 내용과 표현

서론에는 문제를 이용해서 중심 단어 '유행어'에 대한 정의를 쓰거나 '유행어'의 최근 현황에 대해 씁니다. 이때 아래의 표현을 이용할 수 있습니다.

서론	정의	N(이)란 -는 N이다	
	현황	최근, 오늘날 N 이후 / -(으)ㄴ 이후로 -(으)면서 -(으)ㅁ에 따라	-고 있다 -아/어지고 있다 -게 되었다 N이/가 되었다

그리고 문제를 이용해서 앞으로 쓸 내용을 소개해야 합니다.

서론	당위	-기 위해서 장점과 단점을 살펴보아야 한다

② 본론의 내용과 표현

본론에는 표의 내용을 씁니다. 장점과 단점의 내용을 비교해서 써야 하므로 비교 · 대조의 표현을 사용해야 합니다.

본론	비교 대조	반면에 그렇지만 하지만	
	나열	-(으)ㄹ 뿐만 아니라 -고 -(으)며 또한	
	장점 단점	N은/는 -다는 장점/단점이 있다	

③ 결론의 내용과 표현

질문에서 유행어를 올바르게 사용하기 위해서는 어떻게 해야 하는지 쓰라고 했으므로 결론에 이 내용을 써야 합니다.

결론	당위	따라서 -기 위해서는 -아/어야 한다		
		따라서 -도록 -아/어야 할 것이다		

53번 답안 작성 전략 ②

1 답안 작성 전략 배우기

53번 표 문제는 원고지에 답을 써야 하므로 문제를 보자마자 바로 쓰기를 시작하지 말고 단계별로 쓰기 계획을 세운 후에 글을 써 봅니다.

STEP 1		STEP 2		STEP 3		STEP 4
문제를 꼼꼼하게 읽자!	⇨	서론, 본론에 알맞은 표현을 생각해 보자!	⇨	내용에 맞는 표현으로 서론, 본론을 쓰자!	⇨	결론을 정리해서 쓰자!

STEP 1	문제를 꼼꼼히 읽고 무엇을 써야 할지 파악한다.
	문제를 꼼꼼하게 확인만 해도 무엇을 써야 하는지 알 수 있습니다.
STEP 2	서론과 본론에 필요한 표현을 생각해 본다.
	표를 보고 서론, 본론에 필요한 표현을 생각합니다. 서론에서는 정의나 최근 현황 등을 쓸 수 있습니다. 본론에서는 분류, 예시, 비교, 대조 등과 같은 다양한 표현을 쓸 수 있습니다.
STEP 3	표와 어울리는 표현을 이용해서 서론, 본론을 쓴다.
	실제로 원고지에 글을 쓰도록 합니다. 표에 제시된 정보를 어울리는 표현을 써서 글로 표현하는 것이 중요합니다.
	예: 기록이 오래 보관됨 ⇨ 기록이 오래 보관된다는 특징이 있다.
STEP 4	문제에 맞는 결론을 쓴다.
	문제에서 전망이나 자기의 생각을 쓰라고 하면 결론 부분에 간단하게 전망이나 생각을 씁니다. 특별한 언급이 없으면 표를 분석하여 얻을 수 있는 내용을 간단하게 씁니다.

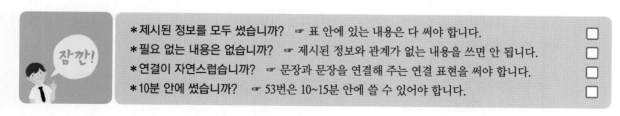

＊제시된 정보를 모두 썼습니까? ☞ 표 안에 있는 내용은 다 써야 합니다. ☐

＊필요 없는 내용은 없습니까? ☞ 제시된 정보와 관계가 없는 내용을 쓰면 안 됩니다. ☐

＊연결이 자연스럽습니까? ☞ 문장과 문장을 연결해 주는 연결 표현을 써야 합니다. ☐

＊10분 안에 썼습니까? ☞ 53번은 10~15분 안에 쓸 수 있어야 합니다. ☐

앞에서 배운 답안 작성 전략을 이용해서 문제를 풀어 보겠습니다.

※ [53] 다음 그림을 보고 대중매체를 어떻게 <u>나눌 수</u> 있는지 200~300자로 쓰십시오. (30점)

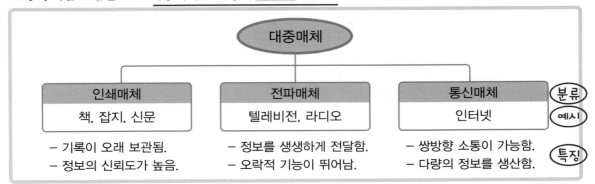

1. 문제에서 글을 쓰는 데에 필요한 가장 중요한 부분을 찾아보세요.

대중매체를 어떻게 나눌 수 있는지

2. 서론, 본론의 내용을 간단하게 계획해 보세요.

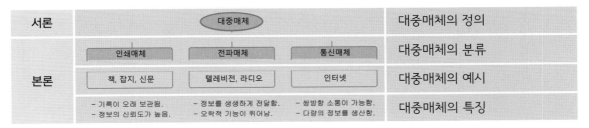

3. 서론, 본론에 필요한 문법 표현을 생각해 보세요.

서론	대중매체의 정의	N(이)란 _____는 N이다
본론	대중매체의 분류	N은/는 _____, _____, _____(으)로 나눌 수 있다
	대중매체의 예시	_____, _____, _____ 등이 있다
	대중매체의 특징	_____-다는 특징이 있다

4. 마지막으로 결론 부분을 써 보세요.

결론	대중매체는 다양하다, 각각의 특징이 다르다

5. 답을 써 보세요.

※ Day 12 - 102쪽에 답이 있습니다.

앞에서 배운 답안 작성 전략대로 아래에 답을 써 보세요.

※ [53] 다음 그림을 보고 대중교통을 어떻게 나눌 수 있는지 200~300자로 쓰시오. (30점)

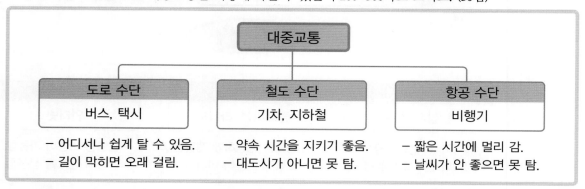

1. 문제에서 글을 쓰는 데에 필요한 가장 중요한 부분을 찾아보세요.

2. 서론, 본론의 내용을 간단하게 계획해 보세요.

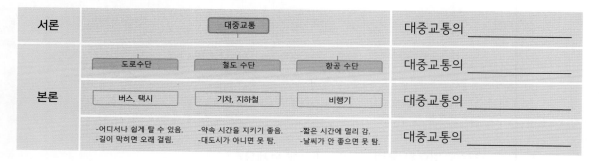

서론		대중교통의 _____
본론		대중교통의 _____
		대중교통의 _____
		대중교통의 _____

3. 서론, 본론에 필요한 문법 표현을 생각해 보세요.

서론	
본론	

4. 마지막으로 결론 부분을 써 보세요.

결론	

5. 답을 써 보세요.

🔍 정답 풀이

1.

대중교통을 어떻게 나눌 수 있는지

2.

정의 / 분류 / 예시 / 장점과 단점

3.

서론	정의	N(이)란 _____는 N이다
본론	분류	N은/는 ____, ____, ____(으)로 나눌 수 있다
	예시	____, ____, ____ 등이 있다
	특징	_____-다는 장점과 단점이 있다

4.

결론	대중교통은 종류가 다양하다, 각각의 장단점이 있다.

5.

※ 해설집 46쪽에 답이 있습니다.

1. 다음 표를 보고 SNS의 장단점에 대해 쓰고, SNS를 잘 이용하기 위해서는 어떻게 해야 하는지 200~300자로 쓰십시오. 단, 글의 제목을 쓰지 마십시오. (30점)

SNS의 장단점	
SNS의 장점	SNS의 단점
① 언제 어디서나 사람들과 소통할 수 있다. ② 자신의 생각을 사람들과 나눌 수 있다.	① 시간을 낭비할 수 있다. ② 개인 정보가 노출될 수 있다.

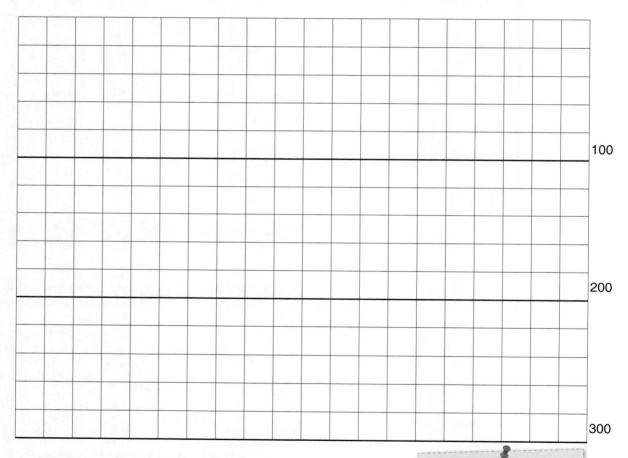

100

200

300

🕐 몇 분 걸렸어요? (   )분

잊지 마세요!!
1. 문제 꼼꼼하게 읽기
2. 문제에 맞는 표현 생각하기
3. 표나 그래프의 내용 모두 쓰기
4. 필요 없는 내용 안 쓰기

단어
1번 □ SNS(Social Network Service)   □ 소통하다   □ 낭비하다   □ 개인 정보   □ 노출되다

2. 다음 그림을 보고 어떻게 분리수거를 할 수 있는지 200~300자로 쓰십시오. 단, 글의 제목을 쓰지 마십시오. (30점)

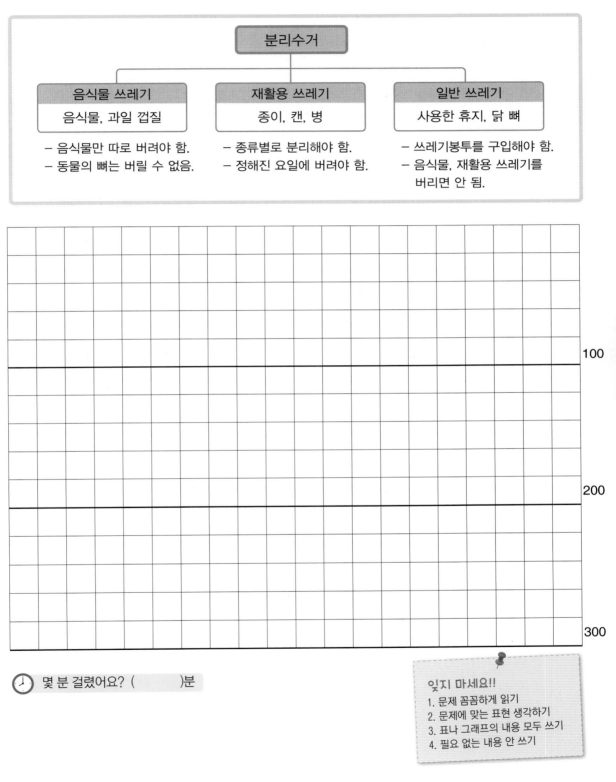

분리수거

음식물 쓰레기	재활용 쓰레기	일반 쓰레기
음식물, 과일 껍질	종이, 캔, 병	사용한 휴지, 닭 뼈
– 음식물만 따로 버려야 함. – 동물의 뼈는 버릴 수 없음.	– 종류별로 분리해야 함. – 정해진 요일에 버려야 함.	– 쓰레기봉투를 구입해야 함. – 음식물, 재활용 쓰레기를 버리면 안 됨.

100

200

300

몇 분 걸렸어요? (   )분

잊지 마세요!!
1. 문제 꼼꼼하게 읽기
2. 문제에 맞는 표현 생각하기
3. 표나 그래프의 내용 모두 쓰기
4. 필요 없는 내용 안 쓰기

단어 2번 □분리수거 □재활용 □껍질 □뼈 □분리하다 □정해지다 □구입하다

3. 최근 한국은 빠르게 고령화 사회가 되어 가고 있습니다. 다음 자료를 참고하여 고령화 사회의 원인과 현황을 설명하는 글을 200~300자로 쓰십시오. 단, 글의 제목을 쓰지 마십시오. (30점)

고령화 사회의 원인	고령화의 현황
❶ 의학의 발달 ❷ 평균수명 증가 ❸ 출산율 저하	• 2000년 65세 이상 인구 7% ↓ • 2014년 65세 이상 인구 15%

100

200

300

🕐 몇 분 걸렸어요? (   )분

잊지 마세요!!
1. 문제 꼼꼼하게 읽기
2. 문제에 맞는 표현 생각하기
3. 표나 그래프의 내용 모두 쓰기
4. 필요 없는 내용 안 쓰기

단어

3번 □고령화 □의학 □발달 □평균수명 □증가 □출산율 □저하 □현황 □인구

4. 최근 한국은 저출산 문제가 심각해지고 있습니다. 다음 자료를 참고하여 저출산 문제의 원인과 현황을 설명하는 글을 200~300자로 쓰십시오. 단, 글의 제목을 쓰지 마십시오. (30점)

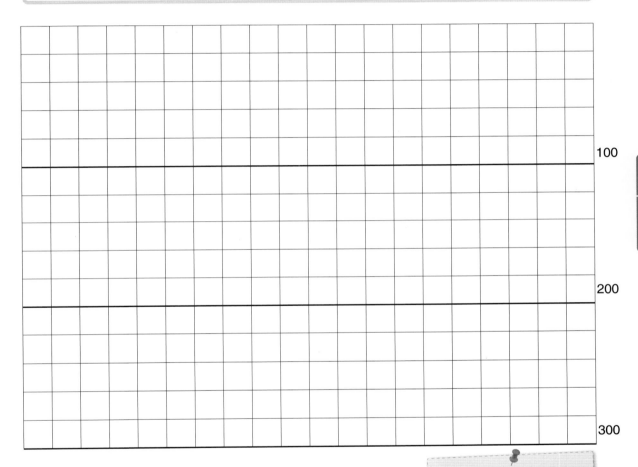

저출산의 원인
❶ 양육비 부담의 증가
❷ 여성의 사회 진출 증가
❸ 젊은 부부들의 출산에 대한 의식 변화

저출산 현황
• 1970년대 신생아 출생 101만 명 ↓ • 2000년대 신생아 출생 44만 명

🕐 몇 분 걸렸어요? (   )분

잊지 마세요!!
1. 문제 꼼꼼하게 읽기
2. 문제에 맞는 표현 생각하기
3. 표나 그래프의 내용 모두 쓰기
4. 필요 없는 내용 안 쓰기

단어 4번 □저출산 □양육비 □부담 □사회 진출 □의식 □신생아 □출생

실수 클리닉

» 다음 문장에서 틀린 부분을 고쳐 봅시다.

1. 김치란 한국 사람들이 즐겨 먹는다.

   →

2. 한국어교육이란 외국 사람들에게 한국어를 가르친다.

   →

3. 최근 노인 인구가 많아진다.

   →

4. 이 그래프는 외국인을 대상으로 좋아하는 음식에 대해 설문 조사를 실시했다.

   →

5. 호랑이는 발이 빨라 특징이 있다.

   →

6. 노인 인구 증가의 원인은 출산율이 낮아졌다.

   →

7. 왜냐하면 신문은 종이로 만들었다.

   →

8. 이 설문 조사를 통해 남자와 여자의 생각이 다르다를 알 수 있다.

   →

9. 이러한 원인으로 노인 인구는 앞으로도 증가하는 전망이다.

   →

10. 올바른 인터넷 사용을 위해서는 인터넷 시간을 줄이는 필요가 있다.

    →

문법의 호응

▶▶ 이번 실수 클리닉은 53번의 답을 쓸 때 **학생들이 자주 틀리는 문법 표현**을 서론·본론·결론으로 나눠서 정리한 것입니다.

<table>
<tr>
<td rowspan="4">서론</td>
<td>

N(이)란   -는 N이다

1. 김치란 한국 사람들이 <u>즐겨 먹는다</u>. → 즐겨 먹는 음식이다

2. 한국어교육이란 외국 사람들에게 <u>한국어를 가르친다</u>. → 한국어를 가르치는 것이다

최근   -고 있다

3. 최근 노인 인구가 <u>많아진다</u>. → 많아지고 있다

N은/는   -(으)ㄴ/는 것이다

4. 이 그래프는 외국인을 대상으로 좋아하는 음식에 대해 <u>설문 조사를 실시했다</u>.
$\qquad\qquad\qquad$ → 설문 조사를 실시한 것이다
</td>
</tr>
<tr><td></td></tr>
<tr><td></td></tr>
<tr><td></td></tr>
<tr>
<td>본론</td>
<td>

N은/는   -다는 특징(장점/단점)이 있다

5. 호랑이는 발이 <u>빨라 특징이</u> 있다. → 빠르다는 특징이

원인은 / 그 이유는 /왜냐하면   -기 때문이다

6. 노인 인구 증가의 원인은 출산율이 <u>낮아졌다</u>. → 낮아졌기 때문이다

7. 왜냐하면 신문은 종이로 <u>만들었다</u>. → 만들었기 때문이다
</td>
</tr>
<tr>
<td>결론</td>
<td>

이 설문 조사를 통해   -다는 것을 알 수 있다

8. 이 설문 조사를 통해 남자와 여자의 생각이 <u>다르다를 알 수 있다</u>.
$\qquad\qquad\qquad$ → 다르다는 것을 알 수 있다

-(으)ㄹ 전망이다

9. 이러한 원인으로 노인 인구는 앞으로도 <u>증가하는 전망이다</u>. → 증가할 전망이다

-(으)ㄹ 필요가 있다

10. 올바른 인터넷 사용을 위해서는 인터넷 시간을 <u>줄이는 필요가 있다</u>. → 줄일 필요가 있다
</td>
</tr>
</table>

Day 14

▶ 해설집 51~54쪽

1. 다음은 '받고 싶은 명절 선물'과 '주고 싶은 명절 선물'에 대해 주부 300명을 대상으로 실시한 설문 조사입니다. 그래프를 보고, 조사 결과를 비교하여 200~300자로 쓰십시오. 단, 글의 제목을 쓰지 마십시오. (30점)

명절 선물				
받고 싶은 선물	33%	54%	8%	5%
주고 싶은 선물	25%	45%	23%	7%

☐ 상품권   ☑ 현금   ☐ 한우   ⬚ 과일

100

200

300

🕐 몇 분 걸렸어요? (   )분

잊지 마세요!!
1. 문제 꼼꼼하게 읽기
2. 문제에 맞는 표현 생각하기
3. 표나 그래프의 내용 모두 쓰기
4. 필요 없는 내용 안 쓰기

단어
1번 ☐ 명절 ☐ 상품권 ☐ 현금 ☐ 한우

2. 다음 그림을 보고 동물을 어떻게 나눌 수 있는지 200~300자로 쓰십시오. 단, 글의 제목을 쓰지 마십시오. (30점)

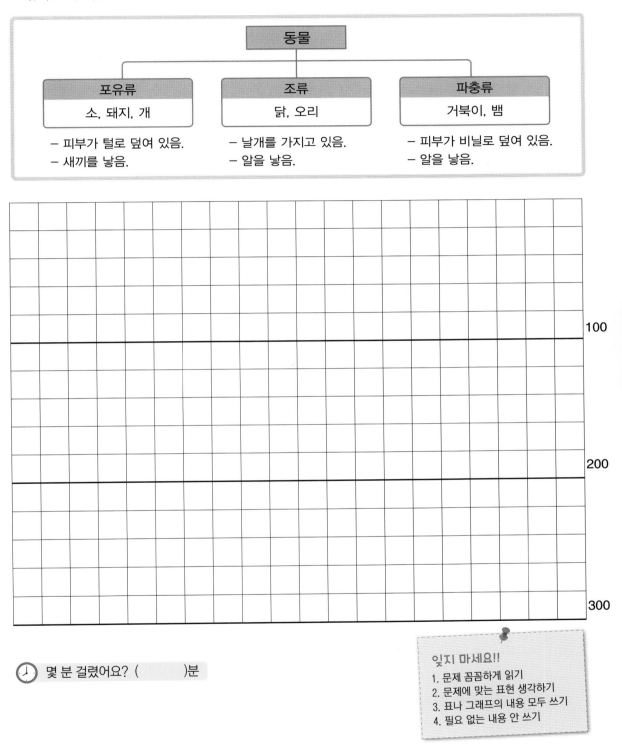

Day 15

100

200

300

🕐 몇 분 걸렸어요? (   )분

잊지 마세요!!
1. 문제 꼼꼼하게 읽기
2. 문제에 맞는 표현 생각하기
3. 표나 그래프의 내용 모두 쓰기
4. 필요 없는 내용 안 쓰기

단어
2번 □포유류 □조류 □파충류 □피부 □털 □덮이다 □새끼 □낳다 □날개 □알 □비닐

3. 다음 그래프를 보고 최근 5년간 한국을 방문한 외국인 관광객 수가 어떻게 변했는지 설명하고 그 원인과 앞으로의 전망에 대해 200~300자로 쓰십시오. 단, 글의 제목을 쓰지 마십시오. (30점)

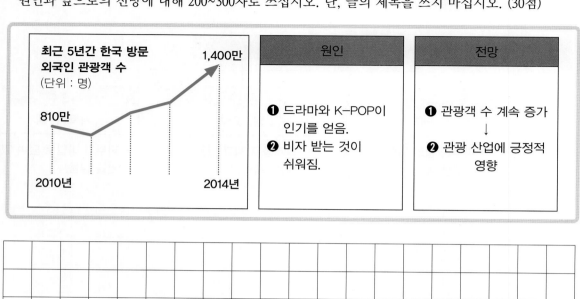

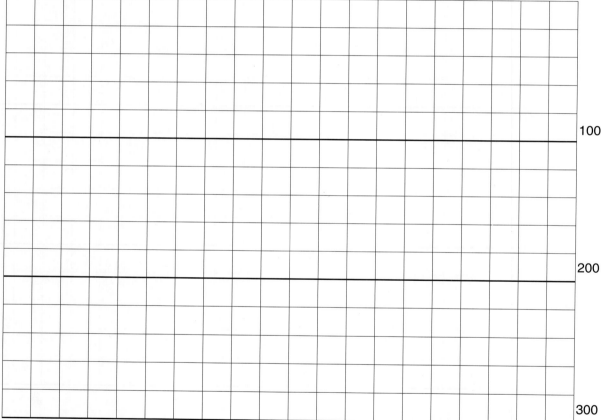

100

200

300

몇 분 걸렸어요? (   )분

잊지 마세요!!
1. 문제 꼼꼼하게 읽기
2. 문제에 맞는 표현 생각하기
3. 표나 그래프의 내용 모두 쓰기
4. 필요 없는 내용 안 쓰기

단어

3번 □방문하다 □비자 □관광 □산업

4. 다음 안내문을 읽고 설명하는 글을 200~300자로 쓰십시오. 단, 글의 제목을 쓰지 마십시오. (30점)

35회 서울 마라톤 대회로 인한 교통 통제 안내

대회 일시 : 2016년 3월 29일

통제 일시: 2016년 3월 29일 오전 10:00 ~ 오후 4:00

통제 구간: 삼성역 사거리 → 코엑스 사거리

※ 모든 차가 다닐 수 없으므로 지하철을 이용하기 바람.

※ 참고: 교통 정보센터 홈페이지(www.kyotong.go.kr), 스마트폰 앱

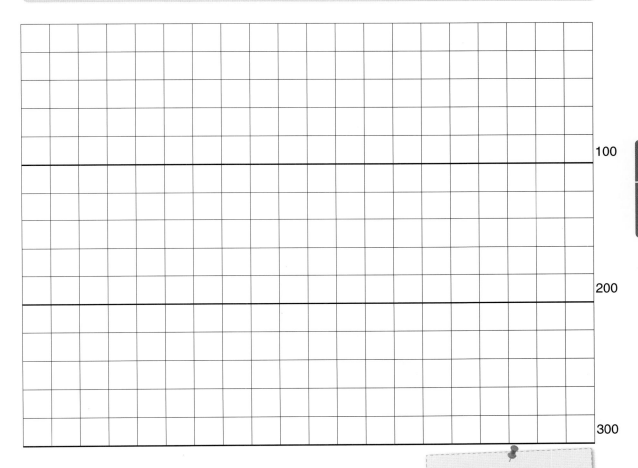

100

200

300

🕐 몇 분 걸렸어요? (   )분

잊지 마세요!!
1. 문제 꼼꼼하게 읽기
2. 문제에 맞는 표현 생각하기
3. 표나 그래프의 내용 모두 쓰기
4. 필요 없는 내용 안 쓰기

단어 4번 ▫마라톤 ▫통제 ▫일시 ▫구간 ▫참고 ▫홈페이지 ▫앱

실수 클리닉

》 다음을 한 문장으로 바꿔 봅시다.

1. 택시의 장점: 어디서나 쉽게 탈 수 있음.

    → 예) 택시의 장점은 어디서나 쉽게 탈 수 있다는 것이다.
       택시는 어디서나 쉽게 탈 수 있다는 장점이 있다.

2. 택시의 단점: 길이 막히면 시간이 오래 걸림.

    →

3. 포유류의 특징: 새끼를 낳음.

    →

4. 고령화 사회의 원인: 1) 평균수명 증가

    →

5. 자전거와 자동차의 차이점: 속도가 다름.

    →

6. 자전거: 기름이 필요 없음. VS 자동차: 기름이 필요함.

    →

7. 인쇄매체의 특징: 기록이 오래 보관됨. + 정보의 신뢰도가 높음.

    →

8. 비행기의 장단점: 짧은 시간 안에 멀리 감, 날씨가 안 좋으면 탈 수 없음.

    →

9. 외국인 관광객 수 증가 → 전망: 관광 산업에 긍정적 영향

    →

10. 모임 날짜 및 시간: 2016년 5월 2일 오전 10:00 ~ 오후 4:00

    →

명사를 문장으로 만들기

>> 이번 '실수 클리닉'에서는 **명사형을 문장으로 바꾸는 연습**을 해 보겠습니다. 53번의 경우 표에 있는 명사형을 문장으로 바꿔야 하므로 연습해 두면 도움이 됩니다.

1. 택시의 장점: 어디서나 쉽게 탈 수 있음.
   → 예) 택시의 장점은 어디서나 쉽게 탈 수 있다는 것이다.
   　　　택시는 어디서나 쉽게 탈 수 있다는 장점이 있다.

2. 택시의 단점: 길이 막히면 시간이 오래 걸림.
   → 택시의 단점은 길이 막히면 시간이 오래 걸린다는 것이다.
   　택시는 길이 막히면 시간이 오래 걸린다는 단점이 있다.

3. 포유류의 특징: 새끼를 낳음.
   → 포유류의 특징은 새끼를 낳는다는 것이다.
   　포유류는 새끼를 낳는다는 특징이 있다.

4. 고령화 사회의 원인: 1) 평균수명 증가
   → 고령화 사회의 원인은 첫째, 사람들의 평균수명이 증가했기 때문이다.

5. 자전거와 자동차의 차이점: 속도가 다름.
   → 자전거와 자동차의 차이점은 속도가 다르다는 것이다.
   　자전거와 자동차는 속도가 다르다는 차이점이 있다.

6. 자전거: 기름이 필요 없음. VS 자동차: 기름이 필요함.
   → 자전거는 기름이 필요 없는 데 반해 자동차는 기름이 필요하다.

7. 인쇄매체의 특징: 기록이 오래 보관됨. + 정보의 신뢰도가 높음.
   → 인쇄매체는 기록이 오래 보관되며 정보의 신뢰도가 높다는 특징이 있다.

8. 비행기의 장단점: 짧은 시간 안에 멀리 감, 날씨가 안 좋으면 탈 수 없음.
   → 비행기는 짧은 시간 안에 멀리 간다는 장점이 있는 반면에 날씨가 안 좋으면 탈 수 없다는 단점
   　도 있다.

9. 외국인 관광객 수 증가 → 전망: 관광 산업에 긍정적 영향
   → 외국인 관광객 수의 증가로 인해 관광 산업은 발달할 전망이다.

10. 모임 날짜 및 시간: 2016년 5월 2일 오전 10:00 ~ 오후 4:00
    → 모이는 날짜는 2016년 5월 2일이며 시간은 오전 10시부터 오후 4시까지이다.

최신경향 53번 요즘 이렇게 나와요!

1. 지금까지 어떤 문제가 나왔을까요?

new 토픽 초반에는 아래와 같은 형태의 문제가 출제되었습니다. 표나 그래프 중 하나만 제시가 되었습니다.

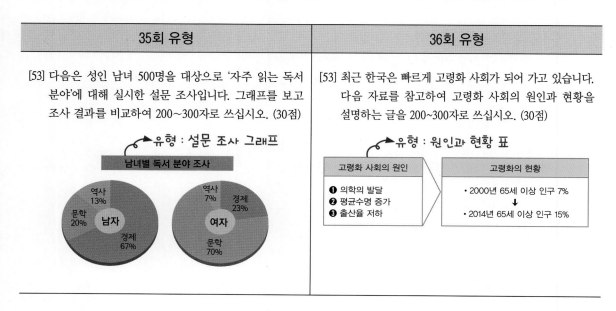

35회 유형	36회 유형
[53] 다음은 성인 남녀 500명을 대상으로 '자주 읽는 독서 분야'에 대해 실시한 설문 조사입니다. 그래프를 보고 조사 결과를 비교하여 200~300자로 쓰십시오. (30점) 유형 : 설문 조사 그래프 남녀별 독서 분야 조사 남자: 역사 13%, 문학 20%, 경제 67% 여자: 역사 7%, 경제 23%, 문학 70%	[53] 최근 한국은 빠르게 고령화 사회가 되어 가고 있습니다. 다음 자료를 참고하여 고령화 사회의 원인과 현황을 설명하는 글을 200~300자로 쓰십시오. (30점) 유형 : 원인과 현황 표 고령화 사회의 원인 ❶ 의학의 발달 ❷ 평균수명 증가 ❸ 출산율 저하 고령화의 현황 · 2000년 65세 이상 인구 7% ↓ · 2014년 65세 이상 인구 15%

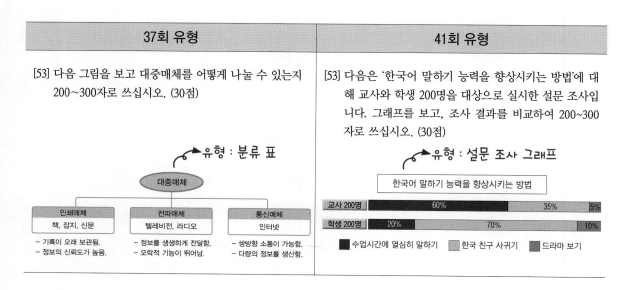

37회 유형	41회 유형
[53] 다음 그림을 보고 대중매체를 어떻게 나눌 수 있는지 200~300자로 쓰십시오. (30점) 유형 : 분류 표 대중매체 인쇄매체 책, 잡지, 신문 – 기록이 오래 보관됨. – 정보의 신뢰도가 높음. 전파매체 텔레비전, 라디오 – 정보를 생생하게 전달함. – 오락적 기능이 뛰어남. 통신매체 인터넷 – 쌍방향 소통이 가능함. – 다량의 정보를 생산함.	[53] 다음은 '한국어 말하기 능력을 향상시키는 방법'에 대해 교사와 학생 200명을 대상으로 실시한 설문 조사입니다. 그래프를 보고, 조사 결과를 비교하여 200~300자로 쓰십시오. (30점) 유형 : 설문 조사 그래프 한국어 말하기 능력을 향상시키는 방법 교사 200명: 60% / 35% / 5% 학생 200명: 20% / 70% / 10% ■ 수업시간에 열심히 말하기 ■ 한국 친구 사귀기 ■ 드라마 보기

2. 요즘에는 이런 문제가 나왔어요.

최근에는 이전보다 문제가 좀 더 복잡해졌습니다. 이전과 달리 그래프와 표가 복합된 형태로 나오고 있습니다.

47회 유형	52회 유형
[53] 다음 그래프를 보고 최근 5년간 한국을 방문한 외국인 관광객 수가 어떻게 변화했는지 설명하고 그 원인과 앞으로의 전망에 대해 200~300자로 쓰십시오. 단, 글의 제목을 쓰지 마십시오. (30점)	[53] 다음을 참고하여 '아이를 꼭 낳아야 하는가'에 대한 글을 200~300자로 쓰시오. 단, 글의 제목을 쓰지 마시오. (30점)
유형: 변화 그래프+표(원인+전망)	유형: 설문 조사 그래프+표(이유)

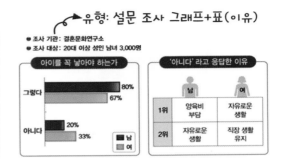

3. 요즘 나왔던 문제를 좀 더 자세하게 살펴볼까요?

❶ 한 문제 안에 그래프와 표가 같이 있습니다.

전에는 표 또는 그래프 하나만 있었는데 최근에는 그래프와 표가 한 문제 안에 같이 있습니다.

❷ 전에는 하나의 정보를, 지금은 두세 개의 정보를 써야 합니다.

전에는 '그래프' 하나만 가지고 200~300자를 썼는데 지금은 '그래프 + 표'를 200~300자로 써야 합니다.

❸ '변화 그래프 + 원인 + 기대(전망)', '설문 조사 그래프 + 이유(원인)' 두 유형이 자주 나옵니다.

시험 때마다 그래프 유형을 확인해 보고 조건에 맞게 써야 합니다.

❹ 47회 시험 이후부터 문제에 '단, 글의 제목을 쓰지 마시오.'라는 말이 추가됐으므로 제목을 쓰지 말아야 합니다.

> 53. 다음을 참고하여 '아이를 꼭 낳아야 하는가'에 대한 글을 200~300자로 쓰시오.
> 단, 글의 제목을 쓰지 마시오. (30점)

4. 고득점 대비 TIP

❶ 제시된 정보 모두 쓰기

제시된 정보를 모두 써야 합니다. 한 부분만 자세히 쓰는 것이 아니라 그래프와 표 안에 나와 있는 정보는 모두 다 써야 합니다.

❷ 관련 없는 내용 쓰지 않기

자신의 생각이나 의견을 쓰면 안 됩니다.

❸ 조건 지키기

내용도 중요하지만 제시된 조건을 잘 지키는 것이 무엇보다도 중요합니다.

① 분량 지킬 것: 200~300자

② 시작 부분에 '글의 제목'을 쓰지 말 것

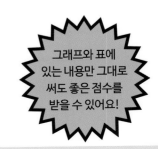

그래프와 표에 있는 내용만 그대로 써도 좋은 점수를 받을 수 있어요!

53번 연습 문제

▶▶ 해설집 55~58쪽

1. 다음을 참고하여 '결혼을 꼭 해야 하는가'에 대한 글을 200~300자로 쓰시오. 단, 글의 제목을 쓰지
   마시오. (30점)

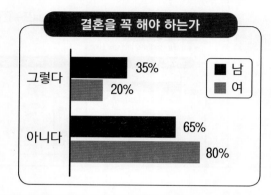

- 조사 기관: 결혼문화연구소
- 조사 대상: 25~39살 미혼 남녀 3,000명

결혼을 꼭 해야 하는가

그렇다 35% (남) 20% (여)

아니다 65% (남) 80% (여)

■ 남
■ 여

'아니다'라고 응답한 이유

	남	여
1위	결혼비용 부담	자유로운 생활 불가능
2위	자유로운 생활 불가능	사회적 성공 원함

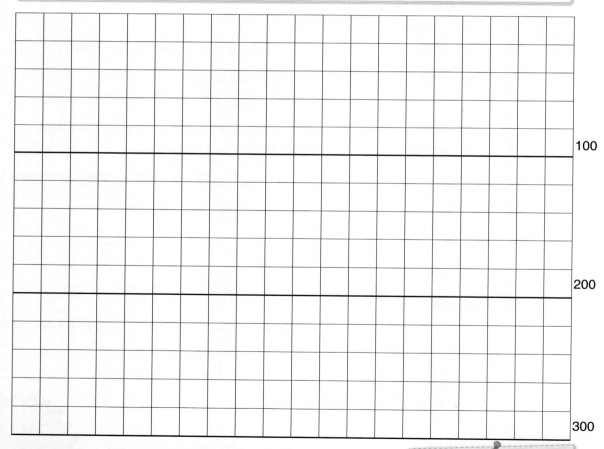

100

200

300

🕐 몇 분 걸렸어요? (   )분

단어 [1번] □미혼 □비용 □부담 □자유롭다 □불가능 □사회적

잊지 마세요!!
1. 문제 꼼꼼하게 읽기
2. 문제에 맞는 표현 생각하기
3. 표나 그래프의 내용 모두 쓰기
4. 필요 없는 내용 안 쓰기

2. 다음을 참고하여 '종이책 판매량의 변화'에 대한 글을 200~300자로 쓰시오. 단, 글의 제목을 쓰지 마
   시오. (30점)

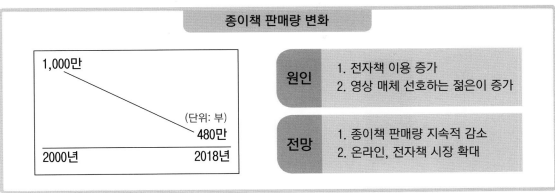

종이책 판매량 변화

1,000만

(단위: 부)
480만
2000년   2018년

원인
1. 전자책 이용 증가
2. 영상 매체 선호하는 젊은이 증가

전망
1. 종이책 판매량 지속적 감소
2. 온라인, 전자책 시장 확대

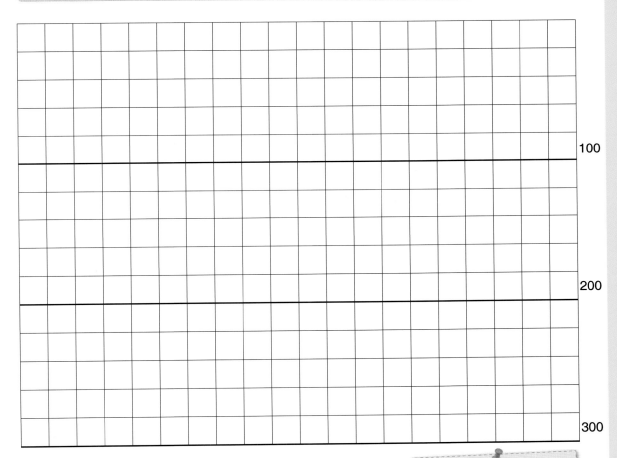

100

200

300

🕐 몇 분 걸렸어요? (   )분

단어
2번 □ 종이책 □ 판매량 □ 변화 □ 전자책 □ 영상 매체
□ 선호하다 □ 젊은이 □ 증가 □ 지속적 □ 감소
□ 온라인 □ 시장 □ 확대

3. 다음을 참고하여 '우체국 업무 현황'에 대한 글을 200~300자로 쓰시오. 단, 글의 제목을 쓰지 마시오. (30점)

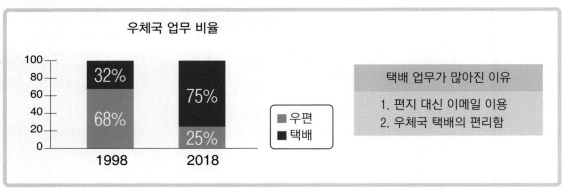

우체국 업무 비율

우편
택배

택배 업무가 많아진 이유

1. 편지 대신 이메일 이용
2. 우체국 택배의 편리함

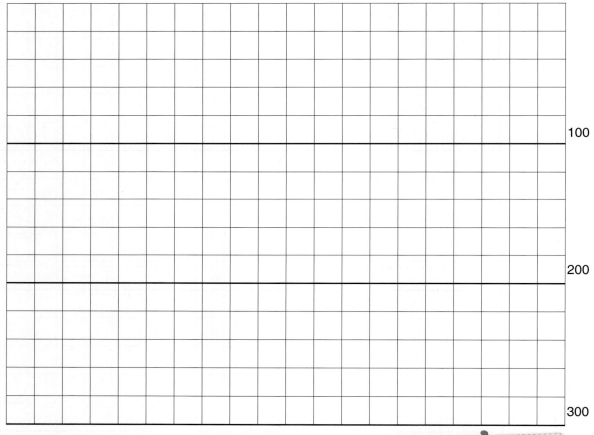

100

200

300

🕐 몇 분 걸렸어요? (   )분

잊지 마세요!!
1. 문제 꼼꼼하게 읽기
2. 문제에 맞는 표현 생각하기
3. 표나 그래프의 내용 모두 쓰기
4. 필요 없는 내용 안 쓰기

단어

1번 □업무 □현황 □비율 □우편 □택배 □대신

4. 다음을 참고하여 '노년층의 스마트폰 사용률 변화'에 대한 글을 200~300자로 쓰시오. 단, 글의 제목을 쓰지 마시오. (30점)

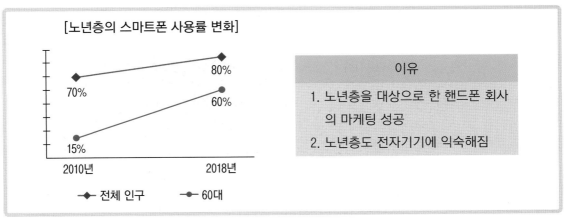

[노년층의 스마트폰 사용률 변화]

80%
70%
60%
15%
2010년   2018년

◆ 전체 인구   ● 60대

이유
1. 노년층을 대상으로 한 핸드폰 회사의 마케팅 성공
2. 노년층도 전자기기에 익숙해짐

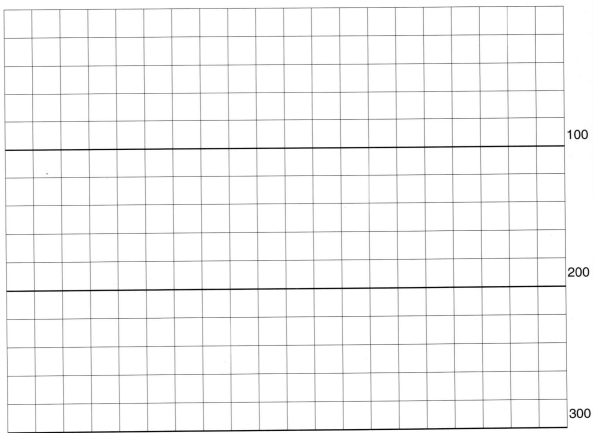

100

200

300

🕐 몇 분 걸렸어요? (   )분

잊지 마세요!!
1. 문제 꼼꼼하게 읽기
2. 문제에 맞는 표현 생각하기
3. 표나 그래프의 내용 모두 쓰기
4. 필요 없는 내용 안 쓰기

단어
2번 □사용률 □노년층 □대상 □마케팅 □전자기기

Part 4

쓰기 54번 문제

자신의 생각을 글로 표현하기

※ [54] 다음을 주제로 하여 자신의 생각을 600~700자로 글을 쓰시오. 단, 문제를 그대로 옮겨 쓰지 마시오. (50점)

사람들은 다양한 경제 수준의 삶을 살고 있으며 그러한 삶에 대해 느끼는 각자의 만족도도 다양하다. 그러나 경제적 여유와 행복 만족도가 꼭 비례한다고는 할 수 없다. 경제적 여유가 행복에 미치는 영향에 대해 아래의 내용을 중심으로 자신의 생각을 쓰십시오.

· 사람들이 생각하는 행복한 삶이란 무엇인가?
· 경제적 조건과 행복 만족도의 관계는 어떠한가?
· 행복 만족도를 높이기 위해 어떠한 노력이 필요한가?

▶ 문제 소개

54번은 사회적인 주제에 대해 자신의 생각을 논리적으로 쓰는 문제입니다.

600~700자를 써야 합니다.

점수는 50점입니다.

5~6급 수준의 문제입니다.

25~30분 안에 답을 써야 합니다.

54번 꼭 봐야 하는 기본기 ①

해설집 16쪽

54번 문제를 풀기 전에 '꼭 봐야 하는 기본기 ①'은 다음과 같습니다.

1 서술형 소개   **2** 서술형 쓰기

1 서술형 소개

1. 내용면

서술형은 어떤 현상이나 이슈에 대해 서술하고 그 현상이 나타난 원인, 영향, 문제를 해결하는 방법, 필요한 조건이나 노력, 필요성 등에 대해 자신의 생각을 쓰면 됩니다.

서술형	문제 · 해결: 사회적인 문제의 원인, 현황, 해결 방법 등을 쓴다.
	요구되는 자질(조건): 어떤 일을 하기 위해서 무엇이 필요한지 쓴다.
	A와 B의 관계: A와 B의 관계는 어떠한지 쓴다.
	A의 역할 및 영향 : A의 역할이 무엇이고 A가 어떤 영향을 미치는지 쓴다.
	A의 필요성 : A가 왜 필요한지를 쓰고 이를 위해 어떤 노력이 필요한지 함께 쓴다.

2. 형태면

서술형 문제는 제시된 형태가 조금씩 다르지만 꼼꼼히 읽어 보면 똑같은 내용을 포함하고 있습니다. 문제와 관련된 주제에 대해 소개하고 무엇에 대해 써야 하는지 알려 줍니다.

최근 세계적으로 **환경오염을 줄이기 위해 많은 노력**을 기울이고 있습니다. **환경오염을 줄일 수 있는 효과적인 방법**에 대해 아래의 내용을 중심으로 주장하는 글을 쓰십시오.

· 환경오염으로 인해 **어떤 문제**가 생기고 있습니까?

· 환경오염을 **줄이기 위해 정부와 기업**은 어떻게 해야 합니까?

· 환경오염을 **줄이기 위해 우리가 할 수 있는 일**은 무엇입니까?

우리는 **행복**을 위해서 삽니다. 그러나 사람들마다 행복의 기준이 다릅니다. **자신이 생각하는 행복은 무엇이며 그 행복을 위해 필요한 것이 무엇인지** 아래의 내용을 중심으로 자신의 생각을 쓰십시오.

· **진정한 행복이란** 무엇인가?

· 진정한 행복을 위해서는 **무엇이 필요한가**?

국제화 시대에 **영어가 세계 공용어**로서의 지위를 가지게 되면서 영어로 소통하는 것이 편하기 때문에 영어를 공용어로 사용하는 나라들이 많아졌습니다. 이로 인해 언어학자들은 곧 다가올 미래에 많은 나라의 언어가 사라질 것이라고 예측하기도 합니다. 우리는 자국의 언어를 배우고 자국의 언어를 지켜야 합니다. 이는 자국의 언어가 지니고 있는 가치 때문일 것입니다. 여러분은 **왜 모국어를 지켜야** 하고 모국어를 통해 무엇을 배울 수 있다고 생각합니까?

3. 서술형에 나올 만한 주제

54번에서 다룰 수 있는 주제는 아래와 같이 정리할 수 있습니다. 평소 주제와 관련 있는 단어들을 공부하거나 주제에 대해 어떤 내용을 쓰면 좋을지 생각해 보세요.

가정생활	음식/요리, 집(주거 문제, 층간소음), 가족의 변화(관계, 형태)
건강	운동, 건강 관리, 정신 건강(우울증), 다이어트
과학	미래 사회, 인간 복제, 유전자 변형 식품(GMO), 동물실험, 로봇 개발, 과학 기술 발전의 명과 암
교육	조기/예술/역사/대학 교육의 필요성, 교육 제도, (조기)유학, 교육의 목적(시험), 교육 방식(컴퓨터 활용, 경쟁/수준별 교육), 대학의 역할(학문/취업), 외국어 능력
뉴스/시사	흡연 규제, 안락사, 환경오염, 일자리 부족, 고령화 사회, CCTV 설치, PPL, 사형제도, 준법(자발성/강제성), 다문화사회, 성차별, 동물원
국제	약소국에 대한 원조, 기후 변화, 환경 문제와 여행, 물/식량 부족 문제, 국제기구
미디어	인터넷, SNS(의사소통 방식의 변화), 대중매체, 신문(정보), 광고의 역할, 개인 정보 유출, 인터넷 실명제(표현의 자유), 사이버 범죄, 게임 중독
생활 방식	반려 동물, 유기 동물, 저출산/고령화, 만혼, 스트레스, 도시와 시골의 격차, 중독(게임, 알코올, 인터넷), 이웃(관계 변화, 소통 단절), 인터넷 쇼핑, 의사소통, 봉사(활동)
예술	전통문화/현대문화, 예술의 상업화, 미술, 문화
일과 직업	새로운 직업(직업의 변화), 직장 생활(직장 문화), 술, 직업에서 성 구별, 진로와 취업, 업무, 자아실현, 직업의 의미, 직업 선택, 일과 개인의 행복, 재택근무
전문 분야	언어, 역사, 언론, 경영/경제, 종교, 심리, 건축, 사회, 정치, 문화, 과학, 성, 철학/윤리, 법
책과 문학	종이책/전자책, 독서
휴일	여행(방법, 숙박 시설)

Day 16

1. 서론 · 본론 · 결론 내용 구성

54번에 출제되는 서술형 문제는 다양하지만 글을 쓰는 방법은 비슷합니다. 다음은 서술형 문제를 어떻게 구성하면 좋을지 간단하게 표로 정리한 것입니다.

서론	써야 하는 글의 **주제에 대해 소개**하고 **어떤 내용을 쓸지 소개**한다. 주의! ① 개인적인 내용을 쓰면 안 된다. ② 주제를 소개하는 정도로만 써야 한다.	글의 주제 소개 쓸 내용 소개	100
본론	**문제 유형에 따라** 자신의 생각을 구체적으로 쓴다.	질문 ① 중심 문장 + 근거/구체적인 예 질문 ② 중심 문장 + 근거/구체적인 예 질문 ③ 중심 문장 + 근거/구체적인 예	600
결론	본론 내용을 **정리하고 자신의 의견**을 쓴다. 주의! ① 새로운 내용을 쓰면 안 된다. ② 앞에서 쓴 내용과 연결되어야 한다.	본론 내용 정리 결론에 대한 제언	700

다음은 54번 서술형 문제입니다. 답안을 보고 내용을 어떻게 써야 하는지 생각해 보세요.

> 사람들은 다양한 경제 수준의 삶을 살고 있으며 그러한 삶에 대해 느끼는 각자의 만족도도 다양하다. 그러나 경제적 여유와 행복 만족도가 꼭 비례한다고는 할 수 없다. 경제적 여유가 행복에 미치는 영향에 대해 아래의 내용을 중심으로 자신의 생각을 쓰십시오.

· 사람들이 생각하는 행복한 삶이란 무엇인가?
· 경제적 조건과 행복 만족도의 관계는 어떠한가?
· 행복 만족도를 높이기 위해 어떠한 노력이 필요한가?

사람마다 경제 수준이 다르고 여기에서 느끼는 행복 만족도도 다르다. 흔히 경제적 여유와 행복은 비례한다고 하는데 그렇지 않은 경우도 있다. **따라서** **이 글을 통해** 경제적 여유가 행복에 어떤 영향을 미치는지 **살펴보고자** **한다.**

사람들이 생각하는 행복한 삶의 모습은 다양하다. 어떤 사람은 돈이 적을지라도 건강하게 사는 것이 행복한 삶이라고 생각하는 반면 어떤 사람은 경제적 여유가 있어야 행복하다고 생각한다. **물론** 경제적으로 여유가 있으면 행복 만족도에 긍정적인 영향을 줄 것이다. 그러나 아무리 큰 부자라도 불치병에 걸린다면 행복을 느끼기 어려울 것이다. 또한 재벌들이 재산 문제로 가족들과 싸우는 것을 보면 경제적인 여유와 행복 만족도가 비례한다고 볼 수 없다. **따라서** 행복해지기 위해서는 저 건강을 지켜야 한다. 건강은 가장 중요한 행복의 필수 요건이기 때문이다. 그리고 현재 자신에게 주어진 삶을 사랑하고 가족과 친구들을 사랑하며 산다면 행복은 멀리 있지 않을 것이다.

지금까지 경제적 여유가 행복 만족도에 미치는 영향**에** **대해** **살펴보았는데** 경제적 여유와 행복 만족도는 반드시 비례하는 것은 아니라는 것을 알 수 있었다. 행복해지**기** **위해서는** 건강을 유지하고 주변 사람들을 사랑해**야** **한다.**

서술형 문제와 답안을 이용해서 서론 · 본론 · 결론의 내용 구성과 표현을 공부해 보겠습니다.

2. 서론

① 서론의 내용: '주제 소개' + '쓸 내용 소개'

'주제 소개'는 주제와 관계있는 일반적인 내용을 쓰는 것입니다. 서론은 너무 길게 쓰는 것은 좋지 않고 100자 정도 쓰는 것이 적당합니다.

② 서론의 표현

① | 주제 소개

주제를 소개하기 위해 보통 정의를 내리거나 최근의 상황을 설명하거나 일반적인 사람들의 생각이나 행동 등을 설명할 때 아래와 같은 표현을 사용합니다.

예문	산업화 이후 환경오염이 전 세계적으로 심각한 사회문제가 되고 있다.		
표현	정의	N(이)란	N이다 -(으)ㄴ/는 N(이)다 -(으)ㄴ/는 것을 말한다
	현황	최근 N 이후 / -(으)ㄴ 이후로 -(으)면서 -(으)ㅁ에 따라	-고 있다 -아/어지고 있다 -게 되었다 N이/가 되었다
	일반적인 내용	사람들은 보통 일반적으로 흔히	-아/어한다 -고 싶어 한다 -다고 생각한다

② | 쓸 내용 소개

어떤 내용으로 글을 써야 하는지 설명하기 위해 필요한 표현입니다.

예문	따라서 이 글을 통해 환경오염을 줄이기 위한 효과적인 방법에 대해 살펴보고자 한다.	
표현	따라서 이 글을 통해	N에 대해 살펴보고자/이야기해 보고자 한다 -(으)ㄴ/는지 살펴보고자 한다

--- Tip! ---

1. 문제를 활용해서 서론을 씁니다. 그러나 문제와 똑같이 쓰는 것은 좋지 않습니다.
2. 서론에 본론에 써야 하는 구체적인 내용을 쓰면 안 됩니다.
3. 서론에 개인적인 경험을 쓰는 것은 좋지 않습니다.

3. 본론

① 본론의 내용: '구체적인 설명'(예시, 이유, 원인 등)

본론은 서론에서 소개한 주제에 대해 '구체적인 설명'을 쓰는 부분입니다. 문제 소개 아래에 질문 형태가 2~3개가 있는데 본론은 이 질문에 대한 대답을 쓰면 됩니다. 그리고 400~500자 정도로 쓰는 것이 좋으며 3개의 질문에 대한 내용을 비슷한 양으로 쓰는 것이 좋습니다.

② 본론의 표현

① | 나열

관련된 내용을 옆으로 늘어 놓으며 설명하는 방법을 말합니다.

예문	환경오염으로 인해 나타나는 문제는 크게 세 가지로 나눌 수 있다. 첫째, 둘째, 셋째				
표현	N은/는 다음과 같다 N은/는 크게 N가지로 나눌 수 있다 N에는 N가지가 있다 N을/를 살펴보면 다음과 같다		첫째 우선(먼저)	둘째 다음으로	셋째 마지막으로
	게다가　더구나　N뿐만 아니라　-(으)ㄴ/는 것뿐만 아니라　-(으)ㄹ 뿐더러				

② | 예시

어떤 것을 구체적으로 설명하기 위해 실제 예를 들어 설명하는 방법을 말합니다.

예문	환경 보호는 생활 속에서 실천할 수 있다. 예를 들어 분리수거를 하거나 일회용품을 ……
표현	가령　예를 들어　예를 들면　실례로　실제로　N에는 N, N, N 등이 있다.

③ | 비교 · 대조

둘 이상의 대상이 가지는 공통점이나 차이점을 설명하는 방법을 말합니다.

예문	과거와 달리 65세 노인이라 할지라도 일할 능력을 지닌 사람이 많다.
표현	A와 B의 공통점은 -다는 것이다 A도 B와 마찬가지로 -다
	하지만　그럴지만　그러나 반면에　반대로　오히려 -(으)ㄴ/는 데 반해　-(으)ㄴ/는 반면에　N와/과 다르게(달리)　이와 달리　반대로

④ | 근거 및 원인

주장에 대한 이유(근거)나 일이 발생한 원인을 설명하는 방법을 말합니다.

예문	인터넷 실명제는 시행할 필요가 있다. 왜냐하면 실명제를 통해 자신이 쓴 글에 책임감을 가지게 할 수 있기 때문이다.
표현	그 이유는 / 왜냐하면 + N 때문이다 / -기 때문이다 그 이유(원인)을 살펴보면 다음과 같다. 첫째, -기 때문이다.

⑤ | 인과

원인과 결과를 관련지어 설명하는 방법을 말합니다.

예문	비가 오랫동안 오지 않았다. 이로 인해 가뭄이 심각한 상태에 이르렀다.
표현	N(으)로 인해서 이로 인해 그 결과 N(으)로 말미암아

⑥ | 당위

꼭 그렇게 해야 한다는 것을 설명하는 문법 표현입니다.

예문	환경오염을 줄이기 위해서 정부는 관련법을 만들어야 할 것이다.	
표현	따라서 그러므로 -기 위해서 -(으)려면	-아/어야 할 것이다 -아/어야 한다 -(으)ㄹ 필요가 있다

⑦ | 강조

이유나 자신의 주장을 강조할 때 사용하는 표현입니다.

예문	환경을 보호하기 위해서는 무엇보다도 생활 속에서 작은 일부터 시작해야 한다.
표현	N(이)야말로 -(으)ㄴ/는 것이야말로 무엇보다도 / 누구보다도 / 어디보다도

Tip!

1. 제시된 2~3개의 질문을 활용해 단락을 시작하면 좋습니다.
2. 본론은 구체적으로 써야 합니다. (이유, 근거 등)
3. 본론에 개인적인 경험을 쓰는 것은 좋지 않습니다.

4. 결론

① 결론의 내용: '내용 정리' + '의견 제시'

결론에는 '내용 정리'와 '의견 제시'의 내용이 들어가야 합니다. 이때 본론의 내용을 다 요약하는 것이 아니라 무슨 내용에 대해 썼는지 간략하게 쓰면 됩니다. 결론도 서론과 비슷하게 100자 정도를 쓰면 적당합니다.

② 결론의 표현

① | 정리

결론 부분에서 지금까지 쓴 내용을 간단하게 요약할 때 필요한 표현입니다.

예문	지금까지 환경오염으로 나타나는 문제와 해결 방법에 대해 살펴보았다.	
표현	지금까지 이상으로	N에 대해 살펴보았다 -다는 입장에서 살펴보았다 N에 대해 N을/를 중심으로 살펴보았다
	이상에서 언급한 바를 위에서 살펴본 내용을 요약하면	정리하면 다음과 같다

② | 의견

내용 요약 후 주제에 대한 자신의 의견을 제시할 때 필요한 표현입니다.

예문	앞으로 환경오염 문제를 해결하기 위해서 무엇보다도 생활 속에서의 실천이 중요할 것이다.		
표현	앞으로	-기 위해서(는) -(으)려면 -도록	-아/어야 한다 -아/어야 할 것이다 -(으)ㄹ 필요가 있다 -(으)ㄴ/는 것이 중요하다 -(으)려는 태도를 가져야 한다/할 것이다
			-아/어야만 -(으)ㄹ 수 있을 것이다

Tip!

1. 내용을 다 요약하지 말고 무엇에 대해 썼는지 간단히 요약합니다.
2. 결론에 새로운 내용을 쓰면 안 됩니다.
3. '-(으)면 좋겠다'보다 객관적인 느낌을 주는 '-아/어야 할 것이다'와 같은 표현을 쓰는 것이 좋습니다.

Day 17 54번 답안 작성 전략 ①

1 답안 작성 전략 배우기

54번 문제는 원고지에 답을 써야 하므로 문제를 보자마자 바로 쓰기를 시작하지 말고 단계별로 쓰기 계획을 세운 후에 글을 쓰는 것이 좋습니다.

STEP 1	STEP 2	STEP 3	STEP 4
문제를 읽고 주제를 찾자!	서론, 본론을 쓸 때 필요한 부분을 문제에서 찾자!	본론, 결론을 구체적으로 계획하자!	원고지에 분량을 표시하고 표현을 사용해 쓰자!

STEP 1	문제를 읽으면서 써야 하는 글의 주제를 파악한다. 글을 쓰기 전에 무엇에 대한 내용을 써야 하는지 알아야 쓸 내용을 제대로 계획할 수 있습니다.
STEP 2	서론과 본론을 쓸 때 필요한 부분을 문제에서 찾은 후 표시해 본다. 제시된 문제 속에 서론에서 쓸 수 있는 내용과 본론에 반드시 써야 하는 내용이 나와 있으므로 문제를 읽으면서 문제에 직접 표시합니다. ＊ 이 과정에서 실수하는 경우가 많습니다. 문제에서 요구하는 것을 정확하게 파악해야 합니다.
STEP 3	본론과 결론에 어떤 내용을 쓸지 구체적으로 계획해 본다. 본론에 써야 할 중심 내용과 그 내용을 뒷받침하는 근거나 예를 생각해서 아래와 같이 씁니다. <table><tr><td>환경보호를 위해 생활 속에서 작은 일부터 실천</td><td>(중심 내용)</td></tr><tr><td>예) 분리수거, 일회용품의 사용을 줄이기</td><td>(뒷받침 내용)</td></tr></table> 결론에는 본론의 내용을 요약하고 간단하게 자신의 의견을 씁니다.
STEP 4	원고지에 서론·본론·결론의 분량을 표시한 후 표현에 신경 쓰면서 글을 쓴다. '서론 100자 + 본론 450자(질문 당 150자) + 결론 100자' 정도를 쓴다고 생각하고 미리 표시를 해 두면 각각의 질문에 비슷한 양으로 쓸 수 있습니다. 그리고 계획한 내용을 바탕으로 문법, 단어, 연결 표현 등에 신경 쓰면서 글을 씁니다.

잠깐!

＊서론·본론·결론이 있습니까? ☞ 서론(주제, 문제 소개), 본론, 결론(요약, 의견) ☐
＊구체적으로 썼습니까? ☞ 중심 내용 + 구체적인 내용 ☐
＊주제에서 벗어난 내용은 없습니까? ☞ 요구하는 대로 정확하게 써야 합니다. ☐
＊25분 안에 썼습니까? ☞ 54번은 25~30분 안에 쓸 수 있어야 합니다. ☐

앞에서 배운 답안 작성 전략을 이용해서 문제를 풀어 보겠습니다.

※ [54] 다음을 주제로 하여 자신의 생각을 600~700자로 글을 쓰십시오. (50점)

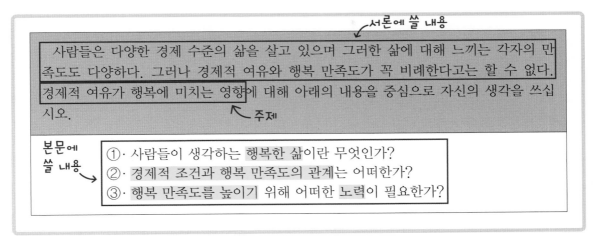

1. 주제를 찾아서 써 보세요.

경제적 여유가 행복 만족도에 미치는 영향

2. 서론과 본론에 필요한 부분을 문제에 표시해 보세요.

3. 본론과 결론에 쓸 내용을 구체적으로 계획해 보세요.

본론	1)	사람들이 생각하는 행복한 삶의 모습은 다양: 건강하게 사는 것, 경제적 여유
	2)	경제적 여유, 행복 만족도 관계있지만 비례하지 않음: 암에 걸린 부자, 재벌들의 재산 싸움
	3)	행복해지기 위한 노력 필요: 건강 지키기, 자신에게 주어진 삶 사랑하기, 가족·친구들 사랑하며 살기
결론	요약	경제적 여유가 행복에 영향 줄 수도 있지만 꼭 그런 것은 아님
	의견	건강한 삶 유지, 주변 사람들 사랑 → 행복해질 수 있을 것

4. 답을 써 보세요.

※ Day 16 - 135쪽에 답이 있습니다.

답안 작성 연습해 보기

앞에서 배운 답안 작성 전략대로 아래에 답을 써 보세요.

※ [54] 다음을 주제로 하여 자신의 생각을 600~700자로 글을 쓰십시오. (50점)

> 우리는 생활 속에서 과학 기술을 항상 이용하고 있다. 이러한 과학 기술의 발전으로 인류의 생활에 많은 혜택을 주었지만 과학 기술의 발전이 인류의 생활에 부정적인 영향을 주기도 하였다. 과학 기술의 발전이 인류의 생활에 미치는 영향에 대해 아래의 내용을 중심으로 자신의 생각을 쓰십시오.

· 과학 기술은 어떤 분야에서 이용되고 있는가?
· 과학 기술의 발전과 인류 생활의 관계는 어떠한가?
· 과학 기술을 올바르게 발전시키기 위해서 어떠한 노력이 필요한가?

1. 주제를 찾아서 써 보세요.

2. 서론과 본론에 필요한 부분을 문제에 표시해 보세요.

3. 본론과 결론에 쓸 내용을 구체적으로 계획해 보세요.

본론	1)	
	2)	
	3)	
결론	요약	
	의견	

4. 답을 써 보세요.

🔍 정답 풀이

1.

과학 기술의 발전이 인류의 생활에 미치는 영향

2.

>   우리는 생활 속에서 과학 기술을 항상 이용하고 있다. 이러한 과학 기술의 발전으로 인류의 생활에 많은 혜택을 주었지만 과학 기술의 발전이 인류의 생활에 부정적인 영향을 주기도 하였다. 과학 기술의 발전이 인류의 생활에 미치는 영향에 대해 아래의 내용을 중심으로 자신의 생각을 쓰십시오. ← 주제   서론

> · 과학 기술은 어떤 분야에서 이용되고 있는가?
> · 과학 기술의 발전과 인류 생활의 관계는 어떠한가?
> · 과학 기술을 올바르게 발전시키기 위해서 어떠한 노력이 필요한가?   본론

3.

본론	1)	이용되는 분야: 의학, 과학, 정보통신, 교육 등 모든 분야에서 이용
	2)	과학 기술의 발전과 인류 생활의 관계 긍정적 영향: ① 멀리 있는 사람과 소식 쉽게 접함 ② 여가 시간 늘어남. 부정적 영향: ① 환경오염 ② 인간 소외
	3)	올바르게 발전시키기 위해 필요한 노력 ① 신중한 개발 ② 도덕적으로 이용
결론	요약 의견	우리 스스로 인간의 존엄성 지키고 순수하게 이용

4.

※ 해설집 60~61쪽에 답이 있습니다.

54번 연습 문제 ①

▶ 해설집 62~69쪽

1. 다음을 주제로 하여 자신의 생각을 600~700자로 글을 쓰십시오. 단, 문제를 그대로 옮겨 쓰지 마십시오. (50점)

> 사이버 공간에서 언어, 영상 등을 통해 타인에게 피해 또는 불쾌감을 주는 행위를 '사이버 폭력'이라고 합니다. 인터넷 보급 이후 악성 댓글, 사이버 모욕과 같은 사이버 폭력 문제가 끊임없이 제기되고 있습니다. 사이버 폭력을 줄일 수 있는 효과적인 방법에 대해 아래의 내용을 중심으로 주장하는 글을 쓰십시오.
>
> · 사이버 폭력으로 인해 어떤 문제가 생기고 있습니까?
> · 사이버 폭력의 원인은 무엇입니까?
> · 사이버 폭력의 대처 방안은 무엇입니까?

서론	
본론	
결론	

🕐 몇 분 걸렸어요? (　　　　)분

잊지 마세요!!
1. 문제 꼼꼼하게 읽고 주제 파악하기
2. 서론, 본론, 결론 계획하기
3. 원고지에 분량 표시하기
4. 표현에 신경 쓰며 구체적으로 쓰기

단어

1번　□사이버 공간　□영상　□타인　□불쾌감　□행위
□사이버 폭력　□보급　□악성 댓글　□사이버 모욕
□끊임없이　□제기되다　□대처　□방안

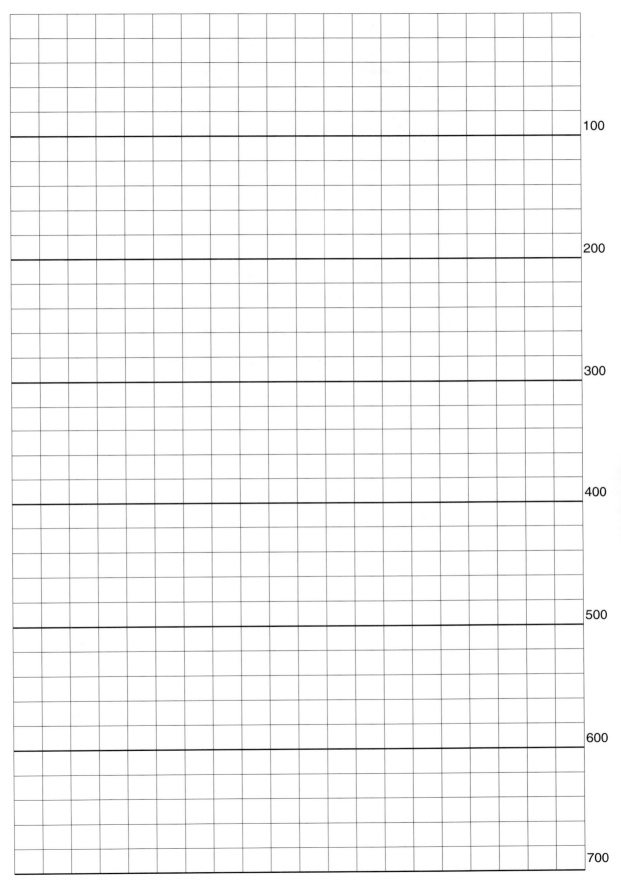

2. 다음을 주제로 하여 자신의 생각을 600~700자로 글을 쓰십시오. 단, 문제를 그대로 옮겨 쓰지 마십시오. (50점)

> 기술의 발달로 사람들이 서로 소통하는 방식이 과거와 많이 달라졌다. 시간과 공간에 관계없이 언제 어디서든지 연락을 주고받을 수 있다. 그러나 기술이 발달했다고 해서 사람들 간에 진정한 소통이 이루어진다고는 할 수 없다. 기술 발달이 사람들의 소통에 미치는 영향에 대해 아래의 내용을 중심으로 자신의 생각을 쓰십시오.

· 진정한 소통이란 무엇인가?
· 기술의 발달과 사람들 간 소통의 관계는 어떠한가?
· 소통을 잘 하기 위해 어떠한 노력이 필요한가?

서론	
본론	
결론	

🕐 몇 분 걸렸어요? ( )분

잊지 마세요!!
1. 문제 꼼꼼하게 읽고 주제 파악하기
2. 서론, 본론, 결론 계획하기
3. 원고지에 분량 표시하기
4. 표현에 신경 쓰며 구체적으로 쓰기

단어
2번   □기술   □소통하다   □방식   □공간   □진정하다

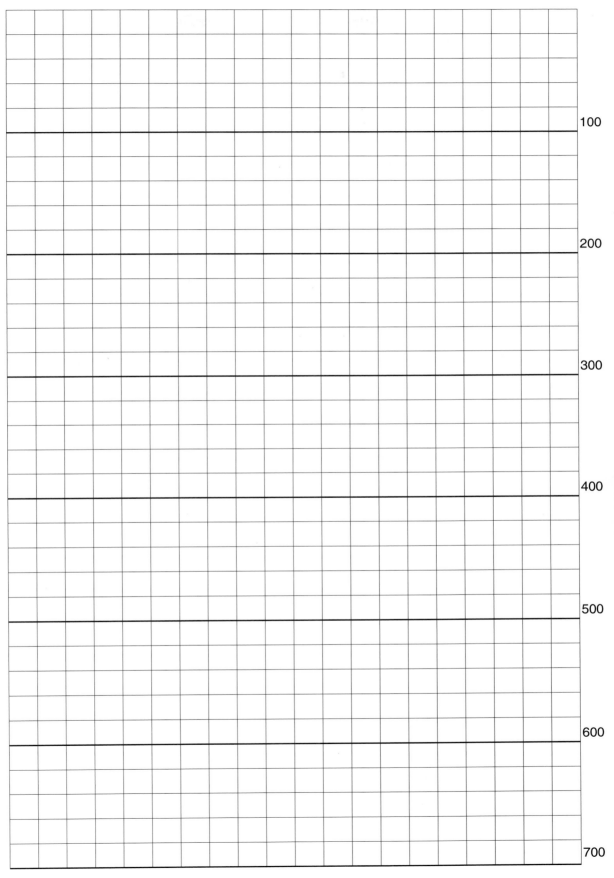

100

200

300

400

500

600

700

3. 다음을 주제로 하여 자신의 생각을 600~700자로 글을 쓰십시오. 단, 문제를 그대로 옮겨 쓰지 마십시오. (50점)

> 이제 우리는 '지구촌'이라 불리는 세계화 시대에 살고 있습니다. 여러분이 생각하는 '세계화 시대'는 무엇이고 세계화 시대에서 살아가기 위해 필요한 것이 무엇이며 세계화 시대를 살아가는 데 버려야만 할 태도나 사고방식은 무엇입니까?

서론	
본론	
결론	

🕐 몇 분 걸렸어요? (   )분

잊지 마세요!!
1. 문제 꼼꼼하게 읽고 주제 파악하기
2. 서론, 본론, 결론 계획하기
3. 원고지에 분량 표시하기
4. 표현에 신경 쓰며 구체적으로 쓰기

단어

3번   □지구촌   □불리다   □세계화   □태도   □사고방식

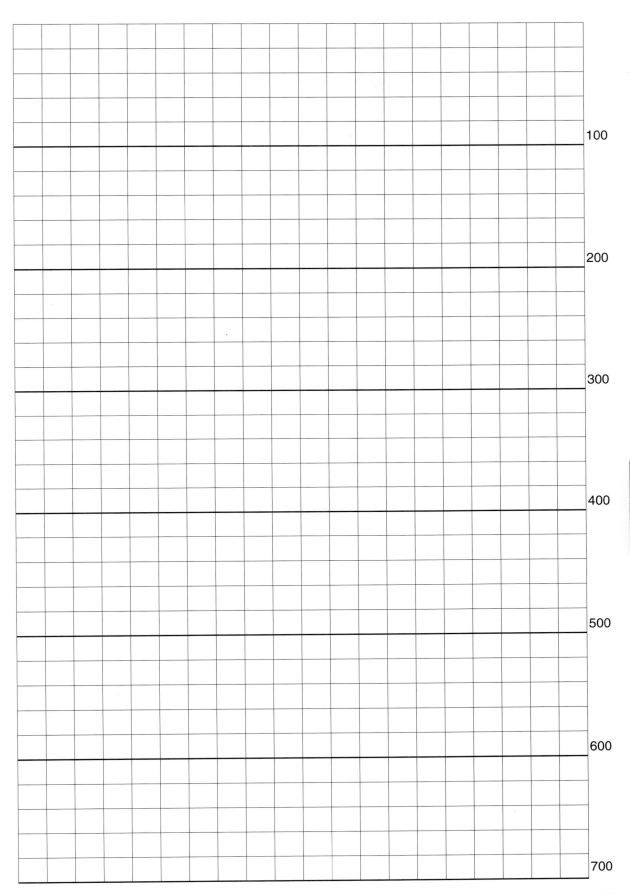

100

200

300

400

500

600

700

4. 다음을 주제로 하여 자신의 생각을 600~700자로 글을 쓰십시오. 단, 문제를 그대로 옮겨 쓰지 마십시오. (50점)

> 우리는 하루에도 몇 번씩 대중매체를 통해 다양한 일들을 합니다. 전통적인 대중매체에는 텔레비전, 라디오, 신문, 잡지 등이 있고 인터넷은 기술 발달로 등장한 최신의 대중매체입니다. 이러한 대중매체가 사람들에게 미치는 영향에 대해 아래의 내용을 중심으로 자신의 생각을 쓰십시오.

- · 대중매체는 우리의 일상에서 어떠한 역할을 합니까?
- · 대중매체가 우리에게 미치는 긍정적인 영향과 부정적인 영향은 무엇입니까?
- · 대중매체가 나아갈 올바른 방향은 무엇입니까?

서론	
본론	
결론	

🕐 몇 분 걸렸어요? (   )분

잊지 마세요!!
1. 문제 꼼꼼하게 읽고 주제 파악하기
2. 서론, 본론, 결론 계획하기
3. 원고지에 분량 표시하기
4. 표현에 신경 쓰며 구체적으로 쓰기

단어
4번 □대중매체 □등장하다 □일상 □나아가다 □올바르다 □방향

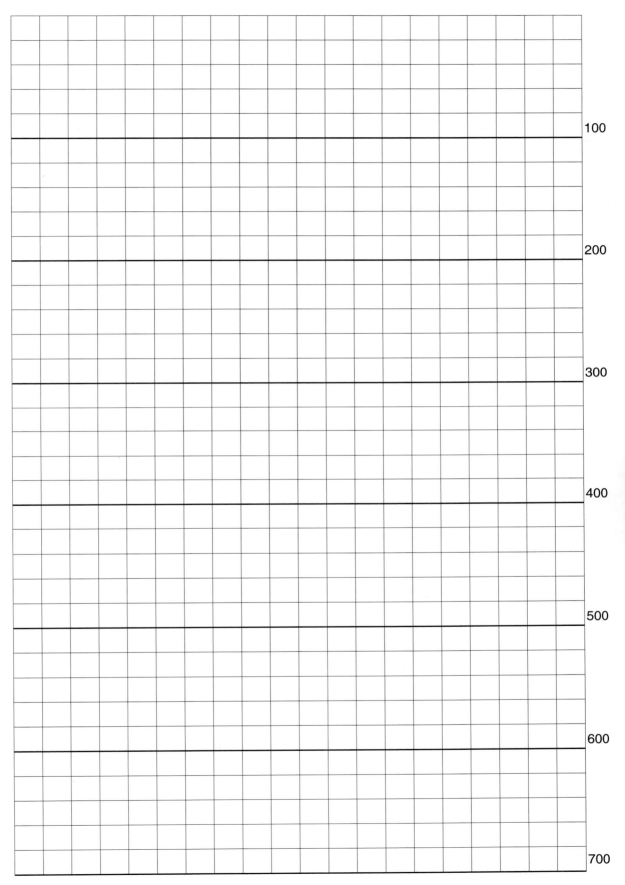

100

200

300

400

500

600

700

실수 클리닉

>>> 다음 문장에서 밑줄 친 부분을 문어적인 표현으로 바꿔 봅시다.

1. 요즘 <u>환경오염 때문에</u> 지구 온난화 문제가 생겼다.

   →

2. 스마트폰 중독을 예방하기 위해 적당히 <u>사용하면 좋겠다</u>.

   →

3. 노인 문제를 해결하기 위해서는 <u>노인한테</u> 관심을 가져야 한다.

   →

4. <u>정부랑 국민</u> 모두가 관심을 가져야 한다.

   →

5. 이 문제를 해결하기 위해서 대책을 <u>마련해야 된다</u>.

   →

6. 책 속에는 많은 지식과 정보가 들어 있다. <u>그러니까</u> 책을 많이 읽어야 한다.

   →

7. 과학의 발전으로 우리의 생활이 편리해졌다. <u>근데</u> 몇 가지 문제도 생겨났다.

   →

8. <u>자기도</u> 그렇게 될 수 있다고 생각해야 한다.

   →

9. 요즘 저출산이 <u>완전</u> 심각한 사회 문제가 되었다.

   →

10. 스마트 폰을 적당히 사용하는 것이 <u>제일</u> 중요하다.

   →

문어 vs. 구어 1

>> 이번 실수 클리닉은 **문어와 구어**를 정리한 것입니다. 54번은 문어적인 표현을 쓰는 것이 좋습니다.

문어적인 표현을 써야 한다.

1. 요즘 환경오염 <u>때문에</u> 지구 온난화 문제가 생겼다. → **환경오염으로 인해**
   N 때문에 → N(으)로 인해, -(으)ㄴ/는 까닭에

명확한 표현을 써야 한다.

2. 스마트폰 중독을 예방하기 위해 적당히 <u>사용하면 좋겠다.</u> → **사용해야 한다/할 것이다.**
   -(으)면 좋겠다 → -아/어야 한다, -아/어야 할 것이다

같은 의미의 조사라도 구어와 문어의 차이가 있다.

3. 노인 문제를 해결하기 위해서는 <u>노인한테</u> 관심을 가져야 한다. → **노인에게**
   N한테 → N에게

4. <u>정부랑 국민</u> 모두가 관심을 가져야 한다. → **정부와 국민**
   N(이)랑 / N하고 → N와/과

같은 의미의 문법이라도 구어와 문어의 차이가 있다.

5. 이 문제를 해결하기 위해서 대책을 <u>마련해야 된다.</u> → **마련해야 한다.**
   -아/어야 되다 → -아/어야 하다

6. 책 속에는 많은 지식과 정보가 들어 있다. <u>그러니까</u> 책을 많이 읽어야 한다. → **그러므로**
   그러니까 → 그러므로, 따라서

7. 과학의 발전으로 우리의 생활이 편리해졌다. <u>근데</u> 몇 가지 문제도 생겨났다. → **그러나**
   근데 → 그러나

같은 의미의 단어라도 구어와 문어의 차이가 있다.

8. <u>자기도</u> 그렇게 될 수 있다고 생각해야 한다. → **자신**
   자기 → 자신

9. 요즘 저출산이 <u>완전</u> 심각한 사회 문제가 되었다. → **매우**
   완전 → 매우

10. 스마트 폰을 적당히 사용하는 것이 <u>제일</u> 중요하다 → **가장**
    제일 → 가장

54번 꼭 봐야 하는 기본기 ②

▶ 해설집 17쪽

54번 문제를 풀기 전에 '꼭 봐야 하는 기본기 ②'는 다음과 같습니다.

1 선택형 소개 　　**2** 선택형 쓰기

1 선택형 소개

1. 내용면

선택형은 보통 어떤 주제에 대해 양쪽의 의견을 주고 어느 쪽 의견에 동의하는 입장인지 물어보거나 하나의 입장을 주고 그 의견에 찬성하는지 반대하는지 물어봅니다. 보통 '이 의견에 동의합니까?', '자신의 입장을 정해 쓰십시오'와 같이 제시됩니다.

선택형	찬반: 두 가지 상반된 입장 중 자신의 입장을 정해 글을 쓴다.
	동의 의사: 문제에서 설명한 내용에 대해 동의하는지 그렇지 않은지 쓴다.

2. 형태면

선택형 문제는 서술형과 마찬가지로 제시되는 형태는 달라질 수 있지만 주제를 소개하고 무엇에 대해 써야 하는지 알려 주는 것은 같습니다.

다음은 **동물실험**에 대한 글입니다. 이에 대한 **자신의 입장을 정해 논리적으로 주장하는 글**을 쓰십시오.

동물실험은 의약품, 화장품, 식품 등의 분야에서 인체에 미치는 영향을 예측하는 데 활용되고 있다. 이에 대해 동물실험을 통해 치료법을 개발해 더 많은 생명을 살릴 수 있어 **필요하다는 주장**과 100% 안전하지 않고 생명경시 풍조를 불러일으킬 수 있어 **하지 않아야 된다는 주장**이 팽팽하다.

어떤 사람들은 고등학교 수업이 국어나 영어, 수학과 같은 수업에 집중돼야 한다고 주장합니다. **음악이나 체육 수업은 대학에 진학**하는 데에 필요하지 않으므로 **교육과정에서 없어져야** 한다고 생각합니다. 이 의견에 **동의합니까? 그 이유와 함께 자신의 생각을 논리적으로** 주장하는 글을 쓰십시오.

의학과 과학의 발전을 위해 **인간 복제를 해야 한다는 주장**과 인간의 존엄성을 지키기 위해 **금지해야 한다는 주장**이 있습니다. 이에 대한 자신의 견해를 서술하십시오. 단, 아래에 제시된 내용이 모두 포함되어야 합니다.

〈의 · 과학의 발전과 인간의 존엄성〉
(1) 의 · **과학의 발전과 인간의 존엄성 중 어느 것이 더 중요**하다고 생각하는가?
(2) 그렇게 **생각하는 이유**는 무엇인가? (**2가지 이상** 쓰시오.)

3. 선택형에 나올 만한 주제

선택형 문제에서 다룰 수 있는 주제는 아래와 같이 정리할 수 있습니다. 평소에 주제와 관련 있는 단어를 공부하거나 주제에 대해 어떤 내용을 쓰면 좋을지 생각해 보세요.

과학	인간 복제, 유전자 변형 식품(GMO), 동물실험, 로봇 개발
교육	조기 유학(교육), 경쟁 교육, 교육의 목적(시험), 교육 방식(경쟁/수준별 교육), 대학의 역할(학문/취업), 홈스쿨링(Home Schooling), 컴퓨터를 이용한 수업, 스포츠 수업(경쟁 조장), 선행 학습, 연예인 특례 입학, 기부 입학
뉴스/시사	흡연 규제, 안락사, 일자리 부족, 고령화사회, CCTV 설치, PPL, 사형제도, 준법(자발성/강제성), 다문화사회, 성차별, 동물원, 미성년자 범죄 처벌, 노키즈존(No Kids Zone), 선거 연령 하향, 성범죄자 신상 공개
국제	약소국에 대한 원조, 환경 분담금, 환경 문제와 여행, 내전국에 대한 강대국의 역할
미디어	인터넷 실명제(표현의 자유), 광고의 필요성, 미디어에서 범죄 장면 공개
생활 방식	유기 동물 안락사, 취업 성형, 대형마트 의무 휴업, 지하철 여성 전용칸
예술	전통문화/현대문화, 예술의 상업화
일과 직업	직업에서 성 구별
전문분야	원자력발전소 건설
책과 문학	종이책/전자책의 미래
휴일	여행(방법, 숙박 시설)

Day | 19

1. 서론 · 본론 · 결론 내용 구성

서술형 문제와 마찬가지로 선택형 문제 역시 서론 · 본론 · 결론을 나누고 자신의 입장을 일관되게 쓰는 것이 중요합니다. 다음은 선택형 문제가 나왔을 때 서론 · 본론 · 결론의 내용을 어떻게 구성하면 좋을지 간단하게 표로 정리한 것입니다.

서론	양쪽의 입장을 소개하고 자신의 입장을 밝힌다.	주제 소개 / 양쪽 입장 소개 / 자신의 입장 밝히기
본론	자신의 주장에 대한 이유를 쓴다. 이때 그렇게 생각하는 이유에 대해 구체적으로 설명해야 한다.	찬성/반대 근거 ① 중심 문장 + 구체적인 이유 / 찬성/반대 근거 ② 중심 문장 + 구체적인 이유 / 찬성/반대 근거 ③ 중심 문장 + 구체적인 이유
결론	본론 내용을 정리하고 자신의 입장을 다시 한 번 정리한다.	본론 내용 정리 / 자신의 의견 다시 강조

100

600

700

다음은 54번 선택형 문제입니다. 답안을 보고 내용을 어떻게 써야 하는지 생각해 보세요.

다음은 인터넷 실명제 실시에 대한 글입니다. 이에 대한 자신의 입장을 정해 논리적으로 주장하는 글을 쓰십시오.

인터넷 실명제란 아이디(ID)나 닉네임이 아닌 자신의 실명 인증을 통해 인터넷 활동을 하는 것을 말하는데 이에 대해 깨끗한 인터넷 문화를 위해서 꼭 시행되어야 한다는 입장과 개인 정보의 유출로 인해 실명제를 반대하는 입장이 팽팽히 맞서고 있다.

	인	터	넷		실	명	제	**란**		실	명	으	로		인	터	넷		활
동	을		하	**는**		**것**	**이**	**다**	.		실	명	제		시	행	에		대	해
깨	끗	한		인	터	넷		문	화	를		위	해		시	행	해	야		
한	**다**	**는**		**입**	**장**	**과**		개	인		정	보		유	출	의		위	험	으
로		**반**	**대**	**하**	**는**		**입**	**장**	**이**		**있**	**는**	**데**		**나**	**는**		실	명	100
제	는		시	행	하	지		않	아	야		한	**다**	**고**		**본**	**다**	.		
	인	터	넷		실	명	제	를		반	대	**하**	**는**		**이**	**유**	**는**		**다**	
음	**과**		**같**	**다**	.	**첫**	**째**	,		인	터	넷		실	명	제		시	행	으
로		자	신	의		의	견	을		자	유	롭	게		표	현	하	지		
못	하	고		눈	치	를		보	는		경	우	가		생	길		수		200
있	**기**		**때**	**문**	**이**	**다**	.		비	판	적	인		의	견	은		익	명	성
이		보	장	되	어	야		자	유	로	울		수		있	다	.			
	둘	**째**	,		실	명	을		사	용	하	면		개	인	정	보		유	출
로		범	죄	에		악	용	될		수		있	**기**		**때**	**문**	**이**	**다**	.	
인	터	넷		사	이	트	에		가	입	할		때		주	민	등	록	번	300
호	를		입	력	해	야		하	는	데		개	인	정	보	가		해	킹	
되	어		범	죄	에		악	용	된		경	우	도		많	다	.			
	셋	**째**	,		실	명	제	는		근	본	적	인		해	결		방	법	이
될		수		없	**기**		**때**	**문**	**이**	**다**	.		한		조	사	에		의	하
면		실	명	제	를		실	시	한		사	이	트	에	서		악	성	400
댓	글	의		비	율	이		오	히	려		증	가	했	다	는		사	례	
도		있	다	.		따	라	서		실	명	제	를		실	시	하	기	보	다
는		욕	설	이	나		비	방	하	는		글	을		쓸		수		없	
도	록		대	안	을		마	련	하	는		것	이		필	요	하	다	.	
	지	**금**	**까**	**지**		인	터	넷		실	명	제	에		반	대	**하**	**는**	500
입	**장**	**에**	**서**		실	명	제	를		실	시	하	면		나	타	나	는		
문	제	**에**		**대**	**해**		**살**	**펴**	**보**	**았**	**다**	.		이		문	제	를		해
결	하	**기**		**위**	**해**		무	엇	보	다	도		개	개	인	이		자	신
의		글	에		책	임	감	을		가	지	고		서	로		예	의	를	
지	킬		수		있	도	록		노	력	해	**야**		**할**		**것**	**이**	**다**	.	600

'선택형' 문제와 답안을 이용해서 서론·본론·결론의 내용 구성과 표현을 공부해 보겠습니다.

2. 서론

① 서론의 내용: '주제 소개' + '양쪽 입장 소개' + '자신의 입장 밝히기'

서론에서는 주제를 소개하고 찬성·반대하는 양쪽 입장을 소개한 후 자신의 입장을 밝혀 씁니다.

② 서론의 표현

① | 주제 소개

주제를 소개하기 위해 보통 정의를 내리거나 최근의 상황을 설명하거나 문제를 제기할 때 사용하는 표현입니다.

예문	인터넷 실명제란 인터넷 공간에서 글을 쓸 때 자신의 실명으로 활동하는 것을 말한다.		
표현	정의	N(이)란	N이다 -(으)ㄴ/는 N(이)다 -(으)ㄴ/는 것을 말한다
	현황 문제 제기	최근 N 이후 / -(으)ㄴ 이후로 -(으)면서 -(으)ㅁ에 따라	-고 있다 -아/어지고 있다 -게 되었다 N에 대해 사람들의 의견이 분분하다

② | 양쪽 입장 소개

선택형 문제에서 양쪽의 입장을 설명할 때 쓰는 표현입니다.

예문	인터넷 실명제에 대해 실시해야 한다는 입장과 실시하면 안 된다는 입장이 있다.
표현	N에 대해 -다는 입장/주장과 -다는 입장/주장이 있다 N에 대해 -기 때문에 찬성하는 입장과 -기 때문에 반대하는 입장이 있다

③ | 입장 밝히기

선택형 문제에서 자신은 어느 쪽의 입장인지 밝힐 때 쓰는 표현입니다.

예문	최근 실명제 시행에 대해 사람들의 의견이 분분하다. -다는 입장과 -다는 입장이 있는데 나는 시행하지 않는 것이 좋다고 생각한다.
표현	나는 -다고 본다 나는 -다고 생각한다

3. 본론

① 본론의 내용: '주장을 뒷받침하는 근거'

'선택형'의 경우 본론에 자신의 주장과 그 이유를 써야 합니다. 그리고 400~500자 정도로 쓰는 것이 좋으며 3개의 질문에 대한 내용을 비슷한 양으로 쓰는 것이 좋습니다.

② 본론의 표현

① | 이유 근거

이유나 자신의 주장에 대한 근거를 설명하는 표현입니다.

예문	인터넷 실명제는 시행할 필요가 있다. 왜냐하면 실명제를 통해 자신이 쓴 글에 책임감을 가지게 할 수 있기 때문이다.
표현	그 이유는 N 때문이다 그 이유(원인)을 살펴보면 다음과 같다　　첫째,　　-기 때문이다　　둘째,　　-기 때문이다 왜냐하면　-기 때문이다

② | 나열

관련된 내용을 옆으로 늘어 놓으며 설명하는 방법을 말합니다.

예문	환경오염으로 인해 나타나는 문제는 크게 세 가지로 나눌 수 있다. 첫째, 둘째, 셋째	
표현	-은/는 다음과 같다 -은/는 크게 N가지로 나눌 수 있다 -에는 N가지가 있다 -을/를 살펴보면 다음과 같다	첫째　　　둘째　　　셋째 우선(먼저)　다음으로　마지막으로
	게다가　　더구나　　N뿐만 아니라　　-(으)ㄴ/는 것뿐만 아니라　　-(으)ㄹ 뿐더러	

③ | 예시

어떤 것을 구체적으로 설명하기 위해 실제 예를 들어 설명하는 방법입니다.

예문	환경 보호는 생활 속에서 실천할 수 있다. 예를 들어 분리수거를 하거나 일회용품을 ……
표현	가령　　예를 들어　　실례로　　실제로

④ | 인과

원인과 결과를 관련지어 설명하는 방법을 말합니다.

예문	비가 오랫동안 오지 않았다. 이로 인해 가뭄이 심각한 상태에 이르렀다.
표현	N(으)로 인해서　　이로 인해　　그 결과　　N(으)로 말미암아

⑤ | 비교 · 대조

둘 이상의 대상이 가지는 공통점이나 차이점을 설명하는 방법을 말합니다.

예문	과거와 달리 65세 노인이라 할지라도 일할 능력을 지닌 사람이 많다.
표현	A와 B의 공통점은 -다는 것이다 A도 B와 마찬가지로 -다
	하지만 그렇지만 그러나 반면에 반대로 오히려 -(으)ㄴ/는 데 반해 -(으)ㄴ/는 반면에 N와/과 다르게(달리) 이와 달리 반대로

⑥ | 당위

꼭 해야 하거나 되어야 한다는 것을 말할 때 사용하는 표현입니다.

예문	환경오염을 줄이기 위해서 정부는 관련법을 만들어야 할 것이다.	
표현	따라서 그러므로 -기 위해서 -(으)려면	-아/어야 할 것이다 -아/어야 한다 -(으)ㄹ 필요가 있다

⑦ | 강조

이유나 자신의 주장을 강조할 때 사용하는 표현입니다.

예문	환경을 보호하기 위해서는 무엇보다도 생활 속에서 작은 일부터 시작해야 한다.
표현	N이야말로 -(으)ㄴ/는 것이야말로 무엇보다도/누구보다도/어디보다도

Tip!

1. 주장을 뒷받침하는 근거는 2~3가지를 쓰면 좋습니다. (첫째, 둘째, 셋째)
2. 근거는 구체적으로 써야 합니다.

4. 결론

① 결론의 내용: '내용 정리' + '의견 제시'

'선택형'도 본론에서 썼던 내용을 요약하거나 정리하고 그것에 대한 자신의 의견으로 마무리하면 됩니다. 이때 자신이 생각하는 입장을 다시 한번 정리해 주면 좋습니다. 결론도 서론과 비슷하게 100자 정도를 쓰면 적당합니다.

② 결론의 표현

① | 정리

결론 부분에서 지금까지 쓴 내용을 간단하게 요약할 때 필요한 표현입니다.

예문	지금까지 인터넷 실명제 실시에 대해 시행하지 않아야 한다는 입장에서 살펴보았다.		
표현	지금까지 이상으로	N에 대해	-다는 입장에서 살펴보았다 N을/를 중심으로 살펴보았다
	이상에서 언급한 바를/위에서 살펴본 내용을 요약하면/정리하면 다음과 같다		

② | 의견

내용 요약 후 주제에 대한 자신의 의견을 제시할 때 필요한 표현입니다.

예문	인터넷에서 나타나는 문제를 해결하기 위해서 책임감을 가지고 인터넷을 해야 할 것이다.		
표현	따라서 앞으로	-기 위해서(는) -(으)려면 -도록	-아/어야 한다 -아/어야 할 것이다 -(으)ㄹ 필요가 있다 -(으)ㄴ/는 것이 중요하다 -(으)려는 태도를 가져야 한다/할 것이다 -다고 본다 -아/어야만 한다 -(으)ㄹ 수 있을 것이다

> **Tip!**
> 1. 결론에서 앞에서 쓴 내용을 다 요약하지 말고 간단히 요약합니다.
> 2. 결론에 새로운 내용을 쓰면 안 됩니다.
> 3. '-(으)면 좋겠다'보다 객관적인 느낌을 주는 '-아/어야 할 것이다'와 같은 표현을 쓰는 것이 좋습니다.

Day 19

54번 답안 작성 전략 ②

1 답안 작성 전략 배우기

선택형 문제도 문제를 보자마자 바로 쓰기를 시작하지 말고 단계별로 쓰기 계획을 세운 후에 글을 쓰는 것이 좋습니다.

STEP 1	STEP 2	STEP 3	STEP 4
문제를 읽고 주제를 찾자!	양쪽 입장에 표시해 보고 자신의 입장을 정하자!	자신의 입장을 뒷받침하는 근거를 계획해 보자!	원고지에 분량을 표시하고 표현을 사용해 쓰자!

STEP 1	문제를 읽으면서 써야 하는 글의 주제를 파악한다. 글을 쓰기 전에 무엇에 대한 내용을 써야 하는지 알아야 쓸 내용을 제대로 계획할 수 있습니다. * 보통 주제는 '＿＿에 대해 쓰십시오.'로 제시되어 있습니다.
STEP 2	양쪽 입장을 문제에 직접 표시해 보고 자신의 입장을 정한다. 제시된 문제 속에 양쪽의 입장이 나와 있으므로 문제를 읽으면서 문제에 직접 표시합니다. 이 내용은 서론에서 활용해서 쓸 수 있습니다. 또한 두 가지 입장 중 자신은 어느 쪽인지 정해야 합니다. 만약 한 가지 입장만 나와 있다면 그 의견에 찬성하는지 반대하는지 선택해야 합니다.
STEP 3	뒷받침하는 근거로 어떤 내용을 쓸지 구체적으로 계획해 본다. 본론에는 서론에서 밝힌 자신의 입장을 뒷받침하는 근거를 구체적으로 씁니다. 　사형 제도에 반대한다.　　　　　　　　　　(중심 내용) 　이유) 오판의 가능성, 범죄율 감소에 효과 없음.　　(뒷받침 내용) 결론에는 본론의 내용을 요약하고 간단하게 자신의 의견을 다시 한 번 강조해서 씁니다.
STEP 4	원고지에 서론 · 본론 · 결론 분량을 표시한 후 표현에 신경 쓰면서 글을 쓴다. '서론 100자 + 본론 450자(질문당 150자) + 결론 100자' 정도를 쓴다고 생각하고 미리 표시를 해 두면 각각의 질문에 비슷한 양으로 쓸 수 있습니다. 그리고 계획한 내용을 바탕으로 문법, 단어, 연결 표현 등에 신경 쓰면서 글을 씁니다.

잠깐!

* 서론 · 본론 · 결론이 있습니까?　☞ 서론(주제, 문제 소개), 본론, 결론(요약, 의견)　☐
* 구체적으로 썼습니까?　☞ 중심 내용 + 구체적인 내용　☐
* 일관된 입장에서 썼습니까?　☞ 한쪽의 입장에서 일관되게 써야 합니다.　☐
* 25분 안에 썼습니까?　☞ 54번은 25~30분 안에 쓸 수 있어야 합니다.　☐

앞에서 배운 답안 작성 전략을 이용해서 문제를 풀어 보겠습니다.

※ [54] 다음은 인터넷 실명제 실시에 대한 글입니다. 이에 대한 자신의 입장을 정해 논리적으로 주장하는 글을 쓰십시오. (50점)   주제

> 자신의 입장   양쪽 입장 ① ②
>
> 인터넷 실명제란 아이디(ID)나 닉네임이 아닌 자신의 실명 인증을 통해 인터넷 활동을 하는 것을 말하는데 이에 대해 ① 깨끗한 인터넷 문화를 위해서 꼭 시행되어야 한다는 입장과 ② 개인 정보의 유출로 인해 실명제를 반대하는 입장이 팽팽히 맞서고 있다.

1. 주제를 찾아서 써 보세요.

> 인터넷 실명제

2. 어느 쪽에 동의(찬성)하는지 자신의 입장을 문제에 표시해 보세요.

3. 본론과 결론에 쓸 내용을 구체적으로 계획해 보세요.

본론	근거	자유로운 의견 표현이 힘듦: 비판적인 의견은 익명성 보장되어야 함
		개인정보 유출로 범죄에 악용될 가능성: 생년월일, 주민등록번호 해킹
		근본적인 해결방법 아님: 실명제 실시 후 악성댓글 증가(사례)
결론	요약	반대하는 입장에서 인터넷 실명제의 문제점을 살펴봄
	의견	근본적인 해결 위해 자신의 글에 책임감, 예의 지키기

4. 답을 써 보세요.

> ※ Day 19 - 157쪽에 답이 있습니다.

앞에서 배운 답안 작성 전략대로 아래에 답을 써 보세요.

※ [54] 다음은 대학의 역할에 대한 글입니다. 이에 대한 자신의 입장을 정해 논리적으로 주장하는 글을
쓰십시오. (50점)

> 대학은 학문을 위한 곳입니다. 그런데 최근 취업난이 심각해지면서 대학의 역할이 달라
> 져야 한다는 의견이 있습니다. 대학이 학문을 연구하기보다는 취업을 준비하는 곳이 되
> 어야 한다는 의견과 본래 대학의 역할을 지켜야 한다는 의견입니다. 여러분은 어느 쪽 의
> 견에 동의합니까?

1. 주제를 찾아서 써 보세요.

2. 어느 쪽에 동의(찬성)하는지 자신의 입장을 문제에 표시해 보세요.

3. 본론과 결론에 쓸 내용을 구체적으로 계획해 보세요.

본론	근거	
결론	요약 의견	

4. 답을 써 보세요.

정답 풀이

1.
대학의 역할

2.

3.

본론	근거	1. 취업 못 하면 대학도 의미 없음
		- 배움의 목적: 자아실현
		- 자아실현: 직업 필요
		2. 시대의 흐름을 따르지 못하면 죽은 학문임
		- 시대의 흐름: 기초학문 취직률 낮음, 실용학문 취직률 높음
결론	요약	자아실현에 도움, 시대 흐름에 맞춰 변화해야 함
	의견	학생을 위한 실용적인 교육해야 할 것

4.   ※ 해설집 70~71쪽에 답이 있습니다.

54번 연습 문제 ②

해설집 72~79쪽

1. 다음은 유기견 안락사에 대한 글입니다. 이에 대한 자신의 입장을 정해 논리적으로 주장하는 글을 쓰십시오. 단, 문제를 그대로 옮겨 쓰지 마십시오. (50점)

> 다음은 유기견 안락사에 대한 글입니다. 이에 대한 자신의 입장을 정해 논리적으로 주장하는 글을 쓰십시오.
>
> 현재 버려지는 유기견은 입양이 되거나 안락사 된다. 입양이 되는 유기견은 불과 20%에 미치지 못해 대부분 안락사 되고 있다. 정부의 재정적인 문제와 관리인력 부족, 보호소 부지 등의 관리 한계로 인해 안락사가 최선의 방법이라는 의견이 있는 반면에 현재의 비인간적인 동물관련 정책을 강력히 반대하는 여론도 강하다.

서론	
본론	
결론	

몇 분 걸렸어요? (　　　　)분

> 잊지 마세요!!
> 1. 문제 꼼꼼하게 읽고 주제 파악하기
> 2. 서론, 본론, 결론 계획하기
> 3. 원고지에 분량 표시하기
> 4. 표현에 신경 쓰며 구체적으로 쓰기

단어

1번 □유기견 □안락사 □입양 □미치다 □재정적 □인력 □부지 □보호소 □한계
□비인간적 □정책 □강력히 □여론

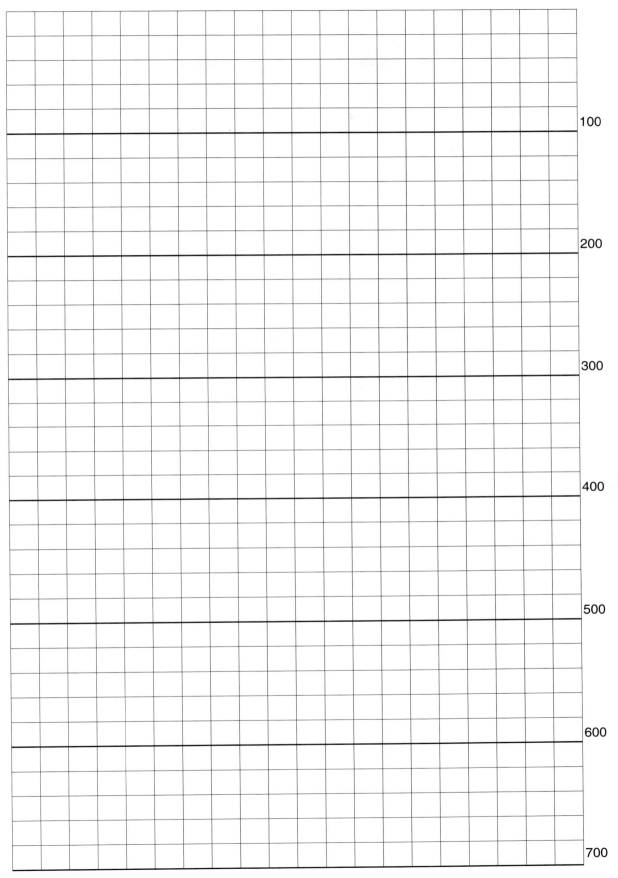

100

200

300

400

500

600

700

2. 다음은 흡연 규제에 대한 글입니다. 이에 대한 자신의 입장을 정해 논리적으로 주장하는 글을 쓰십시오. 단, 문제를 그대로 옮겨 쓰지 마십시오. (50점)

> 흡연에 대한 규제가 점점 강화되고 있다. 최근에는 채용이나 인사에서 흡연자를 제외하거나 비흡연자에게 가산점을 주는 방식으로 흡연자들에게 불이익을 주는 기업도 있다. 이에 대해 간접흡연의 피해를 줄일 수 있는 적절한 제도라고 보는 의견이 있는 반면, 개인의 기호로 인해 취업이나 승진에서 불이익을 받는 것은 공정하지 않다는 의견도 있어 논란이 되고 있다. 이에 대한 자신의 입장을 정해 주장하는 글을 쓰십시오.

서론	
본론	
결론	

🕐 몇 분 걸렸어요? (　　　　)분

잊지 마세요!!
1. 문제 꼼꼼하게 읽고 주제 파악하기
2. 서론, 본론, 결론 계획하기
3. 원고지에 분량 표시하기
4. 표현에 신경 쓰며 구체적으로 쓰기

단어

2번 □흡연 □규제 □강화되다 □채용 □인사 □제외하다 □가산점 □불이익 □기업
□간접흡연 □적절하다 □기호 □승진 □공정하다 □논란

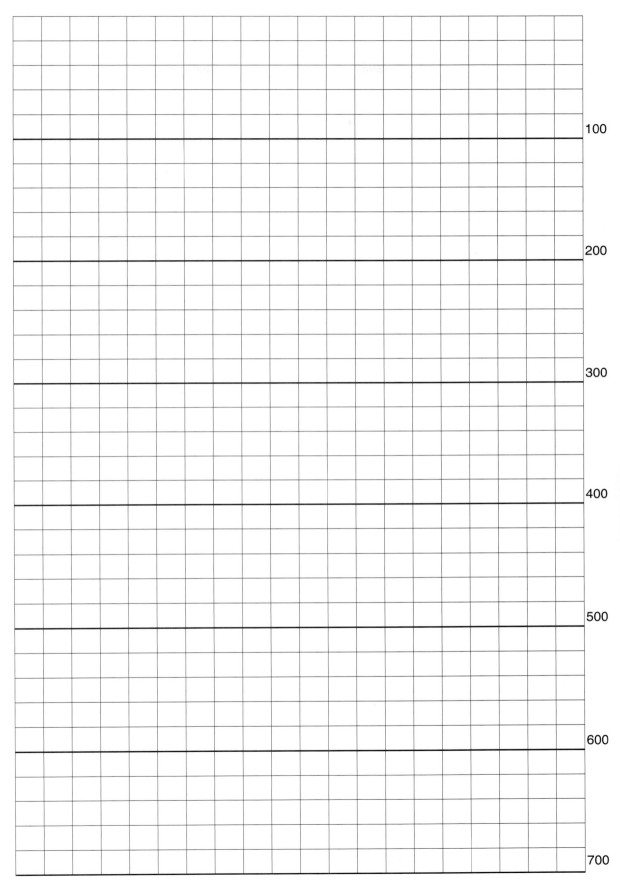

100

200

300

400

500

600

700

3. 다음은 동물실험에 대한 글입니다. 이에 대한 자신의 입장을 정해 논리적으로 주장하는 글을 쓰십시오. 단, 문제를 그대로 옮겨 쓰지 마십시오. (50점)

동물실험은 의약품, 화장품, 식품 등 인체에 미치는 영향을 예측하는 데 활용되는데 나날이 그 분야가 넓어지고 있습니다. 이에 대해 동물실험은 인간을 위해 필요하다는 주장과 동물도 소중한 생명이기 때문에 금지해야 한다는 주장이 있습니다. 이에 대해 자신의 견해를 서술하십시오. 단, 아래에 제시된 내용이 모두 포함되어야 합니다.

〈동물실험〉
(1) 양쪽 입장 중 어느 것이 더 중요하다고 생각하는가?
(2) 그렇게 생각하는 이유는 무엇인가? (2가지 이상 쓰시오.)

서론	
본론	
결론	

🕐 몇 분 걸렸어요? (   )분

잊지 마세요!!
1. 문제 꼼꼼하게 읽고 주제 파악하기
2. 서론, 본론, 결론 계획하기
3. 원고지에 분량 표시하기
4. 표현에 신경 쓰며 구체적으로 쓰기

단어
3번   □동물실험   □의약품   □인체   □예측하다   □활용되다   □나날이   □생명   □금지하다

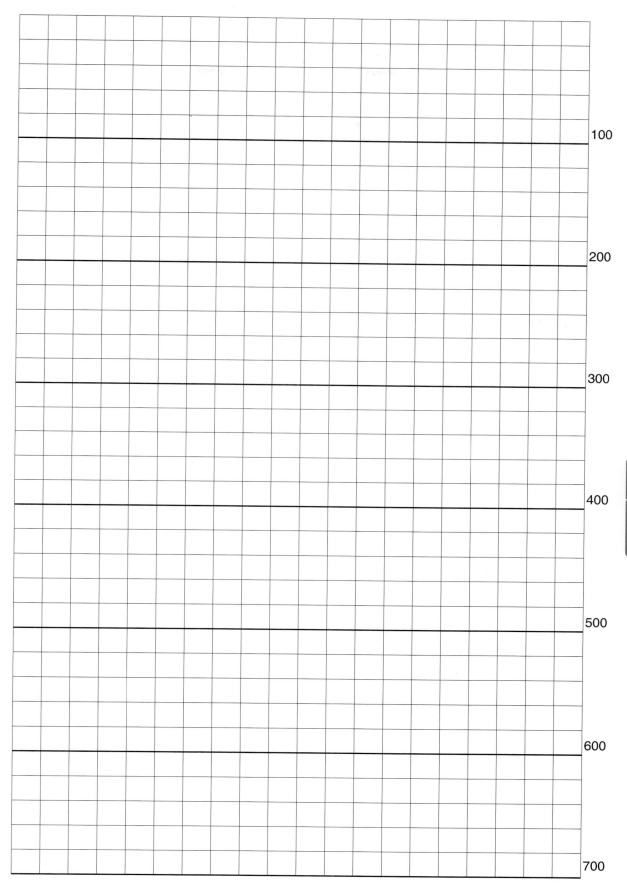

100

200

300

400

500

600

700

Day 21

4. 다음은 유전자 변형 식품(GMO)에 대한 글입니다. 이에 대한 자신의 입장을 정해 논리적으로 주장하는 글을 쓰십시오. 단, 문제를 그대로 옮겨 쓰지 마십시오. (50점)

> 유전자 변형 식품(GMO: Genetically Modified Organism)은 유전공학기술을 이용하여 기존의 방법으로는 나타날 수 없는 유전자를 지니도록 개발된 식품이다. GMO는 미래의 식량문제를 해결할 수 있는 대안으로 떠오르고 있지만, 인체에 미치는 영향에 대한 안전성이 검증되지 않아 양쪽의 의견이 팽팽하게 맞서고 있다. 이에 대한 자신의 입장을 정해 주장하는 글을 쓰십시오.

서론	
본론	
결론	

🕐 몇 분 걸렸어요? (   )분

잊지 마세요!!
1. 문제 꼼꼼하게 읽고 주제 파악하기
2. 서론, 본론, 결론 계획하기
3. 원고지에 분량 표시하기
4. 표현에 신경 쓰며 구체적으로 쓰기

단어

4번 □유전자 변형 식품 □유전공학기술 □기존 □지니다 □개발되다 □식량 □대안
□떠오르다 □인체 □안전성 □검증되다 □팽팽하다 □맞서다

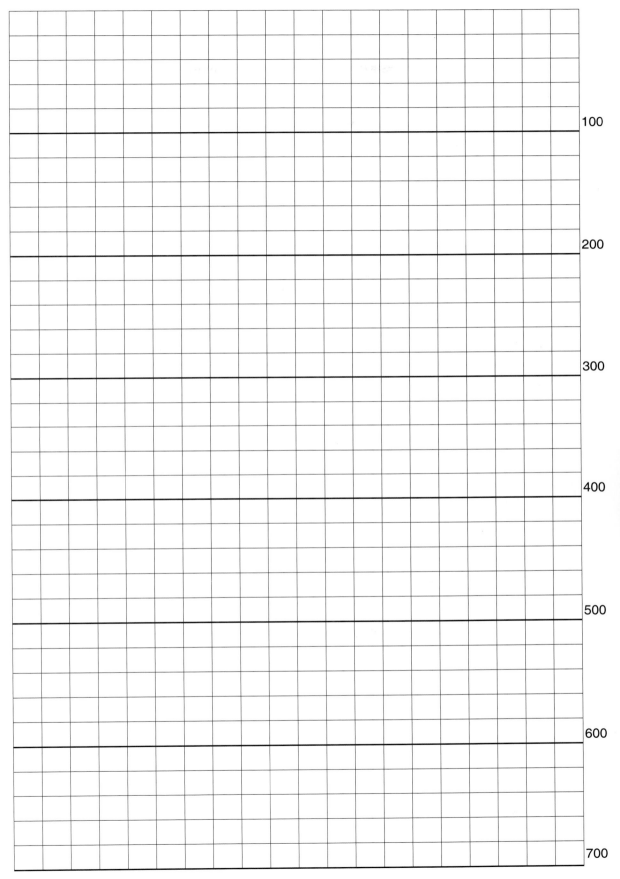

100

200

300

400

500

600

700

>>> 다음 문장에서 어색한 부분을 고쳐 봅시다.

1. 의학 기술이 발달함에 따라 수많은 질병을 고칠 수 <u>있게 됐다</u>.

   →

2. 스마트폰이 개발된 후로 우리 생활에 많은 영향을 <u>줬다</u>.

   →

3. <u>이건</u> 나라마다 다르다고 할 수 있다.

   →

4. <u>그런</u> 특징에 따라 세 가지로 나누어 볼 수 있다.

   →

5. <u>뭐에</u> 대해 배울 수 있을지 살펴보도록 하겠다.

   →

6. 이로 인해 나타나는 문제점에는 <u>뭐가</u> 있는지 생각해 보아야 한다.

   →

7. 이 문제를 해결하기 위해 노력해야 <u>할 거다</u>.

   →

8. <u>저</u> 사람들의 경우 사고방식이 다를 수도 있다.

   →

9. <u>여러분 문화 차이로 인해 어떤 어려움을 겪는다?</u>

   →

10. 그 원인에는 무엇이 <u>있어요</u>?

   →

문어 vs. 구어 2

>>> 이번 실수 클리닉은 문어와 구어를 정리한 것입니다. 54번은 문어적인 표현을 쓰는 것이 좋습니다.

풀어 쓰는 것이 54번 쓰기에 잘 어울린다.

1. 의학 기술이 발달함에 따라 수많은 질병을 고칠 수 <u>있게 됐다</u>. → **있게 되었다**

2. 스마트폰이 개발된 후로 우리 생활에 많은 영향을 <u>줬다</u>. → **주었다**

했다 ➡ 하였다	봤다 ➡ 보았다	놨다 ➡ 놓았다
줬다 ➡ 주었다	됐다 ➡ 되었다	이뤘다 ➡ 이루었다

줄여 쓰는 것은 좋지 않다.

3. <u>이건</u> 나라마다 다르다고 할 수 있다. → **이것은**
   이건 → 이것은   그건 → 그것은

4. <u>그런</u> 특징에 따라 세 가지로 나누어 볼 수 있다. → **그러한**
   이런 → 이러한   그런 → 그러한

5. <u>뭐에</u> 대해 배울 수 있을지 살펴보도록 하겠다. → **무엇에**
   뭐에 → 무엇에

6. 이로 인해 나타나는 문제점에는 <u>뭐가</u> 있는지 생각해 보아야 한다. → **무엇이**
   뭐가 → 무엇이   뭐를 → 무엇을   뭘로 → 무엇으로   뭐 때문에 → 무엇 때문에

7. 이 문제를 해결하기 위해 노력해야 <u>할 거다</u>. → **할 것이다**
   -(으)ㄹ 거다 → -(으)ㄹ 것이다   -(으)ㄹ 거라고 → -(으)ㄹ 것이라고

'이, 그, 저' 중에 '저'는 구어에서만 사용한다.

8. <u>저</u> 사람들의 경우 사고방식이 다를 수도 있다. → **이/그**

'여러분'은 말할 때만 사용하는 표현이다.

9. <u>여러분</u> 문화 차이로 인해 어떤 어려움을 겪는다?
   → **사람들이 문화 차이로 어떤 어려움을 겪을까?**

문어의 질문형은 '-(으)ㄹ까'이다.

10. 그 원인에는 무엇이 <u>있어요</u>? → 그 원인에는 무엇이 **있을까**?

1. 다음을 주제로 하여 자신의 생각을 600~700자로 글을 쓰십시오. 단, 문제를 그대로 옮겨 쓰지 마십시오. (50점)

> 현대 사회는 과거와 달리 빠르게 변화하고 있습니다. 이러한 현대 사회의 특성을 참고하여 '현대 사회에서 필요한 리더'에 대해 아래의 내용을 중심으로 자신의 생각을 쓰십시오.
>
> · 현대 사회에서 필요한 리더는 어떤 능력을 가져야 합니까?
> · 그러한 리더가 되기 위해서는 어떤 노력이 필요합니까?

서론	
본론	
결론	

🕐 몇 분 걸렸어요? (   )분

잊지 마세요!!
1. 문제 꼼꼼하게 읽고 주제 파악하기
2. 서론, 본론, 결론 계획하기
3. 원고지에 분량 표시하기
4. 표현에 신경 쓰며 구체적으로 쓰기

단어
1번   □특성   □참고하다   □리더

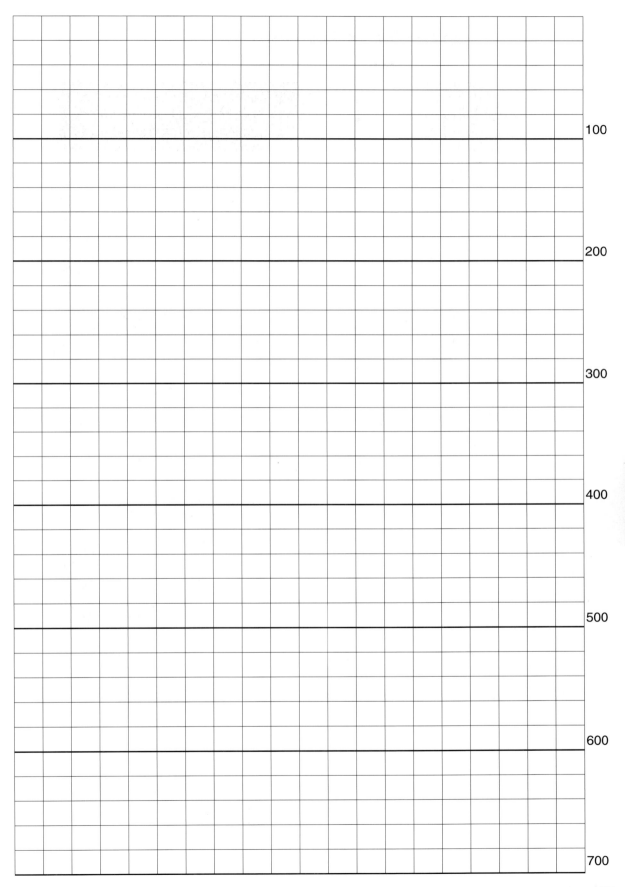

100

200

300

400

500

600

700

2. 다음을 주제로 하여 자신의 생각을 600~700자로 글을 쓰십시오. 단, 문제를 그대로 옮겨 쓰지 마십시오. (50점)

> 우리는 행복을 위해서 삽니다. 그러나 사람들마다 행복의 기준이 다릅니다. 자신이 생각하는 행복은 무엇이며 그 행복을 위해 필요한 것이 무엇인지 아래의 내용을 중심으로 자신의 생각을 쓰십시오.
>
> · 진정한 행복이란 무엇인가?
> · 진정한 행복을 위해서는 무엇이 필요한가?

서론	
본론	
결론	

🕐 몇 분 걸렸어요? (   )분

잊지 마세요!!
1. 문제 꼼꼼하게 읽고 주제 파악하기
2. 서론, 본론, 결론 계획하기
3. 원고지에 분량 표시하기
4. 표현에 신경 쓰며 구체적으로 쓰기

단어   2번   □ 기준   □ 진정하다

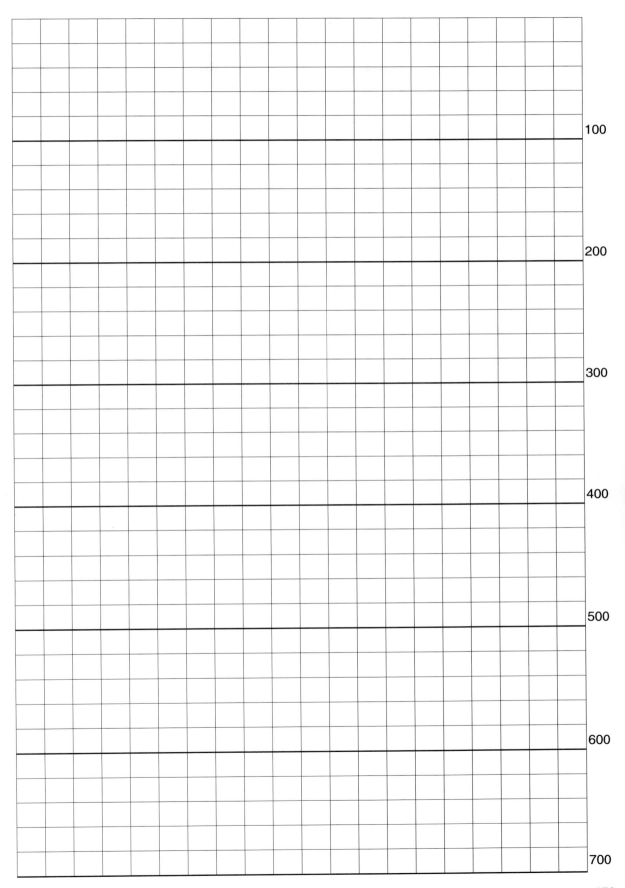

100

200

300

400

500

600

700

3. 다음을 주제로 하여 자신의 생각을 600~700자로 글을 쓰십시오. 단, 문제를 그대로 옮겨 쓰지 마십시오. (50점)

> 다음은 임금 피크제에 대한 글입니다. 이에 대한 자신의 입장을 정해 논리적으로 주장하는 글을 쓰십시오.

임금 피크제란 일정 나이가 된 근로자의 임금을 줄이는 대신에 정년까지 고용을 보장하는 제도이다. 일부 나라에서는 이미 시행이 되고 있으며 최근 한국에서도 기업들이 이 제도를 시행하려고 하고 있다. 이에 대해 중·고령층의 고용을 유지해 실업률을 낮출 수 있다는 점에서 찬성하는 입장과 사회 전체적으로 봤을 때 급여의 수준이 떨어진다는 점에서 반대하는 입장의 의견이 팽팽하다.

서론	
본론	
결론	

🕐 몇 분 걸렸어요? (   )분

> **잊지 마세요!!**
> 1. 문제 꼼꼼하게 읽고 주제 파악하기
> 2. 서론, 본론, 결론 계획하기
> 3. 원고지에 분량 표시하기
> 4. 표현에 신경 쓰며 구체적으로 쓰기

단어

3번 □임금 피크제 □일정 □근로자 □임금 □정년 □고용 □보장하다 □제도 □시행하다
□유지하다 □실업률 □급여

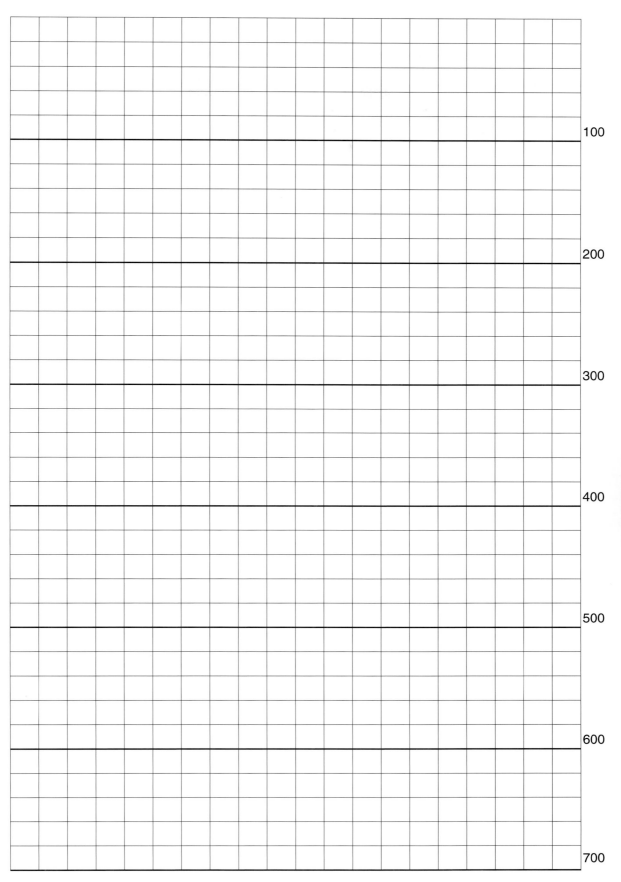

100

200

300

400

500

600

700

Day 22

4. 다음을 주제로 하여 자신의 600~700자로 글을 쓰십시오. 단, 문제를 그대로 옮겨 쓰지 마십시오.(50점)

> 최근 '노키즈존(No Kids Zone)'을 선언한 가게들이 늘어나고 있다. 노키즈존이란 어린아이들의 출입을 금지하는 장소를 뜻한다. 이러한 노키즈존에 대해 누구나 이용할 수 있는 장소에서 나이를 제한하는 것은 차별이라고 보는 의견이 있는 반면, 일부 개념 없는 부모와 통제가 어려운 아이들이 타인에게 피해를 주는 것을 막을 수 있다는 이유로 찬성하는 의견도 있다. 이에 대한 자신의 입장을 정해 주장하는 글을 쓰십시오.

서론	
본론	
결론	

🕐 몇 분 걸렸어요? (   )분

> **잊지 마세요!!**
> 1. 문제 꼼꼼하게 읽고 주제 파악하기
> 2. 서론, 본론, 결론 계획하기
> 3. 원고지에 분량 표시하기
> 4. 표현에 신경 쓰며 구체적으로 쓰기

───단어───

4번 □노키즈존 □선언하다 □제한하다 □차별 □일부 □개념 없다 □통제 □타인 □막다

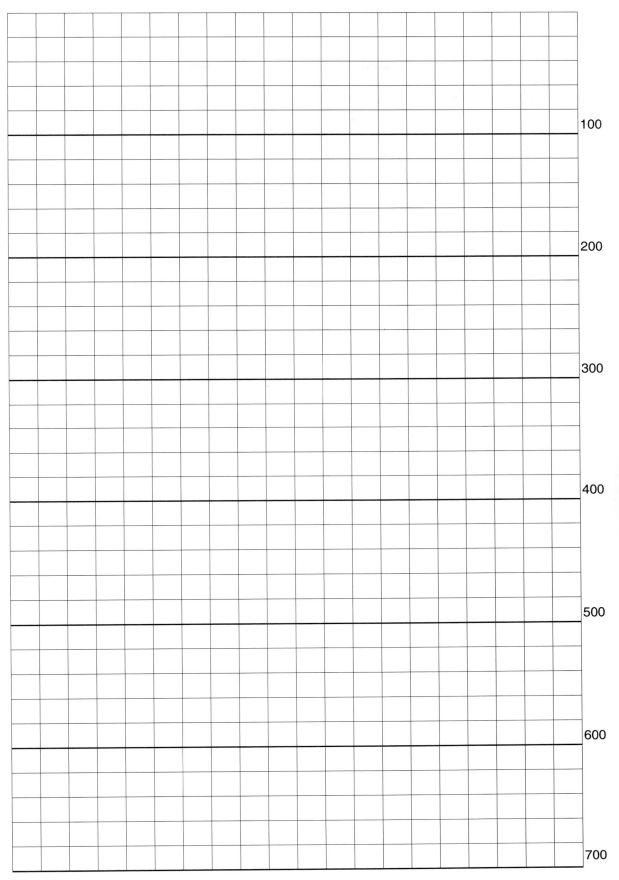

100

200

300

400

500

600

700

>> 다음 문장에서 틀린 부분을 고쳐 봅시다.

1. 직업은 우리 <u>생활 중에</u> 아주 중요한 부분이다.

   →

2. <u>자연에게</u> 관심을 가져야 한다.

   →

3. <u>노인분들께서 일자리가 없으셔서 힘드신</u> 경우가 많다.

   →

4. 특징은 <u>3개가</u> 있다.

   →

5. 사람들은 누구나 행복하게 <u>살고 싶다</u>.

   →

6. <u>사회를 발전함에 따라</u> 생활 방식이 다양해졌다.

   →

7. <u>학생 때문에</u> 공부하느라 스트레스가 많다.

   →

8. 사람들의 생각이 <u>바꿔야 한다</u>.

   →

9. <u>싫어해지는</u> 경우도 있다.

   →

10. <u>익숙하게</u> 되면 편하다.

   →

>> 이번 실수 클리닉은 글을 쓸 때 **학생들이 자주 틀리는 단어, 문법, 표현** 등을 정리한 것입니다.

1. 직업은 우리 <u>생활 중에서</u> 아주 중요한 부분이다. → **생활 속에서**
   중: 어떤 일을 하는 동안, 어떤 상태인 동안 (근무 중, 여행 중, 회의 중, 방학 중)
   속: 어떤 현상이나 상황, 일의 안이나 가운데 (기쁨 속, 이야기 속, 상상 속) '중'은 시간적인 의미가 강함.

2. <u>자연에게</u> 관심을 가져야 한다. → **자연에**
   에, 에게: 앞말이 어떤 행동이나 작용이 미치는 대상임을 나타내는 조사
   '에게'는 사람이나 동물일 때, '에'는 사람과 동물을 제외한 나머지

3. <u>노인분들께서</u> 일자리가 <u>없으셔서 힘드신</u> 경우가 많다. → **노인들이 일자리가 없어서 힘든**
   개인적인 글쓰기가 아니므로 높임 표현을 쓸 필요 없음.

4. 특징은 <u>3개가</u> 있다. → **세 가지가**
   '개' : 물건을 세는 단위, '가지' : 사물의 종류를 세는 단위

5. 사람들은 누구나 행복하게 <u>살고 싶다</u>. → **살고 싶어 한다**
   자신이 아니라 다른 사람에 대한 느낌이나 상태일 때는 '형용사' + '-아/어 하다'를 써야 함.

6. <u>사회를 발전함에 따라</u> 생활 방식이 다양해졌다. → **사회가 발전함에 따라**
   N이/가 발전함에 따라

7. <u>학생 때문에</u> 공부하느라 스트레스가 많다. → **학생이기 때문에**
   N 때문에   학생이 말을 안 듣는다 + 스트레스가 많다 = 학생 때문에 스트레스가 많다.
   N(이)기 때문에   학생이다 + 스트레스가 많다 = 학생이기 때문에 스트레스가 많다.

8. 사람들의 생각이 <u>바꿔야 한다</u>. → **바뀌어야 한다**
   N을/를 바꾸다 N이/가 바뀌다

9. <u>싫어해지는</u> 경우도 있다. → **싫어하게 되는**
   '어떤 상태가 되다'의 의미로 동사일 때는 'V-게 되다', 형용사일 때는 'A-아/어지다'

10. <u>익숙하게 되면</u> 편하다. → **익숙해지면**
    '어떤 상태가 되다'의 의미로 동사일 때는 'V-게 되다', 형용사일 때는 'A-아/어지다'

54번 요즘 이렇게 나와요!

1. 지금까지 어떤 문제가 나왔을까요?

new 토픽 초반에는 아래와 같이 고급 수준의 주제나 단어가 나와서 쓰기 어려운 문제가 많았습니다.

35회 유형	36회 유형
경제적 여유가 행복에 미치는 영향 • 행복한 삶의 의미 • 경제적 조건과 행복 만족도 간의 관계 • 행복 만족도를 높이기 위해 필요한 노력	**외적 동기와 내적 동기가 일에 미치는 영향** • 일의 시작 단계에서 동기의 역할 • 동기가 일의 결과에 미치는 영향

37회 유형	41회 유형
현대 사회에 필요한 인재 • 현대 사회에서 필요한 인재의 조건 • 인재가 되기 위해 필요한 노력	**역사를 알아야 하는 이유** • 역사를 알아야 하는 이유 • 역사를 통해 배울 수 있는 것

2. 요즘에는 이런 문제가 나왔어요.

최근에는 이전보다 주제나 단어가 다소 쉬워졌습니다. 중급 수준의 학생이라면 알 만한 문제가 나오고 있습니다.

47회 유형	52회 유형
칭찬이 사람들에게 미치는 영향 • 칭찬의 긍정적인 영향 • 칭찬의 부정적인 영향 • 효과적인 칭찬의 방법	**의사소통의 중요성 및 방법** • 의사소통이 중요한 이유 • 의사소통이 잘 이루어지지 않는 이유 • 의사소통을 잘하는 방법

3. 요즘 나왔던 문제를 좀 더 자세하게 살펴볼까요?

❶ 주제나 단어가 다소 쉬워졌습니다.

개정 후 초반에는 단어나 주제를 몰라서 쓰기 어려워했지만 지금은 아주 어려운 주제는 아닙니다.

초반	최근
경제적 조건/행복 만족도, 외적 동기/내적 동기	칭찬, 의사소통

❷ 도움 질문은 보통 3개가 많습니다.

자주 나오는 질문은

① N의 중요성/필요성/의미/역할 ② N의 긍정적/부정적 영향 ③ N에 대한 태도/방법/노력 등입니다.

❸ 52회 시험 이후부터 문제에 '단, 문제를 그대로 옮겨 쓰지 마시오.'라는 말이 추가됐으므로 문제에 있는 것을 그대로 쓰지 말아야 합니다.

> 54. 다음을 주제로 하여 자신의 생각을 600~700자로 글을 쓰시오.
> 단, 문제를 그대로 옮겨 쓰지 마시오. (50점)

보통 문제에 주제와 관련된 내용이 있어서 그것을 똑같이 쓰는 학생이 많습니다. 그런데 문제를 있는 것을 그대로 쓰면 좋은 점수를 받을 수 없습니다.

4. 고득점 대비 TIP

❶ 글을 쓰는 방법(형식) 알기

주제가 쉬워졌으니 누구나 쉽게 쓸 수 있습니다. 이것은 내용은 쉽게 쓸 수 있으니 형식적인 것에서 점수 차이가 나타날 수 있다는 것을 의미합니다. '시작-중간-끝'이 있는지 글을 쓸 때 사용하면 좋은 표현을 잘 썼는지 중요합니다.

❷ 조건 지키기

내용도 중요하지만 제시된 조건을 잘 지키는 것이 무엇보다도 중요합니다.

① 분량 지킬 것: 600~700자

② 시작 부분에 문제를 그대로 쓰지 말 것

③ 세 가지 도움 질문에 대해 모두 쓸 것

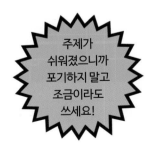

주제가 쉬워졌으니까 포기하지 말고 조금이라도 쓰세요!

54번 연습 문제

▶▶ 해설집 88~95쪽

1. 다음을 주제로 하여 자신의 생각을 600~700자로 글을 쓰시오. 단, 문제를 그대로 옮겨 쓰지 마시오. (50점)

> 사람이 살아가는 데에 일도 중요하지만 휴식도 중요하다. 최근 많은 사람들은 개인의 행복을 위해 일과 휴식의 균형을 맞추려는 노력을 한다. 일과 휴식의 균형을 맞추는 것이 왜 중요하며 이것을 위해 필요한 것이 무엇인지 아래의 내용을 중심으로 자신의 생각을 쓰라.
>
> · 일과 휴식의 균형을 맞추는 것이 왜 중요한가?
> · 일과 휴식의 균형을 맞추지 않으면 무슨 문제가 생기는가?
> · 일과 휴식의 균형을 맞추기 위해 어떻게 해야 하는가?

서론	
본론	
결론	

🕐 몇 분 걸렸어요? (   )분

잊지 마세요!!
1. 문제 꼼꼼하게 읽고 주제 파악하기
2. 서론, 본론, 결론 계획하기
3. 원고지에 분량 표시하기

단어

1번 ☐살아가다 ☐휴식 ☐개인 ☐행복 ☐균형을 맞추다

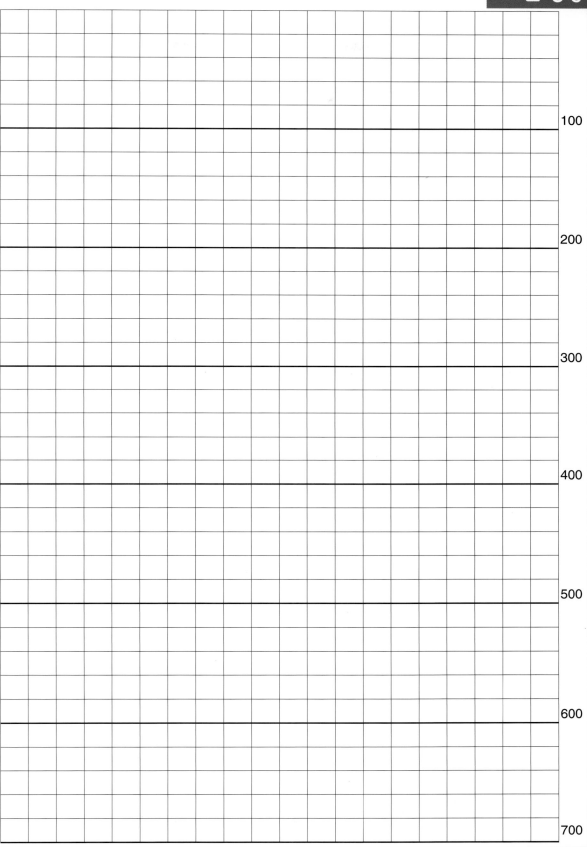

100

200

300

400

500

600

700

2. 다음을 주제로 하여 자신의 생각을 600~700자로 글을 쓰시오. 단, 문제를 그대로 옮겨 쓰지 마시오. (50점)

> 멀리 있는 친구나 가족과 대화하거나 다양한 정보를 얻기 위해 SNS를 하는 사람이 많다. 그러나 SNS가 긍정적인 부분만 있는 것은 아니다. 'SNS의 올바른 사용 방법'에 대해 아래의 내용을 중심으로 자신의 생각을 쓰라.
>
> · SNS의 긍정적인 부분은 무엇인가?
> · SNS의 부정적인 부분은 무엇인가?
> · SNS를 올바르게 사용하는 방법은 무엇인가?

서론	
본론	
결론	

🕐 몇 분 걸렸어요? (   )분

잊지 마세요!!
1. 문제 꼼꼼하게 읽고 주제 파악하기
2. 서론, 본론, 결론 계획하기
3. 원고지에 분량 표시하기

단어

2번 □ 멀리 □ 정보를 얻다 □ SNS □ 긍정적 □ 올바르다 □ 부정적

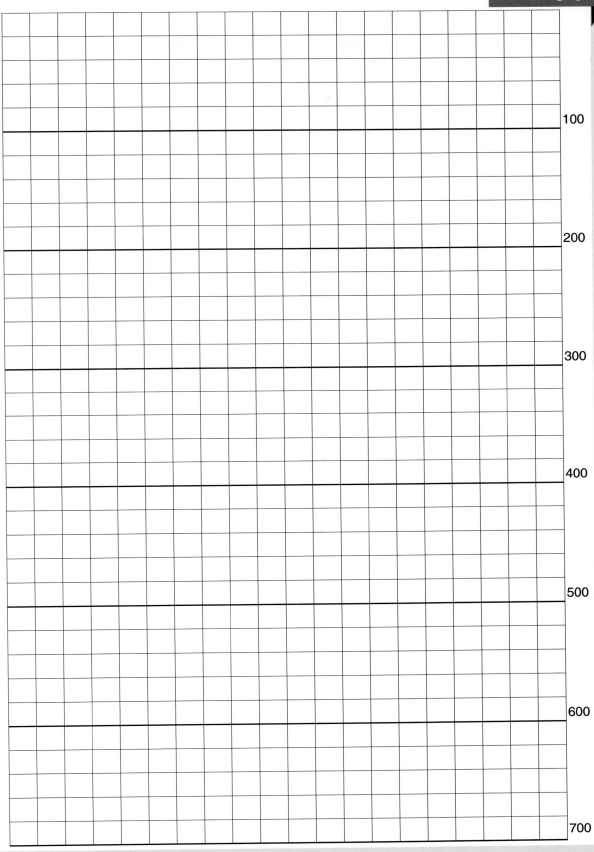

100

200

300

400

500

600

700

3. 다음을 주제로 하여 자신의 생각을 600~700자로 글을 쓰시오. 단, 문제를 그대로 옮겨 쓰지 마시오. (50점)

> 예전에는 개나 고양이 등은 단순히 인간에게 즐거움을 주는 존재라고 생각했다. 그러나 요즘은 동물들을 친구나 가족 같은 존재로 생각하는 사람들이 늘어나고 있다. 이러한 상황에서 '반려동물을 대하는 태도'에 대해 아래의 내용을 중심으로 자신의 생각을 쓰라.
>
> · 반려동물은 어떤 존재인가?
> · 반려동물은 인간에게 어떤 영향을 미치는가?
> · 반려동물을 대할 때 어떤 태도를 가져야 하는가?

서론	
본론	
결론	

🕐 몇 분 걸렸어요? (　　　)분

잊지 마세요!!
1. 문제 꼼꼼하게 읽고 주제 파악하기
2. 서론, 본론, 결론 계획하기
3. 원고지에 분량 표시하기

단어

3번 □예전 □단순히 □즐거움 □존재 □늘어나다 □반려동물 □대하다 □태도
□영향을 미치다

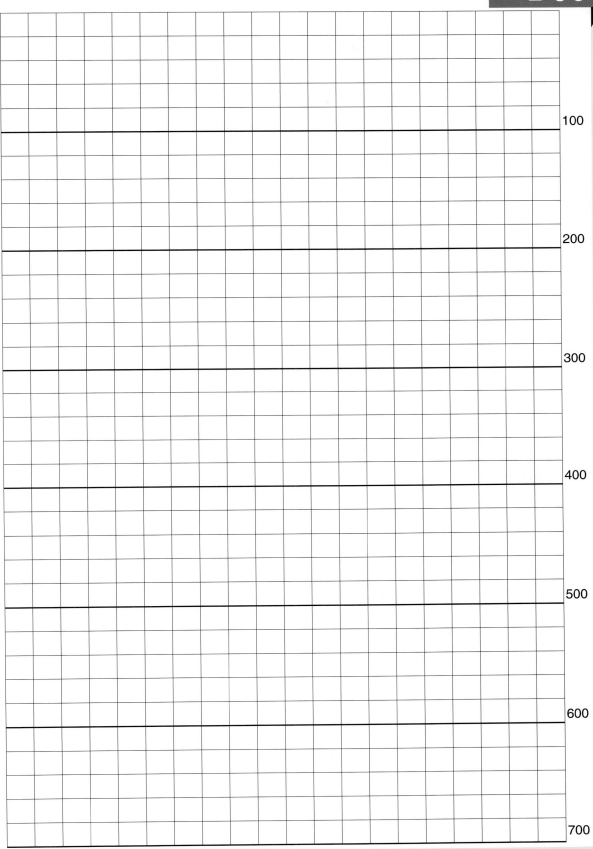

4. 다음을 주제로 하여 자신의 생각을 600~700자로 글을 쓰시오. 단, 문제를 그대로 옮겨 쓰지 마시오. (50점)

일반적으로 기부라고 하면 다른 사람을 돕기 위해 돈을 내는 것을 생각한다. 그러나 최근 자신의 재능으로 다른 사람을 돕거나 직접 물건을 만들어서 기부하는 등 그 방법이 다양해지고 있다. 아래의 내용을 중심으로 기부에 대한 자신의 생각을 쓰라.

· 사람들이 기부를 하는 이유는 무엇인가?
· 기부의 방법에는 어떤 것들이 있는가?
· 기부를 통해 사람들은 무엇을 얻을 수 있는가?

서론	
본론	
결론	

🕐 몇 분 걸렸어요? (   )분

잊지 마세요!!
1. 문제 꼼꼼하게 읽고 주제 파악하기
2. 서론, 본론, 결론 계획하기
3. 원고지에 분량 표시하기

단어
4번 □일반적 □기부하다 □재능 □얻다

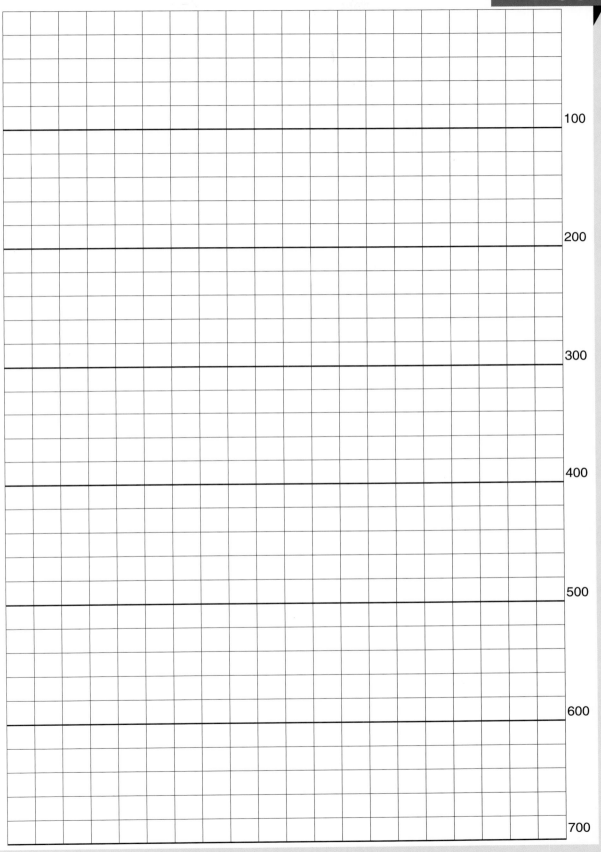

Part 5

해설집 96~100쪽

실전 모의고사

잠깐!

1. 휴대 전화의 전원을 끄셨나요?	☐ 예
2. 펜, 수정 펜을 준비하셨나요?	☐ 예
3. 시계를 준비하셨나요?	☐ 예

모든 준비가 끝났으면 시험을 시작합니다.

시험이 끝나는 시간은 지금부터 50분 후인 ____시 ____분입니다.

※ 쓰기 답안지는 해설집 마지막 부분에 있습니다.

실전 모의고사 1

TOPIK II 쓰기 (51번~54번)

※　[51~52] 다음을 읽고 ㉠과 ㉡에 들어갈 말을 한 문장씩 쓰십시오. (각 10점)

51.

✉ E-Mail

교수님께

교수님, 안녕하세요?
저는 교수님의 수업 '한국어의 이해'를 듣고 있는 왕신입니다.
이번 주에 내야 하는 과제 때문에 연락드렸습니다.
교수님께서 내일 수업 시간에 과제를 직접 제출하라고 하셨는데
(　　　　　㉠　　　　　).
급한 사정이 생겨서 중국에 와 있기 때문입니다.
정말 죄송합니다.
혹시 (　　　　　㉡　　　　　)? 답장 주시면 감사하겠습니다.

왕신 올림

52.

　　　인간은 사는 동안 끊임없이 성공과 실패를 경험한다. 성공으로 인해 기뻐하기도
하고 (　　　㉠　　　). 사람들은 실패했을 때 너무나 힘들고 고통스럽기 때문에
실패를 굉장히 두려워한다. 그렇다고 해서 (　　　㉡　　　). 실패를 함으로써
많은 것을 배울 수 있고 그로 인해 성공도 할 수 있기 때문이다.

※ [53] 다음은 '옷을 살 때 중요하게 생각하는 조건'에 대해 20대와 40대 성인 남녀 500명을 대상으로 실시한 설문 조사입니다. 그래프를 보고, 조사 결과를 비교하여 200~300자로 쓰십시오. 단, 글의 제목을 쓰지 마십시오. (30점)

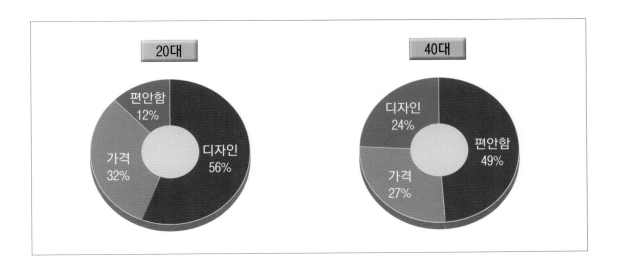

※ [54] 다음을 주제로 하여 600~700자로 글을 쓰십시오. 단, 문제를 그대로 옮겨 쓰지 마십시오. (50점)

> 다음은 CCTV 설치에 대한 글입니다. 이에 대한 자신의 입장을 정해 논리적으로 주장하는 글을 쓰십시오.

최근 각종 범죄가 증가하면서 CCTV를 설치하는 것에 대해 사람들의 의견이 분분하다. CCTV는 사회 안전 유지에 꼭 필요한 것이며 범죄 예방과 공익을 위한다는 측면에서 찬성하는 사람들이 있는 반면에 개인의 사생활을 침해할 수 있을 뿐만 아니라 가해자의 인권을 보호해야 한다는 측면에서 반대하는 사람들도 있어 논란이 되고 있다.

* 원고지 쓰기의 예

	머	리	는		언	제		감	는		것	이		좋	을	까	?		사
람	들	은		보	통		아	침	에		머	리	를		감	는	다	.		그

TOPIK II 쓰기 (51번~54번)

※ [51~52] 다음을 읽고 ㉠과 ㉡에 들어갈 말을 한 문장씩 쓰십시오. (각 10점)

51.

외국인 한국어 말하기 대회

2015년 10월 9일 대한대학교에서 (㉠   ).

관심이 있는 외국인이라면 누구나 참가하실 수 있습니다.

(㉡   ). 이메일 주소는 speaking@daehan.ac.kr입니다.

신청 기간은 8월 1일부터 31일까지입니다.

많은 관심과 참여를 부탁드립니다.

52.

　　세대 차이란 각 세대 간에 생각의 차이를 느끼는 것이다. 이러한 세대 차이는 주로 가정에서 나타나지만 (㉠   ). 이를 해결하기 위해 학교 내에서 선배와 후배 간에 서로 대화하고 소통해야 한다. 그러나 실제로 (㉡   ). 왜냐하면 서로의 차이를 인정하고 이해하는 것은 쉽지 않기 때문이다.

※ [53] 다음은 '한국어 말하기 능력을 향상시키는 방법'에 대해 교사와 학생 200명을 대상으로 실시한 설문 조사입니다. 그래프를 보고, 조사 결과를 비교하여 200~300자로 쓰십시오. 단, 글의 제목을 쓰지 마십시오.   (30점)

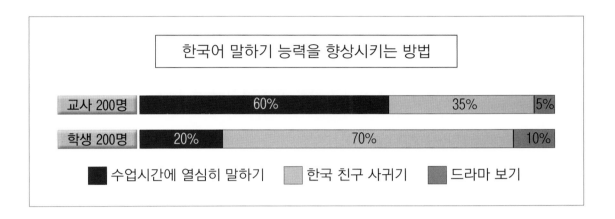

※ [54] 다음을 주제로 하여 600~700자로 글을 쓰십시오. 단, 문제를 그대로 옮겨 쓰지 마십시오. (50점)

　　국제화 시대에 영어가 세계 공용어로서의 지위를 가지게 되면서 영어를 공용어로 사용하는 나라들이 많아졌습니다. 이로 인해 언어학자들은 곧 다가올 미래에 많은 나라의 언어가 사라질 것이라고 예측하기도 합니다. 그러나 우리는 자국의 언어를 배우고 자국의 언어를 지켜야 합니다. 여러분은 왜 자국어를 지켜야 하고 자국어를 통해 무엇을 배울 수 있다고 생각합니까? '자국어의 중요성'에 대해 아래의 내용을 중심으로 자신의 생각을 쓰십시오.

· 자국어를 지켜야 하는 이유가 무엇입니까?
· 자국어를 통해 무엇을 배울 수 있습니까?

* 원고지 쓰기의 예

	머	리	는		언	제		감	는		것	이		좋	을	까	?		사
람	들	은		보	통		아	침	에		머	리	를		감	는	다	.		그

TOPIK II 쓰기 (51번~54번)

※ [51~52] 다음을 읽고 ㉠과 ㉡에 들어갈 말을 한 문장씩 쓰십시오. (각 10점)

51.

엘리베이터 고장 안내

오늘 오전에 엘리베이터가 고장이 났습니다.

그래서 현재 (㉠   ).

불편하시겠지만 엘리베이터 대신에 (㉡   ).

최대한 빠른 시간 내에 처리하겠습니다.

대한아파트 관리사무소

52.

최근 걷기 운동이 건강과 다이어트에 효과가 좋다는 이유로 남녀노소 할 것 없이 사람들이 걷기 운동을 즐겨 한다. 그러나 의사들은 걷기 운동도 아무나 해서는 안 된다고 말한다. 즉, (㉠   ). 허리나 무릎이 안 좋은 사람들의 경우가 그렇다. 이런 사람들에게는 오히려 (㉡   ).

※ [53] 다음 표를 보고 최근 4년간 남성 전업주부 수가 어떻게 변화했는지 설명하고 그 원인과 앞으로의 전망에 대해 200~300자로 쓰십시오. 단, 글의 제목을 쓰지 마십시오. (30점)

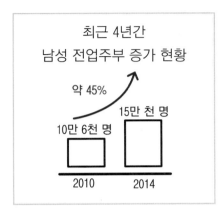

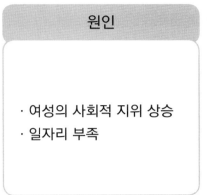

원인
· 여성의 사회적 지위 상승
· 일자리 부족

전망
경기 침체
↓
꾸준히 증가

※ [54] 다음을 주제로 하여 600~700자로 글을 쓰십시오. 단, 문제를 그대로 옮겨 쓰지 마십시오. (50점)

> 이제 많은 나라에서 전통적인 대가족이 거의 사라지고 핵가족이나 동거 가정, 한 부모 가정 등 그 형태가 다양해지고 있습니다. 이러한 '가족 형태의 변화가 사회에 미치는 영향'에 대해 아래의 내용을 중심으로 자신의 생각을 쓰십시오.

· 가족의 형태가 어떻게 달라져 왔는가?
· 가족의 형태가 달라지면서 사회에 어떤 영향을 미쳤는가?
· 앞으로 가족의 형태는 어떻게 달라질 것인가?

Day 25

* 원고지 쓰기의 예

	머	리	는		언	제		감	는		것	이		좋	을	까	?		사
람	들	은		보	통		아	침	에		머	리	를		감	는	다	.	그

실전 모의고사 4

TOPIK II 쓰기 (51번~54번)

※ [51~52] 다음을 읽고 ㉠과 ㉡에 들어갈 말을 한 문장씩 쓰시오. (각 10점)

51.

언어 교환

　　저는 현재 경영학과에 재학 중인 영국인 유학생입니다. 영어 공부를 하고 싶은 분과 (　　㉠　　). 제가 영어 회화와 쓰기를 도와드릴 테니까 저에게도 (　　㉡　　). 관심 있으신 분은 010-1234-5678로 연락해 주시기 바랍니다.

52.

　　최근 독감에 걸리는 환자들이 많아지고 있다. 의사들은 독감에 걸리지 않으려면 미리 (　　㉠　　). 독감 주사를 맞으면 독감을 예방할 수 있기 때문이다. 하지만 독감 주사를 맞는다고 해서 독감에 안 걸리는 것은 아니다. 따라서 아무리 (　　㉡　　) 독감에 걸리지 않도록 조심해야 한다.

※　[53] 다음을 참고하여 '직장인의 운동 실태'에 대한 글을 200~300자로 쓰시오. 단, 글의 제목을 쓰지 마시오. (30점)

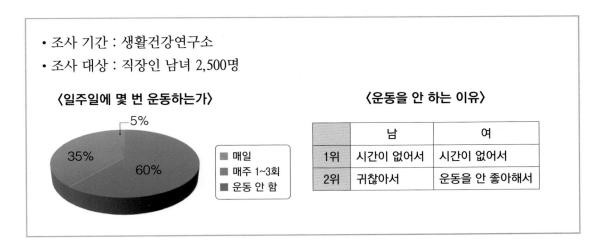

* 조사 기간 : 생활건강연구소
* 조사 대상 : 직장인 남녀 2,500명

〈일주일에 몇 번 운동하는가〉

5%
35%
60%

■ 매일
■ 매주 1~3회
■ 운동 안 함

〈운동을 안 하는 이유〉

	남	여
1위	시간이 없어서	시간이 없어서
2위	귀찮아서	운동을 안 좋아해서

※　[54] 다음을 주제로 하여 600~700자로 글을 쓰시오. 단, 문제를 그대로 옮겨 쓰지 마시오 (50점)

　　과거 영화나 책 속에서만 보았던 인공지능을 이제 우리의 생활에서도 많이 볼 수 있다. 사람이 하기 어려운 작업이나 단순한 작업은 인공지능이 대신하고 있다. 이로 인해 인간의 생활은 더 편해지기도 했지만 인공지능으로 인해 여러 문제가 생기기도 한다. 아래의 내용을 중심으로 자신의 생각을 쓰라.

· 인공지능의 긍정적인 영향은 무엇인가?
· 인공지능의 부정적인 영향은 무엇인가?
· 인공지능을 올바르게 사용하는 방법은 무엇인가?

＊ 원고지 쓰기의 예

	머	리	는		언	제		감	는		것	이		좋	을	까	?		사
람	들	은		보	통		아	침	에		머	리	를		감	는	다	.	그

실전 모의고사 5

TOPIK II 쓰기 (51번~54번)

※ [51~52] 다음을 읽고 ㉠과 ㉡에 들어갈 말을 각각 한 문장으로 쓰시오. (각 10점)

51.

✉ E-Mail

안녕하십니까?

먼저 저희 회사 신입사원 모집에 (㉠   ).

지원자 분께서 이번 신입사원 모집에 합격하셨음을 안내 드립니다. 최종 합격을
진심으로 축하드립니다. 신입사원 교육은 (㉡   ) 예정입니다. 5월 20
일 오전 10시부터 5시까지 진행됩니다. 10시까지 면접 보셨던 장소로 와 주시기 바
랍니다.

52.

아침식사는 다이어트에 좋다고 알려져 있다. 하지만 아침에 바쁘다고 너무 급하
게 음식을 먹으면 오히려 (㉠   ). 왜냐하면 밥을 급하게 먹으면 배가
부르다는 것을 느끼기 전에 계속 먹게 돼서 먹는 양이 늘어나기 때문이다. 따라서
다이어트에 성공하고 싶다면 (㉡   ).

※ [53] 다음을 참고하여 '연도별 운동 용품 판매량 변화'에 대한 글을 200~300자로 쓰시오. 단, 글의 제목을 쓰지 마시오. (30점)

※ [54] 다음을 주제로 하여 자신의 생각을 600~700자로 글을 쓰시오. 단, 문제를 그대로 옮겨 쓰지 마시오. (50점)

> 사회가 발전함에 따라 과거와는 달리 즐길 거리가 많아지면서 새로운 문화가 많이 생기고 있다. 특히 젊은 사람들은 새롭고 자극적인 것들을 선호하는데, 이로 인해 전통 문화는 사람들의 관심에서 멀어지고 있다. 그러나 전통 문화를 지키지 않으면 한 나라의 고유한 문화가 사라질 수도 있다는 목소리도 있다. 이에 대해 아래의 내용을 중심으로 자신의 생각을 쓰라.

· 전통 문화를 지키는 것이 중요한 이유는 무엇인가?
· 전통 문화가 사라졌을 때의 무슨 문제가 생길 수 있는가?
· 어떻게 하면 전통 문화를 지킬 수 있는가?

＊ 원고지 쓰기의 예

	머	리	는		언	제		감	는		것	이		좋	을	까	?		사
람	들	은		보	통		아	침	에		머	리	를		감	는	다	.		그

HOT TOPIK 쓰기 토픽 II Writing

초판 발행	2016년 2월 15일
개정판 발행	2018년 12월 3일
개정판 9쇄	2024년 12월 10일

저자	현빈, 최재찬
편집	권이준, 김아영
펴낸이	엄태상
디자인	진지화
콘텐츠 제작	김선웅, 장형진
마케팅본부	이승욱, 왕성석, 노원준, 조성민, 이선민
경영기획	조성근, 최성훈, 김다미, 최수진, 오희연
물류	정종진, 윤덕현, 신승진, 구윤주

펴낸곳	한글파크
주소	서울시 종로구 자하문로 300 시사빌딩
주문 및 교재 문의	1588-1582
팩스	0502-989-9592
홈페이지	http://www.sisabooks.com
이메일	book_korean@sisadream.com
등록일자	2000년 8월 17일
등록번호	제300-2014-90호

ISBN 978-89-5518-580-5 13710

한국어능력시험

HOT TOPIK 쓰기 토픽 II Writing

New 개정판

저자 현빈, 최재찬

해설집

한글파크

한국어능력시험

HOT 쓰기 토픽 II
TOPIK Writing

해설집

한글파크

목 차

1. 51번 기본기 연습

▶ 본책 20~25쪽

다음은 51번 실용문에 자주 나오는 문법 표현을 연습하기 위한 문제입니다. 아래의 글을 읽고 (   )
안에 알맞은 표현을 써 보세요.

※ 다음을 읽고 아래의 (   )에 들어갈 말을 한 문장으로 쓰십시오.

| 연습
문제 | **무료로 드립니다.**

저에게 사용하지 않는 책상이 있습니다.
그래서 (   ).
필요하신 분은 010-1234-5678로 연락해 주시기 바랍니다. |

☞ 글의 종류는 '안내문'이며 글의 목적은 '다른 사람에게 물건을 무료로 주겠다'는 것입니다. 내용을 보면 나에게는 필요 없는 책상을 무료로 누군가에게 주려는 계획을 알리고 있습니다. 그러므로 '-(으)려고 하다'와 같은 계획의 문법을 쓰면 됩니다.

정답: 책상을 무료로 드리려고 합니다

※ 다음을 읽고 아래의 (   )에 들어갈 말을 한 문장으로 쓰십시오.

| 연습
문제 | **건물 내 금연 안내**

저희 건물은 금연 건물입니다.
그러므로 건물 전체에서 (   ).
여러분의 협조 부탁드립니다. |

☞ 글의 종류는 '안내문'입니다. 글의 목적은 '흡연 금지'를 알리는 것입니다.
그러므로 '-(으)실 수 없습니다'나 'N이/가 불가능합니다' 같은 '금지'의 문법을 사용해야 합니다.

정답: 담배를 피우실 수 없습니다 / 흡연이 불가능합니다

※ 다음을 읽고 아래의 (   )에 들어갈 말을 한 문장으로 쓰십시오.

연습
문제
	Q : 제가 3일 전에 주문한 가방이요, 늦어도 내일까지 받을 수 있나요?
	
	A : 고객님, 문의하신 내용에 대한 답변입니다.
	   물건이 해외에서 오기 때문에 ( ).
	   죄송합니다. 최대한 빨리 물건을 보내도록 하겠습니다.

☞ 글의 종류는 '인터넷 게시판'입니다. 글의 목적은 내일까지 도착할 수 없다는 것을 알리는 것입니다. 곤란한 상황이므로 돌려서 말하는 '-(으)ㄹ 것 같습니다' 같은 표현이 자연스럽습니다.

정답: 내일까지 보내 드리기 어려울 것 같습니다

※ 다음을 읽고 아래의 (   )에 들어갈 말을 한 문장으로 쓰십시오.

연습 문제	<h2 align="center">자원 봉사자 모집</h2> <p align="center">봉사 동아리 '천사'입니다 이번에 같이 봉사 활동을 할 신입 회원을 모집하려고 합니다. 우리 학교 학생이라면 ( ). 많은 관심과 참여 바랍니다.</p>

☞ 글의 종류는 '안내문'입니다. 글의 목적은 동아리 활동을 같이 할 학생을 '모집'하는 것입니다.
  내용을 보면 우리 학교 학생은 모두 신청이 가능하다고 이야기하고 있으므로 괄호에는 '가능'의 문법을 써야 합니다.

정답: 누구나 들어오실 수 있습니다 / 누구나 참여가 가능합니다

※ 다음을 읽고 아래의 (   )에 들어갈 말을 한 문장으로 쓰십시오.

연습 문제	다음 주 월요일에 하는 회의 시간 때문에 메일을 보냅니다. ( )? 저희는 3시부터 가능합니다. 가능한 시간을 정해서 이메일로 알려 주시기 바랍니다.

☞ 글의 종류는 '이메일'입니다. 글의 목적은 '약속 정하기'입니다. 내용을 보면 회의 시간을 정하는 것에 대해서 상대방에게
  의향을 물어보고 있으므로 '의향'의 문법을 사용해야 합니다.

정답: 월요일 몇 시가 괜찮으십니까

※ 다음을 읽고 아래의 (   )에 들어갈 말을 한 문장으로 쓰십시오.

연습 문제	교수님께, 바쁘신 데도 불구하고 ( ). 직접 찾아뵙고 연락드려야 하는데 이렇게 편지로 감사의 마음을 대신합니다. 저희 앞으로 행복하게 잘 살겠습니다. <div align="right">지영, 영훈 부부 드림</div>

☞ 글의 종류는 '편지'입니다. 글의 목적은 결혼식에 와 주신 교수님께 '감사'하는 마음을 전하는 것입니다. 따라서 괄호에는 '감사'의 문법 표현인 '-아/어 주셔서 감사하다'를 써야 합니다.

정답: 저희 결혼식에 와 주셔서 감사합니다

※ 다음을 읽고 아래의 (   )에 들어갈 말을 한 문장으로 쓰십시오.

연습 문제	**졸업생 대출 도서 반납 안내** 올해 졸업하는 학생들은 모든 도서관 관련 이용이 12월 25일로 끝납니다. 그러므로 졸업 예정자들은 ( ). 날짜를 꼭 지켜 주시기 바랍니다.

☞ 글의 종류는 '안내문'입니다. 글의 목적은 '알림'입니다.
졸업생들이 꼭 해야 하는 것을 알리고 있으므로 '당위'의 문법을 써야 합니다.

정답: 12월 25일 전까지 책을 반납해야 합니다

※ 다음을 읽고 아래의 (   )에 들어갈 말을 한 문장으로 쓰십시오.

연습 문제	**화장실 이용 안내** 최근 화장실이 더럽다는 의견이 많습니다. 화장실은 우리 모두가 같이 사용하는 공간입니다. 그러므로 ( ).

☞ 글의 종류는 '안내문'입니다. 글의 목적은 '부탁'입니다. 따라서 괄호에는 화장실을 깨끗하게 사용해 달라는 부탁의 문법인 '-아/어 주시기 바랍니다'를 써야 합니다.

정답: 화장실을 깨끗하게 사용해 주시기 바랍니다

※ 다음을 읽고 아래의 (   )에 들어갈 말을 한 문장으로 쓰십시오.

연습 문제	한국 호텔 예약 담당자 분께, 11월 12일부터 14일까지 호텔을 예약했는데 갑자기 생긴 사정 때문에 한국에 갈 수 없게 되었습니다. 죄송하지만 ( )? 예약번호는 1234-5678입니다. 이메일 확인해 보시고 연락 주시기 바랍니다.

☞ 글의 종류는 '이메일'입니다. 글의 목적은 호텔 예약을 '취소'하는 것입니다. 내용을 보면 예약한 것을 취소해 달라고 상
대방에게 부탁하고 있습니다. 따라서 부탁의 문법인 '-아/어 주시겠습니까?'를 써야 합니다. 앞의 부탁①은 많은 사람에
게 일방적으로 이야기하기 때문에 '-아/어 주시기 바랍니다'가 어울리지만 부탁②는 특정한 상대방에게 이야기하므로 좀
더 부드럽게 의문문의 형태로 부탁을 하는 것이 어울립니다.

정답: 예약한 것을 취소해 주시겠습니까

※ 다음을 읽고 아래의 (   )에 들어갈 말을 한 문장으로 쓰십시오.

연습 문제	<div align="center">**수업 안내**</div> <div align="center">오늘 수업은 학교 축제로 인해 연기되었습니다.</div> 오늘 못 한 수업은 교수님께서 ( ). <div align="center">다음 주 금요일에 시간이 안 되는 학생들은 사무실로 연락 주시기 바랍니다.</div>

☞ 글의 종류는 '문자 메시지'입니다. 글의 목적은 '알림'입니다. 내용을 보면 수업이 축제 때문에 취소된 것을 알리고 취소
된 수업은 다음 주 금요일에 할 것이라는 교수님의 말씀을 전달하고 있습니다. 따라서 간접 화법 '-다/자/냐/라고 합니
다'를 써야 합니다.

정답: 다음 주 금요일에 하신다고 합니다

2. 52번 기본기 연습

다음은 52번 설명문에 필요한 설명 방법과 연결 표현을 연습하기 위한 문제입니다. 아래의 글을 읽고 (   ) 안에 알맞은 표현을 써 보세요.

※ 다음을 읽고 아래의 (   )에 들어갈 말을 한 문장으로 쓰십시오.

연습 문제	인간은 사는 동안 끊임없이 성공과 실패를 경험한다. 성공으로 인해 기뻐하기도 하고 ( ).

☞ '나열'의 설명 방법으로 '-기도 하다'가 나와 있으므로 괄호 안에 '-기도 하다'를 써야 합니다. 그리고 내용은 앞에서 성공과 실패를 경험한다고 했으므로 (성공 ↔ 실패) '기뻐하다'의 반대 표현인 '슬퍼하다'를 써야 합니다.

정답: 실패로 인해 슬퍼하기도 한다

※ 다음을 읽고 아래의 (   )에 들어갈 말을 한 문장으로 쓰십시오.

연습 문제	모든 것에는 장점과 단점이 있다. 백화점 물건은 대체로 품질이 좋지만 값이 비싼 편이다. 반면에 ( ). 그래서 쇼핑을 할 때 싼 가격을 가장 중요하게 생각하는 사람들은 백화점보다 시장을 자주 찾는다.

☞ '대조'의 설명 방법으로 접속사 '반면에'가 있으므로 괄호 안에 앞 문장과 반대의 내용을 써야 합니다.
앞에서 '장점'과 '단점'을 이야기하고 백화점의 장점과 단점을 말했으므로 괄호 안에는 시장의 장점과 단점을 백화점과 비교해서 써야 합니다.

정답: 시장 물건은 품질은 조금 안 좋지만 값이 싼 편이다

※ 다음을 읽고 아래의 (   )에 들어갈 말을 한 문장으로 쓰십시오.

연습 문제	동물의 세계는 약육강식, 즉 힘의 세계이다. 강한 동물은 살아남지만 약한 동물은 살아남기 어렵다. 인간의 세계도 마찬가지이다. 경쟁에서 이기는 사람은 살아남지만 ( ).

☞ '유추'의 설명 방법으로 앞에서 동물의 세계를 설명하고 다음에 인간의 세계도 마찬가지라고 했기 때문에 '동물의 세계 = 인간의 세계'임을 알 수 있습니다. 따라서 '강한 동물 ↔ 약한 동물, 이기는 사람 ↔ 지는 사람'이 서로 호응을 이룸을 알 수 있습니다.

정답: 경쟁에서 지는 사람은 살아남기 어렵다

※ 다음을 읽고 아래의 (   )에 들어갈 말을 한 문장으로 쓰십시오.

연습 문제	여자들은 일을 하면서 전화를 받을 수도 있고 화장을 하면서 텔레비전을 볼 수도 있다. 다시 말하면 ( ).

☞ '다시 말하면'을 통해 환언·요약이라는 것을 알 수 있어야 합니다. 환언·요약의 경우 앞의 내용을 재구성해서 쓰면 되는데 사소한 내용은 삭제하고 중심이 되는 내용을 써야 합니다. 앞의 내용을 통해 여자는 동시에 여러 가지를 할 수 있다는 것을 알 수 있습니다.

정답: 여자들은 동시에 여러 가지 일을 할 수 있다

※ 다음을 읽고 아래의 (   )에 들어갈 말을 한 문장으로 쓰십시오.

연습 문제	여러 사람이 다 같이 노래할 때는 사람들의 목소리가 합쳐져 하나가 되어야 멋진 노래를 부를 수 있다. 그런데 만일 ( ). 우리 사회도 마 찬가지이다. 사람들 개개인이 마음대로 행동하면 그 사회는 제대로 돌아가지 않을 것이다.

☞ '만일'이 나와 있으므로 괄호 안에 가정의 문법 표현인 '-(으)면 -(으)ㄹ 것이다'를 써야 합니다. 그리고 앞에 '그런데'가 있으므로 반대 상황을 가정해 봐야 합니다. 그리고 뒤에 유추의 설명 방법인 '-도 마찬가지이다'가 있으므로 사람들이 마음대로 노래를 부른다는 가정의 내용을 써야 합니다.

정답: 개개인이 마음대로 노래하면 엉망이 될 것이다

※ 다음을 읽고 아래의 (   )에 들어갈 말을 한 문장으로 쓰십시오.

연습 문제	올바른 결정을 하기 위해서는 정보를 많이 모으는 것이 좋다. 정보가 많으면 여러 가지 정보를 참고할 수 있기 때문이다. 하지만 ( ). 정보가 지나치게 많으면 오히려 판단을 하기 어려워질 수도 있다.

☞ 문제를 읽어 보면 보통 그렇지만 항상 그런 것은 아니라는 내용이므로 '하지만' 뒤에는 '항상 -(으)ㄴ 것은 아니다'라는 부분 부정의 문법을 사용하면 좋습니다.

정답: 정보가 많다고 해서 항상 좋은 것은 아니다

※ 다음을 읽고 아래의 (   )에 들어갈 말을 한 문장으로 쓰십시오.

연습 문제	쓰레기통에 버려진 책을 보면 안타깝다. 왜냐하면 ( ). 그러므로 지식과 정보를 얻을 수 있는 책을 함부로 버리면 안 된다.

☞ '왜냐하면'이 있으니까 앞 문장에 대한 이유를 써야 합니다. 그리고 다음 내용에서 책을 통해 '지식과 정보를 얻을 수 있다'는 말이 있으므로 이 내용을 통해 쉽게 이유를 쓸 수 있습니다.

정답: 책에는 소중한 지식과 정보가 들어 있기 때문이다

※ 다음을 읽고 아래의 (   )에 들어갈 말을 한 문장으로 쓰십시오.

연습 문제	사람들의 기분은 ( ). 맑 은 날에는 기분이 좋아서 많이 웃기도 하고 긍정적인 태도를 보이지만 흐리거나 비가 오 는 날에는 우울해지기 쉽다.

☞ '맑은 날'은 기분이 좋고 '흐리거나 비가 오는 날'은 우울하므로 '기분'과 '날씨'가 관계가 있다는 것을 알 수 있으므로 판단의 기준이 됩니다.

정답: 날씨에 따라 다르다

※ 다음을 읽고 아래의 (   )에 들어갈 말을 한 문장으로 쓰십시오.

연습 문제	겨울철에는 음식을 밖에 두는 사람들이 많다. 그러나 아무리 시원한 곳에 음식을 둬도 냉장고 밖에다가 음식을 두면 음식이 상할 수가 있다. 따라서 ( ).

☞ '따라서'라는 접속사를 보면 인과 관계에 의해 앞에서 겨울에도 음식을 냉장고에 넣지 않으면 상할 수 있으므로 '음식을 냉장고에 넣어야 한다'는 내용이 필요합니다.

정답: 겨울이라도 냉장고 안에 음식을 넣어야 한다

다음은 53번 문제의 서론, 본론, 결론에 필요한 표현을 연습하기 위한 문제입니다. 아래의 설문 조사 그래프를 보고 (   ) 안에 알맞은 표현을 써 보세요.

※아래의 설문 조사 그래프를 보고 (   ) 안에 알맞은 표현을 써 보세요.

※ [53] 다음은 '한국어 말하기 능력을 향상시키는 방법'에 대해 교사와 학생 200명을 대상으로 실시한 설문 조사입니다. 그래프를 보고, 조사 결과를 비교하여 200~300자로 쓰십시오. (30점)

한국어 말하기 능력을 향상시키는 방법

교사 200명	60%		35%	5%
학생 200명	20%	70%		10%

■ 수업 시간에 열심히 말하기   ▨ 한국 친구 사귀기   ■ 드라마 보기

　　이 그래프는 교사와 학생 각각 200명(① 을 대상으로) 한국어 말하기 능력을 향상시키는 방법(②   ) 조사를 (③   ). (④   ) 교사의 경우는 한국어 말하기를 잘하려면 수업 시간에 열심히 말해야 한다가 60%로 (⑤   ), 한국 친구를 사귀어야 한다가 35%(⑥   ). 드라마 보기는 5%에 불과했다.
　　(⑦   ) 학생은 한국 친구를 사귀어야 한다가 70%로 가장 높았고, 그 다음으로 수업 시간에 열심히 말하기가 20%, 드라마 보기가 10% (⑧   ).
　　(⑨   ) 교사와 학생들의 생각이 다르다는 것을 알 수 있다.

정답: ① 을 대상으로　　② 에 대한/대해(서)　　③ 실시한 것이다　　④ 조사 결과
　　　 ⑤ 가장 높게 나타났고　　⑥ 를 차지했다/로 나타났다　　⑦ 반면에
　　　 ⑧ 순으로 나타났다　　⑨ 이 조사 결과를 통해

※아래의 그래프를 보고 (   ) 안에 알맞은 표현을 써 보세요.

※ [53] 다음은 20대와 40대의 취업률 현황에 대한 그래프입니다. 그래프를 보고, 조사 결과를 비교하여 200~300자로 쓰십시오. (30점)

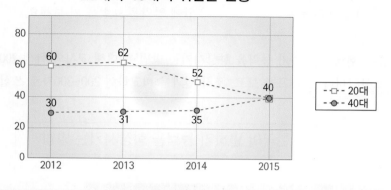

이 그래프는 (① 2012년부터 2015년)까지의 20대와 40대의 취업률(②
). 조사 결과 20대의 취업률은 2012년에
(③   ) 2013년에 (④   ) 2014년에 52%
로 감소하였고 (⑤   ). 40대의 경우 2012년에
는 30%였는데 2013년에 31%로 (⑥   ) 2014년, 2015년
에 각각 35%, 40%로 증가하였다. 이 그래프를 통해 20대의 취업률은 감소하고
(⑦   ) 40대의 취업률은 (⑧   ).

정답: ① 2012년부터 2015년   ② 에 대해 나타낸 것이다   ③ 60%였으나/였는데
     ④ 62%로 2% 증가했다가 ⑤ 2015년에 40%로 감소하였다   ⑥ 소폭 증가하였고
     ⑦ 있는 반면에   ⑧ 꾸준히 증가하고 있다는 것을 알 수 있다

다음은 53번 문제에 필요한 설명 방법과 표현을 연습하기 위한 문제입니다.

※ 아래 단어의 의미를 써 보십시오. 〈설명 방법: 정의〉

연습 문제	유행어 ✏ _____ 분리수거 ✏ _____

정답: 1. 유행어란 짧은 기간 동안 사회에서 유행하는 말이다.
　　　2. 분리수거란 쓰레기를 종류별로 나눠서 버리는 것이다.

※ 아래 표를 보고 문장을 써 보십시오. 〈설명 방법: 예시〉

연습 문제	**여름 과일** 수박, 포도, 복숭아 ✏ _____ _____ **봄에 피는 꽃** 민들레, 진달래, 개나리 ✏ _____ _____

정답: 1. 여름 과일에는 수박, 포도, 복숭아 등이 있다.
　　　2. 봄에 피는 꽃에는 민들레, 진달래, 개나리 등이 있다.

※ 아래 표를 보고 커피숍과 전통찻집을 비교하는 글을 써 보세요. 〈설명 방법: 비교·대조〉

연습
문제

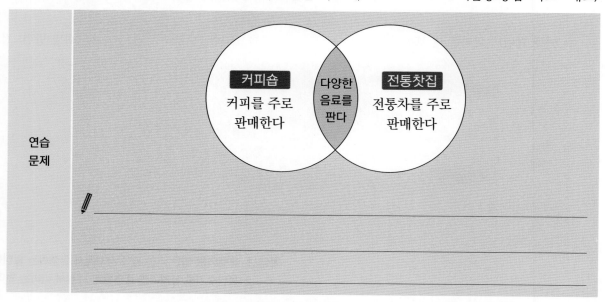

✎ _____

_____

_____

정답: 커피숍과 전통찻집의 공통점은 다양한 음료를 판다는 것이다. 그렇지만 커피숍에서는
커피를 주로 판매하는 데 반해 전통찻집에서는 전통차를 주로 판매한다.

※ 아래 표를 보고 자동차를 어떻게 나눌 수 있는지 글을 써 보세요. 〈설명 방법: 분류〉

연습
문제

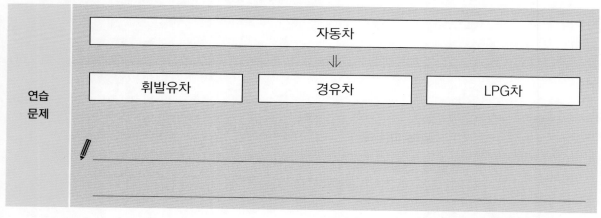

✎ _____

_____

정답: 자동차는 휘발유차, 경유차, LPG차로 나눌 수 있다.

※ 아래 그림을 보고 자동차가 어떻게 구성되어 있는지 글을 써 보세요.　　〈설명 방법: 분석〉

연습
문제

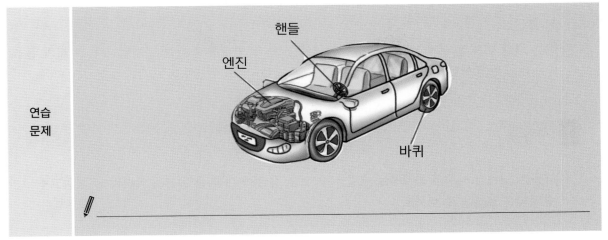

정답: 자동차는 엔진, 핸들, 바퀴로 이루어져 있다.

※ 아래 표를 보고 한국어의 특징을 글로 써 보세요.　　〈설명 방법: 나열〉

연습
문제

한국어의 특징
높임말이 발달했다
형용사가 다양하다
서술어 중심이다

정답: 한국어는 높임말이 발달했고 형용사가 다양하며 서술어 중심이라는 특징이 있다.

※ 아래 표를 보고 원인과 결과를 써 보세요.　　〈설명 방법: 인과〉

연습
문제

원인		결과
저출산	⇨	노동 인구 부족

정답: 저출산으로 인해 노동 인구가 부족해졌다.

4. 54번 기본기 연습

▶▶ 본책 132~139쪽, 154~161쪽

다음은 54번 문제의 서론, 본론, 결론에 필요한 표현을 연습하기 위한 문제입니다. 아래의 글을 읽고 (   ) 안에 알맞은 표현을 써 보세요.

1 서술형

※ 다음은 '고령화 사회의 문제점을 해결할 수 있는 방법'에 대한 글입니다. 아래의 글을 읽고 (   ) 안에 알맞은 표현을 써 보세요.

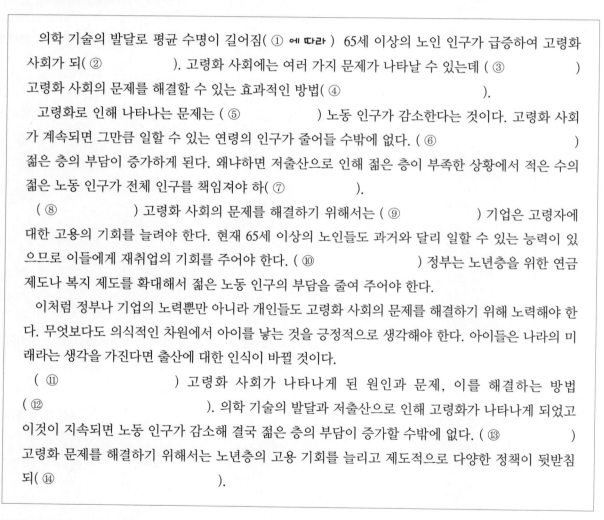

  의학 기술의 발달로 평균 수명이 길어짐(① **에 따라**) 65세 이상의 노인 인구가 급증하여 고령화 사회가 되(②   ). 고령화 사회에는 여러 가지 문제가 나타날 수 있는데 (③   ) 고령화 사회의 문제를 해결할 수 있는 효과적인 방법(④   ).

  고령화로 인해 나타나는 문제는 (⑤   ) 노동 인구가 감소한다는 것이다. 고령화 사회가 계속되면 그만큼 일할 수 있는 연령의 인구가 줄어들 수밖에 없다. (⑥   ) 젊은 층의 부담이 증가하게 된다. 왜냐하면 저출산으로 인해 젊은 층이 부족한 상황에서 적은 수의 젊은 노동 인구가 전체 인구를 책임져야 하(⑦   ).

  (⑧   ) 고령화 사회의 문제를 해결하기 위해서는 (⑨   ) 기업은 고령자에 대한 고용의 기회를 늘려야 한다. 현재 65세 이상의 노인들도 과거와 달리 일할 수 있는 능력이 있으므로 이들에게 재취업의 기회를 주어야 한다. (⑩   ) 정부는 노년층을 위한 연금 제도나 복지 제도를 확대해서 젊은 노동 인구의 부담을 줄여 주어야 한다.

  이처럼 정부나 기업의 노력뿐만 아니라 개인들도 고령화 사회의 문제를 해결하기 위해 노력해야 한다. 무엇보다도 의식적인 차원에서 아이를 낳는 것을 긍정적으로 생각해야 한다. 아이들은 나라의 미래라는 생각을 가진다면 출산에 대한 인식이 바뀔 것이다.

  (⑪   ) 고령화 사회가 나타나게 된 원인과 문제, 이를 해결하는 방법 (⑫   ). 의학 기술의 발달과 저출산으로 인해 고령화가 나타나게 되었고 이것이 지속되면 노동 인구가 감소해 결국 젊은 층의 부담이 증가할 수밖에 없다. (⑬   ) 고령화 문제를 해결하기 위해서는 노년층의 고용 기회를 늘리고 제도적으로 다양한 정책이 뒷받침 되(⑭   ).

정답: ① 에 따라　　② 고 있다　　③ 이 글을 통해　　④ 에 대해 살펴보고자 한다　　⑤ 우선
　　⑥ 또한　　⑦ 기 때문이다　　⑧ 이러한　　⑨ 먼저　　⑩ 다음으로　　⑪ 지금까지
　　⑫ 에 대해 살펴보았다　　⑬ 그러므로/따라서　　⑭ 어야 할 것이다

※ 다음은 '동물실험'에 대해 찬성하는 입장에서 쓴 글입니다. 아래의 글을 읽고 (   ) 안에 알맞은 표현을 써 보세요.

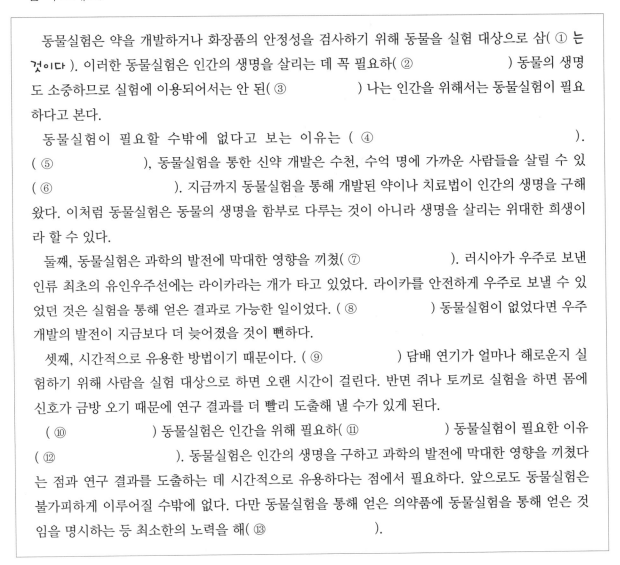

동물실험은 약을 개발하거나 화장품의 안정성을 검사하기 위해 동물을 실험 대상으로 삼(① 는 것이다). 이러한 동물실험은 인간의 생명을 살리는 데 꼭 필요하(②   ) 동물의 생명도 소중하므로 실험에 이용되어서는 안 된(③   ) 나는 인간을 위해서는 동물실험이 필요하다고 본다.

동물실험이 필요할 수밖에 없다고 보는 이유는 (④   ).
(⑤   ), 동물실험을 통한 신약 개발은 수천, 수억 명에 가까운 사람들을 살릴 수 있(⑥   ). 지금까지 동물실험을 통해 개발된 약이나 치료법이 인간의 생명을 구해왔다. 이처럼 동물실험은 동물의 생명을 함부로 다루는 것이 아니라 생명을 살리는 위대한 희생이라 할 수 있다.

둘째, 동물실험은 과학의 발전에 막대한 영향을 끼쳤(⑦   ). 러시아가 우주로 보낸 인류 최초의 유인우주선에는 라이카라는 개가 타고 있었다. 라이카를 안전하게 우주로 보낼 수 있었던 것은 실험을 통해 얻은 결과로 가능한 일이었다. (⑧   ) 동물실험이 없었다면 우주개발의 발전이 지금보다 더 늦어졌을 것이 뻔하다.

셋째, 시간적으로 유용한 방법이기 때문이다. (⑨   ) 담배 연기가 얼마나 해로운지 실험하기 위해 사람을 실험 대상으로 하면 오랜 시간이 걸린다. 반면 쥐나 토끼로 실험을 하면 몸에 신호가 금방 오기 때문에 연구 결과를 더 빨리 도출해 낼 수가 있게 된다.

(⑩   ) 동물실험은 인간을 위해 필요하(⑪   ) 동물실험이 필요한 이유(⑫   ). 동물실험은 인간의 생명을 구하고 과학의 발전에 막대한 영향을 끼쳤다는 점과 연구 결과를 도출하는 데 시간적으로 유용하다는 점에서 필요하다. 앞으로도 동물실험은 불가피하게 이루어질 수밖에 없다. 다만 동물실험을 통해 얻은 의약품에 동물실험을 통해 얻은 것임을 명시하는 등 최소한의 노력을 해(⑬   ).

정답: ① 는 것이다   ② 다는 입장과   ③ 다는 입장이 있는데   ④ 다음과 같다   ⑤ 첫째
　　 ⑥ 기 때문이다   ⑦ 기 때문이다   ⑧ 만약   ⑨ 예를 들어   ⑩ 지금까지
　　 ⑪ 다는 입장에서   ⑫ 에 대해 살펴보았다   ⑬ 야 할 것이다

5. 문어 vs. 구어

54번은 문어로 써야 합니다. 아래는 구어와 문어의 차이를 표로 정리한 것입니다.

구어	문어
고급 수준의 어휘를 많이 써야 합니다.	
땅/물/공기 오염	토양/수질/대기 오염
격식체, 문어적 표현으로 써야 합니다.	
N 때문에 -(으)려고	(으)로 인해, -(으)ㄴ 까닭에 -기 위해서, -고자
-(으)니까 -아/어 가지고	-(으)므로, -(으)ㄴ 까닭에
환경오염을 어떻게 해결해야 해요?	환경오염을 어떻게 해결해야 하는가/할까?
문어적인 단어나 표현을 써야 합니다.	
여러분	X
기업한테, 친구한테	기업에, 친구에게
정부하고 기업, 정부랑 기업	정부와 기업
해야 된다	해야 한다
그래서, 그러니까	그러므로, 따라서
그런데	그러나, 하지만
이런, 그런	이러한, 그러한
이런 게, 그런 것은	이러한 것이, 그러한 것은
우리	우리는, 우리가(*조사 생략 불가)
주관적, 추측성 표현을 사용하지 않아야 합니다.	
-(으)ㄴ 것 같다 -(으)ㄹ 지도 모른다 -(으)면 좋겠다 예) 도움이 좀 될 것 같다 　　필요할 지도 모른다 　　환경을 보호하면 좋겠다 　　(나는) 결심하겠다	-(으)ㄹ 것이다 -아/어야 하다 -(으)리라 생각되다 예) 도움이 된다 　　반드시 필요하다 　　환경을 보호해야 한다 　　(모두가) 노력해야 할 것이다
개인적인 이야기나 개인적 표현을 사용하지 않아야 합니다.	
나는, 내 생각에는 내가 보기에는 내 경험에 의하면, 내 친구는	X (선택형에서 자신의 입장을 밝힐 때는 사용 가능)

6. 원고지 쓰기 연습

1. 글을 시작할 때나 문단이 새로 시작될 때는 들여쓰기를 해야 합니다.

X	최	근		한	국		사	회	에	서	는		노	인		인	구	가		계
	속		증	가	하	고		있	다	.										

▼

→ 시작할 때 한 칸 뒤로 들여쓰기

O		최	근		한	국		사	회	에	서	는		노	인		인	구	가	
	계	속		증	가	하	고		있	다	.									

2. %(퍼센트), .(마침표), ,(쉼표), ?(물음표)도 한 칸에 1개씩 써야 합니다.

X		한	국	어	를		잘	하	려	면		한	국		친	구	를		사	귀
	어	야		한	다	가		45%	로		나	타	났	다.						

▼

O		한	국	어	를		잘	하	려	면		한	국		친	구	를		사	귀
	어	야		한	다	가		45	%	로		나	타	났	다	.				

→ % 한 칸   → .(마침표) 한 칸

* 글자가 마지막 칸을 차지하여 문장 부호를 찍을 칸이 없을 때는 문장 부호를 끝 칸에 글자와 함께 넣습니다.

3. 글자는 한 칸에 한 글자씩 써야 하지만 숫자의 경우는 한 칸에 2개씩 써야 합니다.

X		이		그	래	프	는		2	0	대		남	자		3	0	0	명	을
	대	상	으	로		스	트	레	스	를		푸	는		방	법	에		대	해
	조	사	를		실	시	한		것	이	다	.								

▼

→ 한 칸에 숫자 2개   → 숫자가 3개일 때는 2개, 1개씩

O		이		그	래	프	는		20	대		남	자		30	0	명	을		대
	상	으	로		스	트	레	스	를		푸	는		방	법	에		대	해	
	조	사	를		실	시	한		것	이	다	.								

실력 평가해 보기 정답표

문항 번호	모범 답안	배점
51	㉠ 집들이를 할까 합니다 ㉡ 금요일 저녁 6시에 와 주시겠습니까	10
52	㉠ 하나는 미래에 좋은 일만 일어날 것이라고 생각하는 것이다 ㉡ 비관적으로 생각하는 사람의 미래가 밝을 확률은 낮다고 한다	10
53	결혼문화연구소에서 20대 이상 성인 남녀 3,000명을 대상으로 '아이를 꼭 낳아야 하는가'에 대해 조사하였다. 그 결과 '그렇다'라고 응답한 남자는 80%, 여자는 67%였고, '아니다'라고 응답한 남자는 20%, 여자는 33%였다. 이들이 '아니다'라고 응답한 이유에 대해 남자는 양육비가 부담스러워서, 여자는 자유로운 생활을 원해서라고 응답한 경우가 가장 많았다. 이어 남자는 자유로운 생활을 원해서, 여자는 직장 생활을 유지하고 싶어서라고 응답하였다.	30
54	사람들마다 삶의 경제적 수준이 다르고 느끼는 행복 만족도도 다르다. 흔히 경제적 여유와 행복은 직결된다고 하는데 그렇지 않은 경우도 있다. 따라서 이 글을 통해 경제적 여유가 행복에 어떤 영향을 미치는지 살펴보고자 한다. 　사람들이 생각하는 행복한 삶의 모습은 다양하다. 어떤 사람은 돈은 적을지라도 건강하게 사는 것을 행복한 삶이라 생각하는 반면 어떤 사람은 하고 싶은 일을 마음껏 할 수 있게 경제적으로 여유가 있어야 행복하다고 생각한다. 　물론 경제적으로 여유가 있으면 행복 만족도에 긍정적인 영향을 줄 것이다. 그러나 부자라도 불치병에 걸린다면 행복을 느끼기 어려울 것이다. 또한 재벌 형제들이 재산을 차지하기 위해 싸우는 것을 보면 경제적인 여유가 행복 만족도를 높여 주는 것이 아니라는 것을 알 수 있다. 　따라서 행복해지기 위해서는 다른 사람과 비교해 쓸데없는 스트레스를 받지 않아야 한다. 그리고 자신이 처해 있는 현재 상황에 만족한다면 행복을 느끼기 훨씬 더 쉬워질 것이다. 또한 작은 일에 감사하는 태도를 가지면 긍정적으로 생활할 수 있어 행복감을 더 많이 느끼게 될 것이다. 　지금까지 경제적 여유가 행복 만족도에 미치는 영향에 대해 살펴보았다. 경제적 여유는 행복 만족도와 관계가 있기는 하지만 직결되지 않는다는 것을 알 수 있었다. 행복해지기 위해서는 작은 일에도 행복을 느낄 수 있게 스스로 노력해야 할 것이다.	50

51번 연습 문제 해설

▶ 본책 34~37쪽

51번 연습 문제 1 ☞ 돌잔치에 초대하는 글

초대합니다

우리 영호가 태어난 지 1년이 되었습니다.
1년 동안 여러분 덕분에 건강하게 컸습니다.
그래서 여러분을 모시고 (㉠   ).
(㉡   )? 그 날짜가 가능하신지 연락 주시면 감사하겠습니다.

㉠	㉡	점수
초대하고 싶습니다 / 같이 밥을 먹습니까 / 초대합니다	언제 되는지 모르겠죠 언제 시간이 가능해요	0
파티를 하고 싶어요 감사드리고 싶습니다	그 날짜에 시간이 되십니까 진수의 생일에 시간이 있습니까	1~2
생일파티를 하려고 생각합니다 / 하기로 했습니다 / 같이 파티를 하고 싶습니다	1월 9일에 올 수 있나요 다음 주 목요일 오후 3시 괜찮아요	3~4
돌잔치를 하려고 합니다	1월 9일에 시간이 되십니까	5

* ㉠ 돌잔치를 한다고 알리는 것이 목적이므로 목적의 '-(으)려고 하다'를 써야 합니다.

* ㉡ 괄호가 물음표(?)로 끝났으므로 의문문을 써야 합니다.

51번 연습 문제 2 ☞ 신입사원이 부장님을 집으로 초대하는 글

이미영 부장님께,
안녕하세요? 신입사원 왕준입니다.
지난번에 댁에 초대해 주셔서 이번에는 부장님을 저희 집으로 초대하고 싶습니다.
제가 일은 아직 (㉠   ). 그렇지만 요리는 자신이 있습니다.
다음 주 토요일과 일요일 중에 언제 시간이 되십니까?
저는 (㉡   ). 편한 요일을 말씀해 주시면 감사하겠습니다.

왕준 올림

㉠	㉡	점수
잘합니다 / 쉬워요	토요일이 괜찮습니다	0
어렵어요	시간이 됩니다	1~2
잘 몰라요 / 자신 없어요	다 괜찮아요	3~4
잘하지 못합니다 / 자신이 없습니다	언제든지 가능합니다 / 괜찮습니다	5

* ㉠ 부사 '아직' 뒤에는 부정(-지 않다/못하다/안하다) 표현을 써야 합니다.

* ㉡ 뒤에 '편한 요일'을 말하라고 했으므로 '모두 괜찮다'는 답을 써야 합니다.

51번 연습 문제 3 ☞ 소파를 싸게 파는 글

싸게 팝니다   *팔다 → 팔아요/팝니다/판다

제가 제주도로 이사를 가게 돼서 쓰던 물건들을 정리해야 합니다.
산 지 얼마 안 된 소파가 있는데 가져갈 수는 없어서 (㉠   ).
사지 않고 전화로 물어보기만 하는 분이 많아서 힘듭니다.
그러니까 (㉡   ). 물어보기만 하실 분은 연락하지 말아 주십시오.

㉠	㉡	점수
사고 싶습니다 / 가져가도 됩니다	연락도 어쩔 수 없어요	0
싸게 팔리고 싶습니다 / 팝습니다	밤에 전화하지 마세요	1~2
싸게 팔 겁니다 싸게 팔고 싶습니다	소파가 필요한 사람만 연락 주세요 문자로 물어보기 바랍니다	3~4
싸게 팔려고 합니다	꼭 사실 분만 연락해 주시기 바랍니다	5

* ㉠ 소파를 싸게 판다고 알리는 것이 목적이므로 목적의 '–(으)려고 하다'를 써야 합니다.

* ㉡ 물어보기만 하려면 연락하지 말라고 했으므로 '꼭 사야 한다'는 내용이 필요합니다.

51번 연습 문제 4 ☞ 새 책을 파는 글

새 책 팝니다

한 달 전에 샀는데 시험을 안 보게 돼서 (㉠   ).
책을 사고 전혀 (㉡   ).
원래 가격은 20,000원인데 15,000원에 드릴 테니까 관심이 있으신 분은 아래의 연락처로
연락 주시기 바랍니다.

샤오밍 010-1234-5678

㉠	㉡	점수
포기했습니다 / 그만두려고 합니다	비싸지 않습니다	0
싸게 팔리고 싶습니다 / 팝니다	안 사용해요	1~2
필요한 사람에게 지금 팔고 있습니다 이 기회로 팔려고 생각합니다	안 공부했습니다 / 안 읽었어요	3~4
(새) 책을 팔려고 합니다 싸게 팔고 싶습니다	사용하지 않았습니다	5

* ㉠ 책을 싸게 판다고 알리는 것이 목적이므로 목적의 '–(으)려고 하다'를 써야 합니다.

* ㉡ 새 책이라고 했으므로 사용하지 않았으니까 부사 '전혀' 뒤에는 부정(–지 않다/못하다/안하다) 표현을 써야 합니다.

51번 연습 문제 5 ☞ 기타 동호회에서 신입 회원을 모집하는 글

기타 동호회 회원 모집

저희 기타 동호회에서 함께 연주할 회원을 모집합니다.
기타에 관심이 있는 분이라면 (㉠   ).
(㉡   )?
그래도 걱정하지 마십시오.
저희가 친절하게 가르쳐 드립니다.
함께 연주하실 분은 동호회 인터넷 카페에 신청해 주시기 바랍니다.

㉠	㉡	점수
기타 동호회 회원 모집합니다	회원이 아닙니다	0
될 수 있습니다 / 할 수 있습니다	회원이 아니십니까	1~2
배울 수 있습니다 / 누구라도 괜찮습니다	기타를 못 합니까	3~4
누구나 들어오실/참여하실 수 있습니다	기타가 처음이십니까 기타를 배운 적이 없으십니까	5

* ㉠ 기타에 관심이 있으면 회원이 될 수 있으므로 '누구나 –(으)ㄹ 수 있다'를 써야 합니다.

* ㉡ 괄호 뒤에서 걱정하지 말고 가르쳐 준다고 했으므로 '처음이냐'는 내용을 써야 합니다.

51번 연습 문제 6 ☞ 대학생 해외 봉사단을 모집하는 글

대학생 해외 봉사단 모집

※ 신청 : 5/10 ~ 5/20
※ 봉사 활동 : 7/1 ~ 7/31

여러분, 방학을 의미 있게 보내고 싶지 않으십니까?
이번에 저희 국제 협력처에서 (㉠   ).
봉사 활동 기간은 7월 1일부터 한 달 간이며 아프리카에서 봉사 활동을 하게 됩니다.
우리 학교 학생은 누구나 신청이 가능합니다.
신청하실 이메일 주소는 bongsa@university.ac.kr입니다. (㉡   ).
날짜를 꼭 지켜 주시기 바랍니다.

㉠	㉡	점수
신청을 모집합니다	7월 31일까지예요	0
대학생들과 봉사합니다	5월 10일부터 신청해요	1~2
해외 봉사단을 모집하고 싶습니다	5월 20일까지입니다	3~4
대학생 해외 봉사단을 모집하려고 합니다	신청 기간은 5월 10일부터 20일까지입니다	5

* ㉠ 해외 봉사단을 모집한다고 알리는 것이 목적이므로 목적의 '–(으)려고 하다'를 써야 합니다.

* ㉡ 뒤에서 날짜를 지키라고 했으므로 신청 기간을 써야 합니다.

51번 연습 문제 7 ☞ 설악산 여행에 대한 주의 사항을 알리는 안내문

[공지 사항] 설악산 여행 안내
모레 떠나는 설악산 여행에 대해 몇 가지 알려 드립니다.
가끔 구두를 신고 오시는 분들이 있는데 등산을 해야 하니까 (㉠   ).
그리고 일기예보에 의하면 (㉡   ). 그러니까 옷을 따뜻하게 입고 오시기 바랍니다.

㉠	㉡	점수
설악산에 여행을 갑니다	옷을 많이 입으세요	0
옷을 잘 입고 오십시오	날씨가 춥습니다	1~2
구두는 좋지 않습니다	날씨가 많이 춥대요	3~4
편한 신발을 신고 오시기 바랍니다 등산화를	날씨가 많이 춥다고 합니다	5

* ㉠ 구두 이야기 후에 등산해야 한다고 했으므로 신발에 대한 내용을 써야 합니다.

* ㉡ '일기예보에 의하면' 뒤에는 간접화법 '–다고 하다'를 써야 합니다.

51번 연습 문제 8 ☞ 사장님께서 아기를 낳은 것에 대해 축하하는 이메일

사장님께,
그동안 잘 지내셨습니까? 저는 고향에서 잘 지내고 있습니다.
그런데 며칠 전에 같이 아르바이트했던 아유미 씨에게 (㉠   ).
정말 축하드립니다. 사장님을 닮았으면 딸이 아주 예쁠 것 같습니다.
그래서 작은 선물을 샀습니다. (㉡   )?
집이나 가게 중에서 받기 편한 곳을 알려 주시면 그곳으로 보내 드리겠습니다.
아기와 사장님 모두 건강하게 지내시기를 바랍니다.

유키 드림

㉠	㉡	점수
딸을 낳으셨다면서요?	선물이 어때요	0
들었습니다	마음에 들까요	1~2
"딸을 낳았어요."라고 들었습니다	가게로 보내요?	3~4
사장님께서 딸을 낳으셨다는 말을 들었습니다.	주소를 알려 주시겠습니까 어디로 보내 드리면 되겠습니까	5

* ㉠ 아유미 씨에게 이야기를 들었으므로 간접화법 '–다는 말을 듣다'를 써야 합니다.

* ㉡ 선물을 샀고 뒤에서 장소를 말하므로 선물을 어디로 보내느냐는 내용을 써야 합니다.

51번 예상 문제 해설

51번 예상 문제 1 ☞ 환불 문의에 대해 답장으로 보낸 문자 메시지

> 010-2345-6789 8/16 11:00
>
> 김미정 고객님, 조금 전에 전화드렸는데 안 받으셔서 (㉠   ).
> 환불을 원하신다는 문자를 받았습니다. 저희 쇼핑몰은 교환은 가능하지만 환불은 불가능합니다. 혹시 (㉡   )? 생각해 보시고 연락해 주시기 바랍니다.

㉠	㉡	점수
전화했습니다 / 죄송합니다	환불하고 싶어요	0
알려 드립니다	교환해요	1~2
문자 보내요	교환하시겠습니까	3~4
문자 메시지를 남깁니다 / 보냅니다	교환이라도 하시겠습니까	5

* ㉠ '전화했지만 안 받아서'라는 말이 있으므로 문자를 보낸다는 내용을 써야 합니다.

* ㉡ 교환만 가능하다고 했으며 뒤에서 생각해 보라는 말이 있으므로 교환에 대한 이야기를 써야 합니다.

51번 예상 문제 2 ☞ 지갑을 잃어버려서 찾는 글

> ## - 지갑을 찾습니다 -
>
> 금요일 오후에 7층 남자 휴게실에서 (㉠   ). 검은색 지갑인데 그 안에 있는 가족 사진은 저에게 매우 소중한 것입니다. 주민등록증과 교통카드도 찾고 싶습니다. 혹시 지갑을 보셨거나 보관하고 계신 분이 있으면 (㉡   ).
> 찾아 주신 분께 사례하겠습니다. 제 연락처는 010-2222-3333입니다.

㉠	㉡	점수
지갑을 찾습니다	감사합니다	0
혹시 지갑을 본 적이 있어요?	저에게 연락해도 돼요 저에게 연락합니다	1~2
지갑을 잊어버렸습니다 놓고 갔습니다	알려 주세요 연락해 주세요	3~4
지갑을 잃어버렸습니다	꼭 연락해 주시기 바랍니다	5

* ㉠ 지갑을 찾고 있으므로 지갑을 잃어버렸다는 내용을 먼저 써야 합니다.

* ㉡ 지갑을 보관하고 있는 사람에게 연락을 해 달라는 내용을 써야 합니다.

51번 예상 문제 3 ☞ 라디오에 사연을 보낸 글

> 안녕하세요, 정민 누나.
> 매일 아침 누나 라디오 잘 듣고 있어요.
> 항상 듣기만 하다가 처음으로 (　　ⓐ　　).
> 오늘 여자 친구하고 만난 지 100일 되는 날이라서 특별한 선물을 해 주고 싶었거든요.
> 누나의 아름다운 목소리로 저희 100일을 축하해 주시면 정말 좋을 것 같아요.
> 그리고 제 여자 친구에게 (　　ⓑ　　). "지영아, 사랑해"

ⓐ	ⓑ	점수
들은 것 같아요/ 전화해요 열심히 듣고 있어요	뭔가 말하면 좋겠어요	0
편지를 써거든요 특별한 일을 하려고 할 거예요	핸복한 말하세요	1~2
문자를 써요	그 말을 하기 바라요 / 이렇게 말하세요	3~4
문자를/사연을 보내요	사랑한다고 전해 주세요 / 이 말을 하고 싶어요	5

* ⓐ 앞에 '처음으로'가 있으므로 사연을 보낸다는 내용을 써야 합니다.

* ⓑ '여자 친구에게'가 있으므로 간전화법 '–다고 하다'를 써야 합니다.

51번 예상 문제 4 ☞ 비행기 표 예약 후 구입 기한에 대한 안내글

> # [한국항공] 예약 안내
>
> 김미정 고객님께,
> 예약하신 8월 16일 인천 출발 북경행 HE0629편 항공권에 대한 안내입니다.
> 항공권 구입 기한은 8월 13일 17시 30분입니다.
> 그러니까 (　　ⓐ　　).
> 만약 기한까지 구입하지 않으시면 (　　ⓑ　　).
> 취소 후에는 처음부터 다시 예약을 하셔야 합니다.

ⓐ	ⓑ	점수
예약하기 바랍니다 다시 확인하세요	예약 안내입니다	0
구입하십시오	다시 예약을 하셔야 합니다	1~2
구입하기 바랍니다 입금하십시오	예약을 취소할 수도 있어요	3~4
그 전까지 항공권을 구입하시기 바랍니다	예약이 취소됩니다	5

* ⓐ 예약은 이미 했고 앞에서 구입 기한이 나와 있으므로 구입하라는 내용을 써야 합니다.

* ⓑ 취소 후 다시 예약해야 한다고 했으므로 기한까지 구입하지 않을 경우 예약이 취소된다는 내용을 써야 합니다.

51번 예상 문제 5 ☞ 결혼을 알리는 초대 글(청첩장)

준호 ♥ 지영

사랑으로 만난 두 사람이 이제 두 사람이 아닌 하나가 되려고 합니다.
바쁘시겠지만 저희 결혼식에 오셔서 (㉠   ).
죄송하지만 주차장이 매우 좁습니다. 그러니까 (㉡   ).
버스나 지하철 이용 시 명동역에서 내리시면 됩니다.

㉠	㉡	점수
감사합니다	죄송합니다	0
참석해 주시기 바랍니다	어렵습니다	1~2
축하해 주세요	주차하기 힘듭니다 차를 가지고 오지 마십시오	3~4
축하해 주시기 바랍니다	대중교통을 이용해 주시기 바랍니다	5

* ㉠ 앞에 '오셔서'가 있으므로 축하해 달라는 내용을 써야 합니다.

* ㉡ 주차장이 좁고 뒤에 버스. 지하철을 말하므로 대중교통이라는 표현이 나오면 좋습니다.

51번 예상 문제 6 ☞ 다이어트 운동 기구 광고 글

다이어트의 혁신!!!! '파워헬스'

(㉠   )?
그러면 오늘부터 하루 10분씩 '파워헬스'를 시작해 보십시오.
그동안 야외에서 힘들게 운동하셨습니까?
'파워헬스'는 집에서 텔레비전을 보면서 (㉡   ).
쉽고 편한 '파워헬스'! 여러분도 경험해 보세요.
주문 전화는 1234-5678입니다.

㉠	㉡	점수
파워헬스를 알아요	쉽고 편합니다	0
운동을 싫어합니까	합니다	1~2
다이어트를 하고 싶어요	쉽고 편하게 하세요	3~4
날씬한 몸매를 원하십니까 살을 빼고 싶으십니까	쉽고 편하게 하실 수 있습니다	5

* ㉠ 다이어트 운동 기구 광고이므로 다이어트와 관련된 내용을 써야 합니다.

* ㉡ 위에 '힘들다'가 있고 아래에 쉽고 편하다가 있으므로 쉽고 편하게 운동할 수 있다는 내용을 써야 합니다.

51번 예상 문제 7 ☞ 약속을 바꾸는 것(변경)에 대한 문자 메시지

> 010-2345-6789 8/16 10:55
>
> 미영 씨, 미안해요. 우리 11시에 만나기로 했잖아요. 그런데 (㉠   ).
> 아침에 일어나 보니까 이미 10시였어요. ㅜㅜ
> 지금 지하철 타고 가고 있는데 거의 (㉡   ).
> 조금만 기다려 주세요.

㉠	㉡	점수
미안해요 오늘 안 만나요	미안해요 길이 막혀요	0
지금 가는 중이에요	가고 있어요	1~2
어제 너무 피곤해요	다 가요 / 도착해요	3~4
10시에 만나기 힘들 것 같아요 조금 늦을 것 같아요 / 늦잠을 자 버렸어요	다 와 가요 / 다 왔어요 / 도착했어요	5

* ㉠ 문자를 보낸 이유는 약속 시간에 늦는 것을 알리는 것이므로 이와 같은 내용을 써야 합니다.

* ㉡ 앞에 '거의'가 있으므로 '거의 + 다 V'의 표현을 알아야 합니다.

51번 예상 문제 8 ☞ 다른 나라 친구에게 보내는 이메일

> 왕신아, 안녕?
> 그동안 잘 지냈지? 나 다음 주에 (㉠   ). 회사에서 일로 가는 건데
> 잠깐이라도 너희 고향 구경 좀 시켜 줘. 그런데 핸드폰을 바꾸면서 연락처가 다 없어졌어.
> 미안하지만 (㉡   )? 답장 기다릴게.
>
> 　　　　　　　　　　　　　　　　　　　　　　　　　　　　　　　　미영이가

㉠	㉡	점수
만나요/고향에 가	고향에서 만나	0
만나고 싶어/네 고향에 가고 싶어요	연락처 알아	1~2
왕신 씨의 고향에 갈 거예요	연락처 좀 가르쳐 줘	3~4
너희 고향에 가게 됐어	연락처 좀 알려 줄래 / 알려 줄 수 있어	5

* ㉠ 친구에게 쓴 편지이므로 반말로 써야 하며 회사 일로 가는 상황이 됐기 때문에 '-게 되다'를 써야 합니다.

* ㉡ 연락처가 없어졌으므로 이메일을 썼습니다. 연락처를 가르쳐 달라고 물어봐야 합니다.

최신 경향 51번 연습 문제 1 ☞ 불특정 대상에게 쓴 안내문

깨끗한 책 사세요

　제가 시험공부를 하려고 책을 샀는데 집에 있는 책과 내용이 비슷합니다. 그래서 (㉠ 책을 팔려고 합니다). 책은 일주일 전에 샀습니다. 거의 (㉡ 사용하지 않아서) 아주 깨끗합니다. 직접 보신 후에 사셔도 됩니다. 관심이 있으신 분은 010-1234-5678로 연락 주시기 바랍니다.

---

* 이 글은 불특정 대상에게 쓴 안내문입니다. 글 제목에서 '책을 사세요'라고 했으므로 책을 팔 계획이라는 것을 알 수 있습니다.

* ㉠ '-(으)려고 합니다'는 앞으로의 계획을 설명할 때 사용하는 표현으로 글을 쓴 목적을 밝힐 때 자주 사용합니다. 그리고 다른 사람에게 책을 사라고 했기 때문에 글을 쓴 사람은 '팔다'를 써야 합니다.

* ㉡은 앞에 '거의'라는 부사가 있으면 뒤에 보통 '-지 않다'를 쓰고 왜 책이 깨끗한지 설명해야 하므로 이유의 문법 '-아/어서'가 필요합니다.

최신 경향 51번 연습 문제 2 ☞ 불특정 대상에게 쓴 안내문

룸메이트 구함

　안녕하세요! 경영학과 2학년 트엉이라고 합니다. 제가 지금은 원래 기숙사에서 살고 있는데 다음 달에 학교 근처에 있는 원룸으로 (㉠ 집을 옮기려고 합니다./이사하려고 합니다). 그런데 혼자 지내기에 월세가 비싸서 같이 생활할 (㉡ 룸메이트를 구하고 싶습니다/찾고 있습니다). 우리 학교 유학생이면 좋겠습니다. 관심이 있는 친구는 연락해 주시기 바랍니다. 010-1234-5678

---

* 이 글은 불특정 대상에게 쓴 안내문입니다. 글 제목에서 '저와 같이 생활하시겠습니까?'라고 했으므로 룸메이트를 구하고 싶어 한다는 것을 알 수 있습니다.

* ㉠ '-(으)려고 합니다'는 앞으로의 계획을 설명할 때 사용하는 표현으로 글을 쓴 목적을 밝힐 때 자주 사용합니다. 기숙사에서 학교 근처 원룸으로 간다고 했으므로 '옮기다, 이사하다'라는 단어가 필요합니다.

* ㉡ 앞에 '혼자 지내기에 월세가 비싸서 같이 생활할'을 통해 룸메이트를 구하고 싶어 한다는 것을 추측할 수 있습니다.

최신 경향 51번 연습 문제 3 ☞ 특정 대상에게 부탁하는 내용의 이메일

> 선배님, 안녕하십니까? 마이클입니다. 부탁드릴 일이 있어서 메일을 씁니다.
>
> 제가 며칠 전에 수리 센터에 노트북을 맡겼는데 내일 찾으러 오라고 합니다. 그런데 급한 사정이 생겨서 오늘 고향에 가야 합니다.
>
> 그래서 제가 노트북을 찾으러 갈 수 없을 것 같습니다.
>
> 혹시 저 대신에 (㉠ 노트북을 찾으러 가 주실 수 있으십니까)?
>
> 선배님도 바쁘실 텐데 (㉡ 부탁드려서/ 귀찮게 해 드려서) 죄송합니다.
>
> 마이클

* 이 글은 특정 대상(선배)에게 부탁을 하기 위해서 쓴 이메일입니다.

* ㉠ 앞에 '혹시 저 대신에'와 뒤의 '?'를 통해서 정중하게 부탁을 하고 있다는 것을 추측할 수 있습니다. 따라서 '―아/어 주실 수 있으십니까?'라는 표현을 써야 하며 이때 높임말에도 신경을 써야 합니다.

* ㉡ 뒤에 '죄송합니다'를 보고 앞에 '―아/어 드려서'가 와야 한다는 것을 생각해야 합니다.

최신 경향 51번 연습 문제 4 ☞ 특정 대상에게 허락을 구하는 문자메시지

> 미영 씨,
>
> 지난주에 돈을 (㉠ 빌려 주셔서) 감사합니다.
>
> 돈이 급하게 필요했는데 미영 씨 덕분에 문제가 잘 해결됐습니다.
>
> 주말에 아르바이트비를 받는데 혹시 돈을 다음 주 월요일에 (㉡ 돌려 드려도 되겠습니까/괜찮으시겠습니까)?
>
> 그럼 연락 기다리겠습니다.

* 이 글은 특정 대상(미영 씨)에게 허락을 구하기 위해 쓴 문자 메시지입니다.

* ㉠ 뒤에 '감사합니다'를 보고 앞에 '―아/어 주셔서'가 와야 한다는 것을 생각해야 합니다.

* ㉡ 앞에 '혹시'와 뒤의 '?', 그리고 대화 내용을 통해서 허락을 구하고 있다는 것을 추측할 수 있습니다. 따라서 '―아/어도 되겠습니까?'라는 표현을 써야 하며 이때 높임말에도 신경을 써야 합니다.

52번 연습 문제 해설

▶ 본책 64~67쪽

52번 연습 문제 1

> 텔레비전이 우리에게 미치는 나쁜 영향은 크게 두 가지이다. (　　　㉠　　　). 다른 하나는 텔레비전을 보면서 자기도 모르는 사이에 비속어나 유행어에 노출된다는 것이다. 이처럼 텔레비전은 우리의 눈 건강에도 언어생활에도 지장을 준다. 반대로 (　　　　㉡　　　　). 왜냐하면 뉴스나 다양한 프로그램을 통해서 많은 정보를 얻을 수 있고 방송을 즐기면서 스트레스를 해소할 수도 있기 때문이다.

㉠	㉡	점수
시간을 낭비한다	뉴스나 다양한 프로그램이 좋다	0
눈이 나빠지거나 건강이 안 좋아진다	텔레비전이 우리에게 미치는 좋은 영향이다	1~2
첫 번째는 눈이 나빠질 수도 있다	텔레비전이 좋은 것도 있다	3~4
하나는 (오랫동안 시청함에 따라) 눈 건강이 나빠진다는 것이다	텔레비전은 우리에게 좋은 영향을 미치기도 한다	5

* ㉠ 뒤에서 '지장을 주다'의 의미를 알면 눈 건강에 대해 써야 한다는 것을 알 수 있습니다.

* ㉡ 뒤에서 텔레비전의 장점을 이야기하고 있으므로 (나쁜 영향↔)좋은 영향에 대해 써야 합니다.

52번 연습 문제 2

> 사람들은 여러 가지 다양한 방법으로 다이어트를 한다. 한 가지 음식만 먹으면서 다이어트를 하기도 하고 (　　　㉠　　　). 그러나 이렇게 한 가지 음식만 먹거나 무조건 아무것도 안 먹는 방법만으로 다이어트를 하는 것은 일시적으로 살이 빠질 수는 있지만 다시 살이 찌기 쉽다. 반면에 (　　㉡　　). 따라서 성공적인 다이어트를 위해서는 반드시 운동을 해야 한다.

㉠	㉡	점수
건강도 좋기도 해요 운동을 안 하기도 한다	쉽게 살이 찐다 살이 찌기 어렵다	0
아무것도 안 먹습니다	운동하면 성공적이 높다	1~2
아무것도 안 먹는다	운동을 해서 살을 빼면 좋다	3~4
아무것도 안 먹기도 한다 / 무조건 굶기도 한다	운동을 해서 살을 빼면 다시 살이 잘 찌지 않는다	5

* ㉠ 뒤에서 '안 먹는 방법'에 대해 말하고 앞에 '-기도 하다'가 있으므로 '-기도 하다'를 써야 합니다.

* ㉡ 앞에 '반면에'가 있으므로 반대가 되는 다른 내용을 써야 합니다.

52번 연습 문제 3

언어는 그 사람의 인격을 보여 준다. 인격이 훌륭한 사람은 이야기할 때 예의 바르고 아름다운 말을 쓴다. 반면에 (㉠). 이처럼 상대방과 대화해 보면 그 사람의 인격을 알수 있다. 그러므로 (㉡). 말을 통해 그 사람이 훌륭한 인격을 지닌 사람인지 아닌지를 알 수 있기 때문이다.

㉠	㉡	점수
안 아름다운 말을 쓴다	언어와 인격이 중요한다	0
인격이 안 좋은 사람은 말이 안 아름답다	언어와 인격은 관계가 있다	1~2
인격이 나쁜 사람은 예의 나쁘거나 나쁜 말을 쓴다	말을 할 때 조심해야 한다	3~4
인격이 훌륭하지 못한 사람은 / 그렇지 않은 사람은 예의 없거나 나쁜 말을 쓴다	어떤 사람의 인격을 파악하고 싶다면 대화를 해 보는 것이 좋다	5

* ㉠ 앞에 '반면에'가 있으므로 반대 내용을 써야 합니다. 인격이 '훌륭하다'의 반대 단어가 없으므로 '훌륭하지 못하다'나 '그렇지 않다'로 쓰면 됩니다.

* ㉡ 말을 통해 사람의 인격을 알 수 있다는 내용 뒤에 '그러므로'가 있으므로 '인격을 알고 싶으면 대화해야 한다'는 내용을 써야 한다는 것을 알 수 있습니다.

52번 연습 문제 4

'웃으면 복이 온다'는 말이 있다. 무슨 일이든지 긍정적으로 생각하면 좋은 일이 생길 것이라는 말이다. 옛날부터 우리 조상은 좋은 일이 생겨서 웃는 것이 아니라고 생각했다. 반대로 (㉠). 그러므로 (㉡).

㉠	㉡	점수
나쁜 일이 생기면 웃지 않는다	부정적으로 생각하는 것이다	0
부정적으로 생각하면 나쁜 일이 생긴다	부정적으로 생각하면 나쁜 일이 생긴다	1~2
긍정적으로 생각하면 좋은 일이 생긴다	많이 웃기 바랍니다	3~4
웃으면 좋은 일이 생긴다고 생각했다	많이 웃고 긍정적으로 생각해야 한다	

* ㉠ 앞에 '반대로'가 있으므로 반대 내용을 써야 합니다.

* ㉡ '그러므로' 뒤에는 결론을 써야 하므로 '-아/어야 한다'가 어울립니다.

52번 연습 문제 5

> 　　과학의 발달은 인류에게 다양한 혜택을 가져다주었다. 암 치료가 가능해졌고 로봇이 청소도 대신해 주게 되었다. 이처럼 과학의 발전으로 인해 고치기 어려웠던 질병을 고칠 수 있게 되었을 뿐만 아니라 (　　　㉠　　　). 그렇지만 (　　　㉡　　　). 왜냐하면 과학의 발달로 핵무기나 환경오염 등의 안 좋은 결과도 생겼기 때문이다.

㉠	㉡	점수
암 치료가 가능해졌다	과학은 혜택을 가져다주었다	0
생활이 발달했다	안 좋은 결과도 생겼다	1~2
생활이 편리하게 됐다	과학의 발달은 나쁜 일도 있다	3~4
우리의 생활이 편리해졌다	과학의 발달이 꼭 좋은 것만은 아니다 / 과학의 발달은 인류에게 나쁜 결과도 가져다주었다	5

* ㉠ 앞에서 말한 예를 정리해서 설명하고 있으므로 생활이 편리해졌다는 내용을 써야 합니다.

* ㉡ 뒤에 '그렇지만'이 있으므로 부정적인 내용을 써야 합니다.

52번 연습 문제 6

> 　　여러 종류의 악기를 함께 연주할 때는 다른 사람의 소리를 들으며 연주해야 아름다운 소리를 낼 수 있다. 그런데 만일 (　　　㉠　　　). 우리 사회도 마찬가지이다. 사회를 구성하는 모든 개인도 다른 사람들의 의견에 귀를 기울여야 한다. 그래야 (　　　㉡　　　).

㉠	㉡	점수
다른 사람의 소리를 들어야 한다	개인이 사회를 구성한다	0
연주할 수 없으면 노래가 엉망이다	아름다운 연주를 할 수 있다	1~2
혼자 연주를 하면 연주가 이상해질 수 있다	아름다운 사회를 만들다	3~4
다른 사람의 소리는 듣지 않고 혼자 연주를 하면 아름다운 소리를 낼 수 없다	사회가 잘 돌아갈 수 있기 때문이다	5

* ㉠ 앞에 '그런데 만일'이 있으므로 부정적인 가정을 해 볼 수 있고 뒤에 '우리 사회도 마찬가지이다'(유추)가 있으므로 연주와 우리 사회를 비교하여 글을 써야 합니다.

* ㉡ '그래야'가 있으므로 뒤에 '-기 때문이다'를 써야 합니다.

52번 연습 문제 7

잠은 얼마나 자는 것이 좋을까? 사람들은 보통 피곤함을 느끼면 충분히 잠을 자려고 한다. 그러나 9시간 이상 잠을 자는 것은 오히려 질병을 유발할 수 있기 때문에 (㉠   ). 그런데 수면 시간이 6시간보다 적을 경우 역시 면역력이 약해질 수 있다. 따라서 (㉡   ).

㉠	㉡	점수
피곤할 때 충분히 자야 한다	푹 자야 한다	0
오히려 나쁘다	얼마나 자느냐에 따라 효과가 다르다	1~2
너무 많이 자면 좋지 않는다	6시간보다 많이 자야 한다	3~4
너무 많이 자는 것은 좋지 않다	잠은 적당히 자는 것이 좋다 6시간에서 8시간 정도 자는 것이 좋다	5

* ㉠ 앞에서 많이 자는 것이 병을 유발한다고 했으므로 많이 자는 것은 좋지 않다는 내용을 써야 합니다.
* ㉡ 앞에서 적게 자는 것 역시 면역력이 약해진다고 했으므로 적당히 자야 한다는 내용을 써야 합니다.

52번 연습 문제 8

서양인과 동양인은 외모와 말하는 방식에 차이가 있다. 서양인은 눈이 크고 코가 높다. 반면에 (㉠   ). 또한 서양인은 말을 할 때 직접적으로 표현을 하는 편이다. 그렇지만 (㉡   ).

㉠	㉡	점수
동양인은 외모가 다르다	동양인은 말하는 방식에 차이가 있다	0
눈이 작고 코가 작다	동양인은 말을 작게 조금 한다	1~2
동양인이 눈이 작고 코가 작다	동양인은 말을 할 때 직접적이지 않는다	3~4
동양인은 눈이 작고 코가 낮다	동양인은 말을 할 때 간접적으로 표현을 하는 편이다	5

* ㉠ 서양인(눈이 크고 코가 높다)과 동양인의 외모 차이에 대한 내용을 써야 합니다.
* ㉡ 서양인(직접적으로 표현)과 동양인의 말하는 방식의 차이에 대한 내용을 써야 합니다.

52번 예상 문제 해설

▶▶ 본책 70~73쪽

52번 예상 문제 1

문제를 해결하기 위해서 정보는 많을수록 좋다고 말하는 경우가 많다. 그런데 실제로 (㉠). 왜냐하면 정보가 많을 경우 어떤 정보가 그 문제를 해결할 때 가장 유용한지 정말 필요한 정보인지 파악하는 데에 시간을 많이 써 버리기 때문이다. 과거에 비해 우리는 많은 정보를 쉽게 얻을 수 있다. 그렇지만 이 정보를 이용할 때는 신중해야 할 필요가 있다. 그래야 (㉡).

㉠	㉡	점수
문제를 해결하기 힘들다	정보를 얻을 수 있다	0
정보가 없다	시간을 지루하지 않는다	1~2
정보가 많으면 좀 나쁠 수 있다	시간을 써 버리지 않는다	3~4
정보가 많다고 해서 꼭 좋은 것은 아니다	시간을 절약할 수 있기 때문이다	5

* ㉠ 앞에 '그런데 실제로'가 있으므로 실제로 그렇지 않다는 내용을 써야 합니다.

* ㉡ 뒤에 '그래야'가 있으므로 '-기 때문이다'를 써야 합니다.

52번 예상 문제 2

유학생이 집을 구할 때는 여러 가지 조건을 생각해야 한다. 먼저 유학생이므로 안전을 가장 중요하게 생각해야 한다. (㉠). 아무리 좋은 집이라도 교통이 불편하면 생활을 편하게 할 수 없다. 그러나 실제로 (㉡). 오히려 집값을 가장 중요하게 생각하는데 그 이유는 부모님에게 용돈을 받으며 생활하기 때문이다.

㉠	㉡	점수
집값도 중요하다	집값이 가장 중요하다	0
안전만큼 중요한 것이 없기 때문이다	안전과 교통이 중용하지 않다	1~2
교통이 중요하다	안전이나 교통이 중요하지 않게 생각하다	3~4
그 다음으로 교통의 편리함을 생각해야 한다	유학생들은 안전이나 교통 조건을 그다지 중요하게 생각하지 않는다	5

* ㉠ 먼저 안전을 말했고 뒤에서 교통을 이야기하므로 '다음으로'와 교통에 관한 것을 써야 합니다.

* ㉡ 앞에 '그러나 실제로'가 있으므로 실제로 그렇지 않다는 내용을 써야 합니다.

52번 예상 문제 3

실패하는 사람들은 항상 '나중에', '내일'이라는 단어를 입에 달고 다니며 해야 할 일을 나중으로 미룬다. 반면에 (㉠   ). 어떤 일을 하기에 가장 좋은 날이 따로 있지 않다. 어떤 일을 하기에 가장 좋은 시간은 '오늘' 그리고 바로 '지금'이다. 그러므로 '내일'과 '나중'은 패자들의 단어이고 (㉡   ).

㉠	㉡	점수
가장 좋은 날이 없다	말하지 말고 지금 해야 한다	0
성곤하는 사람들은 이런 말을 못 한다	성공하는 사람들은 이런 단어 사용하지 않다	1~2
실패하지 않는 사람들은 일을 나중으로 안 미룬다	'오늘'과 '지금'은 성공자들의 단어이다	3~4
성공하는 사람들은 해야 할 일을 미루지 않는다	'오늘'과 '지금'은 승자들의 단어이다	5

* ㉠ 앞에 '반면에'가 있으므로 실패하는 사람과 반대되는 내용을 써야 합니다.

* ㉡ 앞에서 실패와 성공을 비교하고 있으므로 '패자'와 반대되는 내용을 써야합니다.

52번 예상 문제 4

지하철역에는 장애인들을 위한 엘리베이터가 설치되어 있다. 그러나 (㉠   ). 이로 인해 정작 장애인들은 꼭 필요할 때 이 시설을 이용하기가 어렵다. 따라서 정부는 비장애인들의 엘리베이터 사용을 금지하거나 벌금을 내도록 해야 할 것이다. 그래야 (㉡   ).

㉠	㉡	점수
이용하기가 어렵다	사용을 금지하거나 벌금을 낸다	0
자꾸 고장이 난다	장애인들이 편하다	1~2
보통 사람들이 자주 탄다	엘리베이터를 탈 수 있기 때문이다	3~4
비장애인들이 이 엘리베이터를 자주 사용한다	장애인들이 필요할 때 엘리베이터를 이용할 수 있기 때문이다	5

* ㉠ 앞에 '그러나'가 있고 아래 내용을 통해 엘리베이터 이용이 어려운 이유를 추측할 수 있습니다.

* ㉡ 앞에 '그래야'가 있으므로 당위의 '-기 때문이다'를 써야 합니다.

52번 예상 문제 5

'아침에 먹는 사과는 보약'이라는 말이 있다. 아침에 먹는 사과가 건강에 약처럼 좋다는 뜻이다. 왜 아침에 먹는 사과라고 했을까? 그 이유는 아침에 먹는 사과는 건강을 유지하는 데 효과적이지만 저녁에 먹는 사과는 위를 불편하게 만들어서 건강에 큰 효과를 주지 못하기 때문이다. 이처럼 사과의 효능은 (㉠). 그러므로 (㉡).

㉠	㉡	점수
약만큼 좋다 / 건강에 좋다 / 별로 없다	사과를 먹지 말아야 한다	0
아침에 더 효과적이다	저녁에 먹지 말고 아침에 먹기만 한다 아침에 먹으면 좋고 저녁에 먹으면 안 좋다	1~2
시간에 따라 다른다 먹는 시간에 관계가 있다	아침 사과가 좋은 효과가 볼 수 있다	3~4
먹는 시간에 따라 다르다 언제 먹느냐에 따라 다르다	사과는 가급적 아침에 먹어야 한다 사과는 가급적 아침에 먹는 것이 좋다	5

* ㉠ 앞의 내용을 통해 먹는 시간에 따라 효과가 달라진다는 것을 알 수 있습니다.

* ㉡ 앞의 내용을 보면 아침에 먹는 것이 효과적이라는 것을 알 수 있는데 '그러므로'가 있으므로 '-는 것이 좋다'는 결론을 쓰면 됩니다.

52번 예상 문제 6

'토끼와 거북이'라는 옛날이야기가 있다. 거북이는 토끼와의 달리기 시합에서 끝까지 노력해서 결국 토끼를 이겼다. 그런데 만일 (㉠). 이것은 우리의 인생도 마찬가지이다. (㉡). 왜냐하면 어떤 일을 하는 도중에 포기하는 사람은 성공하기 힘들기 때문이다.

㉠	㉡	점수
꾸준히 노력하면 이길 수 있다	토끼가 이길 수도 있다	0
거북이가 노력하지 않으면 이길 수 없다	어떤 일을 포기하면 성공하기 힘든다	1~2
거북이 포기했으면 못 이겼을 거예요	끝까지 포기하면 안 됐다	3~4
거북이가 도중에 포기했다면 토끼를 이기지 못했을 것이다	거북이처럼 포기하지 않고 끝까지 노력해야 성공할 수 있다	5

* ㉠ 앞에 '그런데 만일'이 있으므로 부정적인 가정을 해 볼 수 있습니다.

* ㉡ 앞에서 '인생도 마찬가지이다'가 있으므로 이야기를 인생과 비교해서 유추한 내용을 써야 합니다.

52번 예상 문제 7

운동은 언제 하는 것이 좋을까? 아침에 운동을 하는 것이 건강에 좋다고 생각하는 사람들이 있다. 그러나 (㉠   ). 저녁에 비해서 아침에는 아직 몸이 풀리지 않은 상태이기 때문이다. 그런데 저녁에 운동을 한다고 해서 다 좋은 것은 아니다. 잠자기 한 시간 전에 운동을 하면 수면을 방해할 수 있다. 따라서 (㉡   ).

㉠	㉡	점수
아침 운동은 건강에 좋다	운동은 안 해야 한다	0
아침에 운동이 힘든다	운동은 시간과 관계가 있다	1~2
아침에 운동을 하기가 건강에 나쁘다	잠자기 2시간 전에 하면 좋다	3~4
아침에 운동하는 것은 건강에 좋지 않다	너무 늦지 않은 저녁에 운동하는 것이 좋다	5

* ㉠ 앞에 '그러나'가 있으므로 반대 내용을 써야 합니다.
* ㉡ 아침 운동은 좋지 않고 저녁 운동은 잠자기 한 시간 전에 하면 안 좋다고 했으므로 내용을 추측할 수 있습니다.

52번 예상 문제 8

대학은 고등학교와 완전히 다르다. 모든 일을 자기 스스로 해야 하기 때문이다. 고등학교에서는 교사가 정해 준 계획대로 공부를 해야 한다. 반면에 (㉠   ). 그렇기 때문에 고등학교를 졸업하기 전까지는 수동적인 학생들이 많다. 하지만 (㉡   ).

㉠	㉡	점수
고등학교니까 쉽다	대학교니까 어렵다	0
대학은 혼자 한다	졸업 후에 수동적인 느낌이 없다	1~2
대학은 교사가 정해 주지 않는다	대학은 스스로 하는 학생이 많다	3~4
대학교에서는 자기 스스로 계획을 세워서 공부해야 한다	대학생이 되면 능동적으로 변한다 / 변해야 한다	5

* ㉠ 뒤에 '반면에'가 있으므로 반대가 되는 내용을 써야 합니다.
* ㉡ 앞에 '하지만'이 있으므로 반대되는 내용(수동적 ↔ 능동적)을 써야 합니다.

최신 경향 52번 연습 문제 1

> '가는 말이 고와야 오늘 말이 곱다'는 말이 있다. 이 말은 다른 사람에게 말을 좋게 해야 상대
> 방도 나에게 똑같이 반응한다는 것을 의미한다. 내가 먼저 예의를 갖춰 말을 하면 (㉠ 다른 사
> 람/상대방도 예의를 갖춰 말을 할 것이다). 반면에 내가 예의 없이 말을 하면 상대방도 예의 없
> 이 말을 할 것이다. 이처럼 내가 어떻게 말을 하느냐에 따라서 (㉡ 상대방의 반응이 달라진다/
> 달라진다는 것을 알 수 있다).

* '가는 말이 고와야 오는 말이 곱다'는 내가 먼저 말이나 행동을 좋게 해야 다른 사람도 똑같이 반응한다는 의미입니
  다. 따라서 '나의 말/행동'과 '상대방의 말/행동'이 서로 호응되어야 합니다.
* ㉠은 '내가 먼저 예의를 갖추다'가 있으므로 '상대방도 예의를 갖추다'를 써야 합니다. 그리고 '-(으)면'이 있기 때문에
  문장 끝에 '-(으)ㄹ 것이다'를 써야 합니다.
* ㉡은 '이처럼'은 앞에서 한 말을 다시 정리할 때 사용합니다. 그리고 '-느냐에 따라서'는 앞 상황에 따라 결과가 '달라
  진다'고 말할 때 사용하므로 이 글의 주제를 다시 쓰면 됩니다.

최신 경향 52번 연습 문제 2

> 최근 미세먼지가 심한 날이 많다. 미세먼지가 입이나 코로 들어가면 건강에 안 좋은 영향을
> 미친다. 그래서 미세먼지가 심한 날에는 건강을 위해서 꼭 (㉠ 마스크를 써야 한다). 그런데 전
> 문가들은 마스크를 쓸 때 (㉡ 미세먼지용 마스크를 써야 한다고 한다/쓰라고 한다). 왜냐하면
> 미세먼지용 마스크를 쓰지 않고 일반 마스크를 쓰면 거의 효과가 없기 때문이다.

* '㉠ 앞에는 '건강을 위해서', ㉠ 뒤에는 전문가들은 '마스크를 쓸 때'가 있으므로 ㉠에는 '마스크를 쓰다'를 써야 합니
  다. 그런데 '을 위해서'가 있기 때문에 '아/어/해야 한다'가 호응이 됩니다.
* ㉡ 앞에는 '마스크를 쓸 때', ㉡ 뒤에는 '미세먼지용 마스크를 쓰지 않으면 효과가 없다'가 있으므로 ㉡에는 '미세먼지
  용 마스크를 쓰다'를 써야 합니다. 그런데 ㉡ 앞에 '전문가들은'이 있기 때문에 간접화법(-다고/라고 하다)을 사용해야
  합니다.

최신 경향 52번 연습 문제 3

> 등산을 즐겨 하는 사람들이 많다. 사람들이 등산을 하는 **목적은** (㉠ 몸을 건강하게/튼튼하게 하는) 것이다. 몇 시간 동안 산을 오르내리면 **몸이 튼튼해지기** 때문이다. 그런데 맑은 공기를 마시면 스트레스가 풀려서 **마음도 저절로 건강해진다.** **이처럼** 등산은 **단순히** (㉡ 몸 건강에만 도움을 주는 것이 아니라) 정신 건강에도 도움을 준다.

* ㉠에는 등산을 하는 목적을 써야 하는데 ㉠ 뒤에는 '몸이 튼튼해진다'가 있으므로 답을 쉽게 추측할 수 있습니다. 그런데 여기는 괄호가 문장 중간에 있으므로 종결형(-다/ㄴ다)으로 쓰면 안 되고 '것이다'와 어울리는 '-는 (것이다)'을 써야 합니다.

* ㉡에는 '이처럼'이 있으므로 앞의 내용을 정리하는 내용을 써야 합니다. 여기도 괄호가 문장 중간에 있는데 '단순히'가 있기 때문에 '단순히 + -(으)ㄴ/는 것이 아니라'를 사용해서 문장을 완성해야 합니다.

최신 경향 52번 연습 문제 4

> 가족이라도 서로 예의를 지켜야 한다. 그런데 가족에게는 아무 말이나 함부로 하는 사람이 있다. **왜냐하면** 가족이니까 다 (㉠ 이해해 줄 있다고 생각하기 때문이다). 하지만 가족이라고 해서 **다 이해해 줄 수 있는 것은 아니다.** 그러므로 가족 간에도 (㉡ 서로 예의를 지켜야 한다).

* ㉠ 뒤에 '하지만 가족이라고 해서 다 이해할 수 없다'는 내용이 있으므로 ㉠에는 '가족이니까 다 이해해 준다'는 내용을 써야 합니다. 그런데 '왜냐하면'이 있으므로 '-기 때문이다'를 써야 합니다.

* ㉡ 앞에 '그러므로'가 있기 때문에 앞에 한 말을 다시 정리해야 합니다. 그리고 '그러므로 + -아/어야 한다'가 호응되므로 '예의를 지켜야 한다'를 써야 합니다.

53번 답안 작성 전략 ①

▶▶ 본책 90~91쪽

● 학생 답안 및 평가

<상> 내용 및 과제 수행 ★★★   전개 구조 ★★★   언어 사용 ★★★

    이 그래프는 60대와 20대 각각 400명을 대상으로 건강을 지키는 방법에 대해 조사를 실시한 것이다. 60대의 경우 건강을 지키기 위해 운동을 한다가 62%로 가장 높게 나타났고 그 다음으로 건강식품을 먹어야 한다가 30%를 차지했다. 마지막으로 잘 자야 한다는 8%에 불과했다. 반면에 20대의 경우는 운동을 해야 한다가 55%로 가장 높았고 그 다음으로 잘 자야 한다가 40%, 건강식품을 먹어야 한다가 5%로 나타났다. 이 설문 조사 결과를 통해서 60대와 20대 모두 건강을 위해서는 운동이 필요하다고 생각하는 사람이 가장 많다는 것을 알 수 있다.

<하> 내용 및 과제 수행 ☆   전개 구조 ★   언어 사용 ★☆

    60대와 20대 400명을 대상으로 건강을 지키는 방법에 대해 조사를 실시한 것이다. 60대가 운동하기 62%를 가장 높게 나타났고 건강식품 먹기 30%를 나타났고 잘 자기 8%를 나타났다. 20대가 운동하기 55%를 나타났고 잘 자기 40%, 건강식품 먹기 5%로 나타났다.

설문 조사 그래프 문제입니다.

내용 및 과제 수행 ☆	글자 수가 부족합니다(약 160자). 200~300자로 쓰는 것이 아주 중요합니다.
전개 구조 ★	서론·본론·결론 중에 결론이 없습니다. 그래프에서는 결론을 쓰는 것이 중요합니다.
언어 사용 ★☆	같은 문법을 반복해서 사용하고 있습니다(으로 나타나다). 다양한 문법을 쓰면 좋습니다. 그리고 문제 그대로 쓰면 안 되고 문장으로 써야 합니다(운동하기 → 운동을 해야 한다). 또한 조사를 틀린 것이 많습니다(30%를 나타나다 X → 30%로 나타나다 ○).

41

53번 연습 문제 ① 해설

▶▶ 본책 92~95쪽

53번 연습 문제 ① - 1

<상> 내용 및 과제 수행 ★★★　　　전개 구조 ★★★　　　언어 사용 ★★★　　　**참 잘했어요!**

　이 그래프는 외국인과 한국인 300명을 대상으로 좋아하는 한국 음식에 대해 조사를 실시한 것이다. 조사 결과 외국인의 경우는 비빔밥이 70%로 가장 높게 나타난 반면 한국인의 경우 비빔밥은 20%로 가장 낮았다. 다음으로 불고기를 좋아한다는 대답이 외국인과 한국인 모두 25%로 동일하게 나타났다. 그리고 김치찌개를 좋아하는 외국인은 5%에 불과한데 반해 한국인은 김치찌개가 55%로 가장 높게 나타났다. 이 설문 조사 결과를 통해서 외국인과 한국인이 좋아하는 한국 음식이 다르다는 것을 알 수 있다.

<하> 내용 및 과제 수행 ★☆　　　전개 구조 ★★　　　언어 사용 ☆

〈조사가 많이 틀린 경우〉

　그래프는 외국인과 한국인 300명을 대상으로 좋아하는 한국 음식에 대해 조사를 실시했다.

　조사 결과 외국인이 비빔밥은 70%를 가장 높게 나타났다. 불고기는 25% 나타났고 김치찌개는 5%로 나타났다. 한국인이 김치찌개는 가장 높게 55% 나타났다. 불고기가 25% 비빔밥이 20%이 나타났다.

　이 설문 조사 결과 외국인과 한국인이 좋아하는 한국 음식이 다르다는 것을 알 수 있다.

설문 조사 그래프 문제입니다.

내용 및 과제 수행 ★☆	본론의 내용에서 비교가 잘 되어 있지 않습니다(둘 다 25%인 부분 비교 없음).
전개 구조 ★★	구조는 비교적 괜찮습니다.
언어 사용 ☆	조사를 많이 틀렸습니다(밑줄 친 부분). 그리고 표현이 다양하지 않고 계속 반복됩니다.

53번 연습 문제 ① - 2

<상> 내용 및 과제 수행 ★★★   전개 구조 ★★★   언어 사용 ★★★   **참 잘했어요!**

　이 그래프는 10대와 30대 300명을 대상으로 스마트폰으로 많이 하는 것에 대해 조사를 실시한 것이다. 조사 결과 10대의 경우 게임이 45%로 가장 높게 나타났고 그 다음으로 음악이 27%, 쇼핑이 18% 순으로 나타났다. 마지막으로 뉴스는 10%에 불과했다. 반면에 30대는 뉴스가 39%로 가장 높았고 그 다음으로 음악이 27%, 쇼핑이 22%였으며 게임이 12%로 가장 낮았다. 이 조사 결과를 통해 10대와 30대가 스마트폰으로 많이 하는 것이 크게 다르다는 것을 알 수 있다.

<하> 내용 및 과제 수행 ☆   전개 구조 ★   언어 사용 ☆

〈추측의 표현을 사용한 경우〉

　10대는 게임이 45%이고 음악이 27%, 쇼핑이 18%, 뉴스는 10%였다. 그러나 30대는 뉴스가 39%, 음악이 27%, 쇼핑이 22%, 게임이 12%다. 10대는 게임을 좋아지만 30대는 게임이 제일 낮다. 10대는 뉴스를 별로 안 보지만 30대는 뉴스를 많이 보는 것 같다. 30대랑 10대랑 반대인 것 같다.

설문 조사 그래프 문제입니다.
내용 및 과제 수행 ☆　　　160자 정도로 글자 수가 많이 부족합니다.
전개 구조 ★　　　서론이 없습니다.
언어 사용 ☆　　　표현이 거의 없습니다. 추측의 표현이 많은데 53번 글에서 어울리지 않습니다.

53번 연습 문제 ① - 3

<상> 내용 및 과제 수행 ★★★　　　전개 구조 ★★★　　　언어 사용 ★★★　　　**참 잘했어요!**

이 그래프는 성인 남녀 500명을 대상으로 자주 읽는 독서 분야에 대해 설문 조사를 실시한 것이다. 조사 결과 남자의 경우 경제 분야의 책이 67%로 가장 높게 나타났고 그 다음으로 문학 분야가 20%를 차지했다. 마지막으로 역사 분야는 13%였다. 반면에 여자의 경우는 문학 분야가 70%로 가장 높았고 그 다음으로 경제 분야가 23%, 역사 분야는 7%에 불과했다. 이 설문 조사 결과를 통해서 남녀가 자주 읽는 독서 분야가 다르다는 것과 남녀 모두 역사 분야의 책을 가장 적게 읽는다는 것을 알 수 있다.

<하> 내용 및 과제 수행 ★★　　　전개 구조 ★★☆　　　언어 사용 ☆

〈표현을 반복해서 사용한 경우〉

　　이 그래프는 성인 남녀 500명을 대상으로 자주 읽는 독서 분야에 대해 설문 조사했다. 남자의 1등은 경제가 67%에 나타났고 여자의 1등은 문학이 70%로 나타났다. 남자의 2등은 문학이고 20%에 나타났고 여자의 2등은 경제가 23%에 나타났다. 3등은 역사 책이 남자는 13%, 여자는 7%로 가장 낮았다. 이 설문조사를 보면 남녀 모두 역사책을 가장 적게 읽는 것으로 나타났다.

설문 조사 그래프 문제입니다.

내용 및 과제 수행 ★★	글자 수가 조금 부족합니다.
전개 구조 ★★☆	서론과 결론은 비교적 괜찮은 편입니다.
언어 사용 ☆	표현이 거의 없습니다('나타나다' 반복). 어울리는 단어를 사용하지 않았습니다 (1등, 2등 X).

53번 연습 문제 ① - 4

<상> 내용 및 과제 수행 ★★★　　　전개 구조 ★★★　　　언어 사용 ★★★　　　**참 잘했어요!**

	이		그	래	프	는		19	90	년	부	터		20	10	년	까	지
아	동	과		노	인		인	구		변	화	에		대	해		나	타	낸
것	이	다	.	조	사		결	과		아	동		인	구	는		19	90	년
에		26	%	였	는	데		20	00	년	에		19	%	로		7	%	
감	소	하	였	고		20	10	년	에		15	%	로		4	%		감	소
하	였	다	.	반	면	에		노	인		인	구	의		경	우		19	90
년	에		5	%	에		불	과	했	으	나		20	00	년	에		7	%
로		2	%		증	가	했	고		20	10	년	에		9	%	로		증
가	했	다	.	이		그	래	프	를		통	해		아	동		인	구	는
급	격	히		줄	어	드	는		데		반	해		노	인		인	구	는
꾸	준	히		증	가	하	고		있	다	는		것	을		알		수	
있	다	.																

<하> 내용 및 과제 수행 ☆　　　전개 구조 ★　　　언어 사용 ☆

〈구어 표현을 사용한 경우〉

　여기에서 1990년부터 2010년까지 아동이랑 노인 인구 변화에 대해 조사했다. 조사 결과는 아동은 1990년에 26%였는데 2000년에 19% 2010년에 15%였다. 근데 1990년에 노인은 5%였는데 그 다음 10년 후에 2000년 7% 증가했고 2010년에 9% 증가했다. 아동은 빨리 감소하는데 노인은 천천히 증가한다. 노인한테 문제가 생길 수도 있다.

설문 조사 그래프 문제입니다.
내용 및 과제 수행 ★☆　　　본론의 내용에서 비교가 잘 되어 있지 않습니다.
전개 구조 ★★　　　구조는 비교적 괜찮습니다.
언어 사용 ☆　　　구어 표현이 많습니다(밑줄 친 부분).

53번 답안 작성 전략 ②

▶▶ 본책 110~111쪽

● 학생 답안 및 평가

<상> 내용 및 과제 수행 ★★★   전개 구조 ★★★   언어 사용 ★★★

> 대중교통이란 일반 대중들이 이용할 수 있는 모든 교통시설 및 수단이다. 이러한 대중교통의 종류는 다양한데 크게 도로 수단, 철도 수단, 항공 수단으로 나눌 수 있다. 먼저 도로 수단은 버스, 택시 등으로 어디서나 쉽게 탈 수 있다는 장점이 있는 반면에 길이 막히면 오래 걸린다는 단점이 있다. 다음으로 철도 수단이 있는데 기차, 지하철 등이 있다. 약속 시간을 지키기 좋은 반면에 대도시가 아니면 못 탄다. 마지막으로 비행기와 같은 항공 수단이 있는데 항공 수단은 짧은 시간에 멀리 간다는 장점이 있는데 반해 날씨가 안 좋으면 타지 못한다는 단점이 있다. 이처럼 대중교통은 종류가 다양하며 각각의 장단점이 있다.

<하> 내용 및 과제 수행 ★   전개 구조 ★   언어 사용 ★

> 대충교통은 도로 수단, 철도 수단, 항공 수단이다. 도로 수단은 길로 가고 버스, 택시가 있다. 철도 수단은 철도를 이용하며 기차와 지하철이다. 항공 수단은 하늘을 나는 것으로 비행기가 있다. 버스 택시는 어디서나 쉽게 탈 수 있다. 길이 막히면 오래 걸림, 철도 수단은 약속 시간을 지키기 좋기 때문에 나는 <u>제일 자주 탄다.</u> 대도시가 아니면 못 탐. <u>나는 서울에 사니까 괜찮다.</u> 비행기는 짧은 시간에 멀리 가지만 날씨가 안 좋아면 못 탄다.

분류 형태의 문제입니다.

내용 및 과제 수행 ★   필요 없는 자신의 생각이 많이 포함되어 있습니다(밑줄 친 부분).

전개 구조 ★   연결 표현이 거의 없습니다(먼저, 다음으로, 마지막으로).

언어 사용 ★   분류 형태에서는 분류((으)로 나눌 수 있다), 예시(등이 있다), 장단점, 특징(-다는 특징이 있다, -다는 장점/단점이 있다) 등의 표현을 사용해야 하는데 다양한 문법 표현이 없습니다.
단어도 틀린 것이 있습니다(대충교통 X → 대중교통 ○, 좋아면 → 좋으면 ○).
문제 그대로 쓰면 안 되고 문장으로 써야 합니다(대도시가 아니면 못 탐 → 못 탄다).

53번 연습 문제 ② 해설

▶ 본책 112~115쪽

53번 연습 문제 ② - 1

<상> 내용 및 과제 수행 ★★★　　전개 구조 ★★★　　언어 사용 ★★★

참 잘했어요!

	현	대		사	회	에	서		S	N	S	는		우	리	와		떼	려
야		뗄		수		없	는		생	활	의		일	부	분	이		되	었
다	.	하	지	만		S	N	S	를		잘	못		사	용	하	면		많
은		문	제	가		생	길		수		있	으	므	로		S	N	S	를
올	바	르	게		이	용	하	기		위	해	서	는		장	점	과		단
점	을		살	펴	보	아	야		한	다	.	먼	저		S	N	S	는	
언	제	,	어	디	서	나		사	람	들	과		소	통	할		수		있
을		뿐	만		아	니	라		자	신	의		생	각	을		사	람	들
과		나	눌		수		있	다	는		장	점	이		있	다	.	반	면
에		S	N	S	는		시	간	을		낭	비	할		수	도		있	는
데	다	가		개	인		정	보	가		노	출	될		수	도		있	다
는		단	점	도		있	다	.	따	라	서		S	N	S	를		잘	
이	용	하	기		위	해	서	는		시	간	을		정	해		놓	고	
하	거	나		개	인		정	보	가		노	출	되	지		않	게		정
보		관	리	를		잘		해	야		할		것	이	다	.			

<하> 내용 및 과제 수행 ☆　　전개 구조 ☆　　언어 사용 ★☆

〈표에 없는 내용을 많이 쓴 경우〉

　　SNS의 장점은 언제 어디서나 사람들과 소통할 수 있다. 고향에 있는 친구와 연락할 수도 있다. 그리고 자신의 생각을 사람들과 나눌 수 있다. 그리고 SNS에서 광고도 할 수 있다. SNS의 단점은 시간을 낭비할 수도 있다. SNS를 하면 하루종일 컴퓨터를 할 때도 있다. 그리고 개인 정보가 노출될 수도 있는 것 같다. 또한 확실하지 않은 정보가 많다.

장점과 단점 문제입니다.
내용 및 과제 수행 ☆　　　글자 수가 부족합니다(200자 미만). 질문에 있는 'SNS를 잘 이용하기 위해서'의
　　　　　　　　　　　　　내용이 없습니다. 그리고 표에 없는 내용이 포함되어 있습니다(밑줄 친 부분).
전개 구조 ☆　　　　　　　서론과 결론이 없습니다.
언어 사용 ★☆　　　　　　비교 · 대조의 표현이 없고 구어적인 표현이 있습니다.

53번 연습 문제 ② - 2

<상> 내용 및 과제 수행 ★★★   전개 구조 ★★★   언어 사용 ★★★   **참 잘했어요!**

　분리수거란 쓰레기를 종류에 따라 분류해서 버리는 것이다. 이러한 분리수거는 종류에 따라 음식물 쓰레기, 재활용 쓰레기, 일반 쓰레기로 나눌 수 있다. 먼저 음식물 쓰레기는 음식물, 과일 껍질 등으로 음식물만 따로 버려야 하고 동물의 뼈는 버릴 수 없다. 다음으로 재활용 쓰레기는 종이, 캔, 병 등이 이에 속한다. 종류별로 분리해야 하고 정해진 요일에 버려야 한다. 마지막으로 일반 쓰레기는 사용한 휴지나 닭 뼈 등이 있다. 쓰레기봉투를 따로 구입해야 하고 음식물, 재활용 쓰레기를 버리면 안 된다. 이처럼 분리수거는 쓰레기의 종류에 따라 버리는 방법이 달라진다.

<하> 내용 및 과제 수행 ☆   전개 구조 ★   언어 사용 ★☆

〈필요한 정보가 빠져 있는 경우〉

　분리수거는 음식물 쓰레기, 재활용 쓰레기, 일반 쓰레기가 있다. 첫 번째 음식물 쓰레기는 음식물, 과일 껍질이고 음식물만 따로 버려야 한다. 둘 번째 재활용 쓰레기는 종류별로 분리하고 정해진 요일에 버린다. 셋 번째 일반 쓰레기는 사용한 휴지나 닭 뼈다. 쓰레기봉투를 구입하고 여기에 음식물, 재활용 쓰레기를 버리지 마세요. 분리수거는 쓰레기의 종류에 따라 버리는 방법이 다르다. 그러니까 잘 생각해서 버려야 한다.

분류 형태의 문제입니다.

내용 및 과제 수행 ☆　　　200자는 넘었으나 표의 내용 중에서 빠진 내용이 많습니다.

전개 구조 ★　　　　　　서론이 없고 첫 번째, 두 번째, 세 번째의 연결 표현은 있지만 철자가 틀렸습니다(밑줄 친 부분).

언어 사용 ★☆　　　　　분류, 예시 등의 문법이 거의 없고 문장의 끝에 서술문을 쓰지 않은 것도 있습니다(-아/어요).

\<상\> 내용 및 과제 수행 ★★★　　　전개 구조 ★★★　　　언어 사용 ★★★　　　　**참 잘했어요!**

　　최근 한국은 빠르게 고령화 사회가 되어 가고 있다. 2000년 전체 인구의 7%에 불과했던 65세 이상 노인 인구는 꾸준히 증가해서 2014년에는 전체 인구의 15%에 달했다. 14년 사이에 노인 인구의 비율이 2배 이상 증가한 것이다. 이러한 증가의 원인은 다음과 같다. 첫째, 의학이 발달했기 때문이다. 둘째, 의학의 발달로 평균 수명이 증가하면서 노인 인구가 증가하였다. 셋째, 출산율이 저하된 것도 고령화 사회의 원인들로 보았을 때 한국의 노인 인구는 지속적으로 증가할 전망이다.

\<하\> 내용 및 과제 수행 ★☆　　　전개 구조 ★★　　　언어 사용 ☆

〈조사를 거의 안 쓴 경우〉

　　최근 한국의 고령화 변화는 <u>2000년 7% 노인이 2014년 15% 노인이 늘었다.</u>

　　<u>이런 현황을 만든 이유가 세까지 있다.</u> 첫째, 의학의 발달기 때문이다. 둘째, <u>평균수명 증가기</u> 때문이다. 셋째, 출산율 저하이다.

　　이런 노인이 늘고 있는 현황이 계속 발전하면 꼭 큰 문제가 생길 수 있다. 노인이 늘기 때문에 사회문제가 생기면 안돼다고 생각했다.

원인과 현황 문제입니다.
내용 및 과제 수행 ★☆　　　200자보다 많이 썼지만 필요 없는 내용을 빼면 내용이 적습니다.
전개 구조 ★★　　　구조는 비교적 괜찮습니다.
언어 사용 ☆　　　조사를 거의 안 썼습니다. 그리고 문장으로 쓰지 않고 단어만 나열한 느낌입니다 (밑줄 친 부분).

53번 연습 문제 ② - 4

<상> 내용 및 과제 수행 ★★★　　　전개 구조 ★★★　　　언어 사용 ★★★

참　잘했어요!

| | 최 | 근 | | 한 | 국 | 은 | | 저 | 출 | 산 | | 문 | 제 | 가 | | 심 | 각 | 해 | 지 |
|고| |있|다|.| |19|70|년|대|에|는| |신|생|아| |출|생|이|
10	1	만		명	에		달	했	으	나		이	후		20	00	년		대
에	는		신	생	아		출	생	이		44	만		명	으	로		감	소
했	다	.	30	년		사	이	에		신	생	아		출	생	이		절	반
이	하	로		줄	어	든		것	이	다	.	이	러	한		출	산	율
감	소	의		원	인	은		다	음	과		같	다	.	첫	째	,		양	육
비		부	담	이		증	가	했	기		때	문	이	다	.	둘	째	,		여
성	의		사	회	진	출	이		증	가	했	기		때	문	이	다	.		셋
째	,		젊	은		부	부	들	의		출	산	에		대	한		의	식
변	화	도		저	출	산	의		원	인	이		되	었	다	.	이	러	한
원	인	을		보	았	을		때		양	육	비		부	담	이		줄	거	나
나		출	산	에		대	한		인	식	이		변	하	지		않	으	면
저	출	산		문	제	는		계	속	될		전	망	이	다	.			

<하> 내용 및 과제 수행 ☆　　　전개 구조 ★★　　　언어 사용 ★☆

〈필요 없는 자신의 생각을 많이 쓴 경우〉

　최금 한국은 저출산 문제 심각해지고 있다. 1970년대 신생아의 출생은 101만 명이었는데 2000년대에 아이의 출생이 44만 명이다. 이러한 감소하고 있는 원인은 여러 가지 있다. 첫째, 양육비 부담의 증가이다. 요즘 생활에 물가가 천천히 증가하고 경쟁률 때문에 양육비가 증가하고 있다. 둘째, 여성 사회 진출 증가이다. 여성들이 사회생활에서 일자리를 찾고 혼자 잘 살고 있다. 셋째, 젊은 부부들 출산에 대한 의식 변화이다. 요즘 아이를 싫어하는 부부 많다.

　이러한 3가지 원인이라서 한국 출산율이 감소하고 있다.

원인과 현황 문제입니다.

내용 및 과제 수행 ☆	200자보다 많이 썼지만 필요 없는 자기 생각이 너무 많습니다(밑줄 친 부분).
전개 구조 ★★	구조는 비교적 괜찮습니다.
언어 사용 ★☆	조사가 없는 곳이 많습니다.

53번 예상 문제 해설

▶▶ 118~121쪽

53번 예상 문제 1

<상> 내용 및 과제 수행 ★★★   전개 구조 ★★★   언어 사용 ★★★

참 잘했어요!

	이		그	래	프	는		주	부		30	0	명	을		대	상	으	로
명	절	에		받	고		싶	은		선	물	과		주	고		싶	은	
선	물	에		대	해		조	사	를		실	시	한		것	이	다	.	조
사		결	과		받	고		싶	은		선	물	은		현	금	으	로	
54	%	를		차	지	했	다	.		주	고		싶	은		선	물	로	도
현	금	이		45	%	로		가	장		높	았	다	.		그		다	음	으
로		받	고		싶	은		선	물	의		경	우		상	품	권	이	
33	%	,		한	우	가		8	%	,		과	일	이		5	%		순	으	로
나	타	났	다	.		주	고		싶	은		선	물	의		경	우		상	품
권	이		25	%	,		한	우	가		23	%	로		상	품	권	과		한
우	가		비	슷	하	게		나	타	났	고		과	일	은		7	%	를
차	지	했	다	.		이		조	사		결	과	를		통	해		주	부	들
이		명	절	에		받	고		싶	은		선	물	과		주	고		싶
은		선	물	이		비	슷	하	다	는		것	을		알		수		있
다	.																		

<하> 내용 및 과제 수행 ☆   전개 구조 ★   언어 사용 ★★☆

〈비교를 하지 않은 경우〉

  이 그래프는 주부 300명을 대상으로 명절 선물에 대해 조사를 실시한 것이다.

  현금이 54%로 가장 높게 나타났고 그 다음으로 상품권이 33%를 차지했다. 한우 8%, 과일 5% 가 그 뒤를 이었다. 그러나 현금이 45%로 나타났고 상품권이 25%를 차지했으며 한우가 23%로 그 뒤를 이었다. 마지막으로 과일은 7%에 불과했다.

설문 조사 그래프 문제입니다.

내용 및 과제 수행 ☆   비교를 하지 않고 표의 내용을 썼습니다. 주어를 쓰지 않았습니다.

전개 구조 ★   결론이 없습니다.

언어 사용 ★★☆   표현은 다양하게 사용한 편입니다.

53번 예상 문제 2

<상> 내용 및 과제 수행 ★★★   전개 구조 ★★★   언어 사용 ★★★

　동물은 어떻게 새끼를 낳는지 피부가 어떤지 등에 따라 그 종류를 나눌 수 있는데 크게 포유류와 조류, 파충류로 나눌 수 있다. 먼저 포유류는 소, 돼지, 개 등으로 피부가 털로 덮여 있다는 특징이 있다. 다음으로 조류는 닭, 오리 등이 있으며 날개를 가지고 있다는 특징이 있다. 마지막으로 파충류는 거북이와 뱀 등이 있는데 피부가 비닐로 덮여 있다는 특징을 가진다. 이러한 동물들은 새끼를 낳는 방법이 다른데 포유류는 새끼를 낳는데 반해 조류와 파충류는 알을 낳는다는 공통점이 있다.

<하> 내용 및 과제 수행 ★★☆   전개 구조 ★★   언어 사용 ☆

〈철자를 많이 틀린 경우〉

　동물은 사람과 다른데 차이점은 말을 못한다. 동물은 포유류와 조류, 파충류가 있다. 포유류는 소, 돼지, 개 등으로 피부가 털로 덮여 있다. 그리고 조류는 닭, 오리 등이 있고 날개를 가지고 있음. 그리고 파충류는 거북이와 뱀 등이 있는데 피부가 비닐로 덥여 있음. 동물들은 아기를 낫는 방법이 다른데 포요류는 새끼를 낫지만 조류와 파충류는 알을 나은다.이렇게 같은 동물이지만 아기 나은 방법이 다른다.

분류 문제입니다.
내용 및 과제 수행 ★★☆ 표에 있는 내용을 모두 포함하고 있습니다.
전개 구조 ★★　　　　 서론이 있기는 하지만 내용이 어울리지 않습니다.
언어 사용 ☆　　　　　 철자를 많이 틀렸습니다. 그리고 문장으로 쓰지 않고 '-(으)ㅁ'으로 끝낸 문장도 있습니다(밑줄 친 부분).

52

53번 예상 문제 3

<상> 내용 및 과제 수행 ★★★   전개 구조 ★★★   언어 사용 ★★★   **참 잘했어요!**

이 그래프는 최근 5년간 한국을 방문한 외국인 관광객 수의 변화에 대해 나타낸 것이다. 조사 결과 2010년에 한국을 방문한 외국인의 수는 810만 명이었는데 2011년에 소폭 감소하였다. 그러나 그 이후 관광객 수는 꾸준히 증가하여 2014년에는 1400만 명이 한국을 방문하였다. 이렇게 한국을 방문한 외국인 관광객 수가 꾸준히 증가한 원인은 첫째, 드라마와 K-POP이 인기를 얻었기 때문이고 둘째, 과거에 비해 비자를 받는 것이 쉬워졌기 때문이다. 앞으로 관광객 수는 계속 증가할 것이며 관광객 수의 증가는 관광 산업에 긍정적인 영향을 줄 전망이다.

<하> 내용 및 과제 수행 ☆   전개 구조 ★   언어 사용 ★

〈그래프의 내용을 전혀 설명 안 한 경우〉

최근에 한국을 방문한 외국인 수가 증가했다. 증가한 원인은 첫째, 드라마와 K-POP이 인기를 얻었다. 둘째 비자 받는 것이 쉬워진다. 전망은 첫째 관광객 수 계속 증가하는 전망이다. 둘째 관광 산업에 긍정적 영향는 전망이다.

그래프 + 원인 + 전망 문제입니다.

내용 및 과제 수행 ☆   120자 정도로 내용이 많이 부족합니다. 그래프 + 원인 + 전망을 모두 써야 하는데 그래프를 전혀 설명하지 않았습니다. 또한 마지막 전망 부분도 설명이 맞지 않습니다.

전개 구조 ★   내용이 부족하므로 서론 · 본론 · 결론의 구분이 정확하지 않습니다.

언어 사용 ★   원인을 설명한 부분을 빼고 대부분 표현이 정확하지 않습니다.

53번 예상 문제 4

<상> 내용 및 과제 수행 ★★★　　　전개 구조 ★★★　　　언어 사용 ★★★　　　**참 잘했어요!**

　이 안내문은 35회 서울 마라톤 대회로 인해서 교통을 통제하는 것에 대해서 나타낸 것이다. 서울 마라톤 대회는 2016년 3월 29일에 열리는데 교통 통제도 같은 날인 3월 29일 오전 10시부터 오후 4시까지 이루어진다. 통제되는 구간은 삼성역 사거리에서 코엑스 사거리까지이며 이 구간에서 모든 차들이 다닐 수 없다. 따라서 이곳을 지날 때는 지하철을 이용하는 것이 좋다. 좀 더 많은 정보를 원한다면 교통 정보센터 홈페이지에 접속하거나 스마트폰 앱을 이용하도록 한다.

<하> 내용 및 과제 수행 ★☆　　　전개 구조 ★★　　　언어 사용 ☆

〈문장으로 표현하지 않은 경우〉

　35회 서울 마라톤 대회로 인한 교통 통제 안내이다. 대회 일시 2016년 3월 29일, 통제 일시 2016년 3월 29일 오전 <u>10:00 ~ 오후 4:00</u>이다. 통제 구간 <u>삼성역 사거리 → 코엑스 사거리</u>. 차는 다 다닐 수 없으므로 <u>지하철을 이용하기</u>. 참고 교통 정보센터 홈페이지 인터넷에 가면 볼 수 있다. 스마트폰 앱도 참고해도 된다.

안내문을 글로 표현하는 문제입니다.
내용 및 과제 수행 ★☆　　내용은 대부분 포함하고 있으나 글자 수가 부족합니다.
전개 구조 ★★　　　　　대부분의 내용이 있으므로 구조에 큰 문제는 없습니다.
언어 사용 ☆　　　　　　문장으로 써야 하는 것을 기호(~, :, →)로 썼습니다. 표를 글로 표현해야 하므로 이렇게 쓰지 않도록 조심해야 합니다(밑줄 친 부분).

최신 경향 53번 연습 문제 1

	결	혼	문	화	연	구	소	에	서		25	~	39	살		미	혼		남
녀		3	,	00	0	명	을		대	상	으	로			'	결	혼	을	꼭
해	야		하	는	가	'	에		대	해		조	사	하	였	다	.	조	사
결	과		'	아	니	다	'	라	고		응	답	한		비	율	이		남
자	는		65	%	,		여	자	는		80	%	로		결	혼	하	지	않
아	도		된	다	는		응	답	이		절	반	을		넘	었	다	.	반
면	에		'	그	렇	다	'	라	고		응	답	한		비	율	은		남
자	는		35	%	,		여	자	는		20	%	에		불	과	했	다	.	이
들	이		'	아	니	다	'	라	고		응	답	한		이	유	에		대
해		남	자	는		결	혼	비	용	이		부	담	스	러	워	서	,	여
자	는		자	유	로	운		생	활	이		불	가	능	해	서	라	고	
응	답	한		경	우	가		가	장		많	았	다	.	이	어		남	자
는		자	유	로	운		생	활	이		불	가	능	해	서	,	여	자	는
사	회	적		성	공	을		원	하	기		때	문	이	라	고		응	답
하	였	다	.																

> 　결혼문화연구소**에서** 25~39살 미혼 남녀 3,000명**을** 대상으로 '결혼을 꼭 해야 하는가'**에 대해 조사**
> **하였다. 조사 결과** '아니다'**라고 응답한 비율이** 남자는 65%, 여자는 80%로 결혼하지 않아도 된다는
> 응답이 절반을 넘었다. **반면에** '그렇다'**라고 응답한 비율은** 남자는 35%, 여자는 20%**에** 불과했다.
> **이들이** '아니다'**라고 응답한 이유에 대해** 남자는 결혼비용이 부담스러**워서,** 여자**는** 자유로운 생활
> 이 불가능해**서라고 응답한** 경우가 가장 많았다. **이어** 남자는 자유로운 생활이 불가능**해서,** 여자**는**
> 사회적 성공을 원하**기 때문이라고 응답하였다.**

최신 경향 53번 연습 문제 2

		최	근		20	여		년	간		종	이	책		판	매	량	이		급
격	하	게		감	소	했	다	.	20	00	년	에		10	00	만		부	에	
달	했	던		종	이	책		판	매	량	이		20	18	년	에	는			48
0	만		부	로		대	폭		줄	었	다	.	이	러	한		종	이	책	
판	매	량		감	소	의		원	인	으	로		우	선		전	자	책	을	
이	용	하	는		사	람	들	이		증	가	한		것	을		들		수	
있	다	.	다	음	으	로		종	이	책	보	다		영	상		매	체	를	
선	호	하	는		젊	은	이	들	이		증	가	한		것	도		감	소	
의		원	인	이		되	었	다	.	이	런		현	상	이		지	속	된	
다	면		앞	으	로	도		종	이	책		판	매	량	이		지	속	적	
으	로		감	소	할		것	이	고		온	라	인	,	전	자	책		시	
장	이		확	대	될		것	으	로		전	망	된	다	.					

최근 20여 년간 종이책 판매량이 급격하게 감소했다. 2000년에 1000만 부에 달했던 종이책 판매량이 2018년에는 480만 부로 대폭 줄었다. 이러한 종이책 판매량 감소의 원인으로 우선 전자책을 이용하는 사람들이 증가한 것을 들 수 있다. 다음으로 종이책보다 영상 매체를 선호하는 젊은이들이 증가한 것도 감소의 원인이 되었다. 이런 현상이 지속된다면 앞으로도 종이책 판매량이 지속적으로 감소할 것이고 온라인, 전자책 시장이 확대될 것으로 전망된다.

최신 경향 53번 연습 문제 3

	최	근		20	년		동	안		우	체	국		업	무	는		많	이
변	화	했	다	.	19	98	년	에	는		우	편		업	무	가		68	%
였	고		택	배		업	무	는		32	%	로		우	편		업	무	가
훨	씬		많	았	다	.	반	면	에		20	18	년	은		우	편		업
무	가		25	%	로		줄	어	들	었	고		택	배		업	무	는	
75	%	로		2	배		이	상		증	가	했	다	.	이	처	럼		우
체	국	에		택	배		업	무	가		많	아	진		이	유	는		다
음	과		같	다	.	첫	째	,	편	지		대	신	에		이	메	일	을
이	용	하	는		사	람	들	이		많	아	졌	기		때	문	이	다	.
둘	째	,		우	체	국		택	배	의		편	리	함	으	로		인	해
택	배		업	무	가		증	가	하	게		되	었	기		때	문	이	다.

최근 20년 동안 우체국 업무는 **많이 변화했다.** 1998년**에는** 우편 업무**가** 68%**였고** 택배 업무는 32%**로** 우편 업무**가 훨씬 많았다. 반면에** 2018년은 우편 업무가 25%로 줄어들**었**고 택배 업무는 75%로 2배 이상 증가했다. **이처럼** 우체국에 택배 업무가 많아**진 이유는** 다음과 같다. **첫째,** 편지 대신에 이메일을 이용하는 사람들이 많아졌**기 때문이다.** 둘째, 우체국 택배의 편리함**으로 인해** 택배 업무가 증가하**게 되었기 때문이다.**

	최	근		10	년		동	안		노	년	층	의		스	마	트	폰	
사	용	률	이		크	게		증	가	하	였	다	.		먼	저		전	체
인	구	의		스	마	트	폰		사	용	률	을		살	펴	보	면		20
10	년		70	%	에	서		20	18	년		80	%	로		큰		변	화
가		없	는		반	면	에		60	대		노	년	층	의		스	마	트
폰		사	용	률	은		20	10	년		15	%	에	서		20	18	년	
60	%	까	지		크	게		증	가	한		것	을		알		수		있	
다	.		이	처	럼		노	년	층	의		스	마	트	폰		사	용	률	이
증	가	한		원	인	은		첫	째	,		노	년	층	을		대	상	으	로
한		핸	드	폰		회	사	의		마	케	팅	이		성	공	했	기	
때	문	이	라	고		볼		수		있	다	.		둘	째	,		노	년	층	도
전	자	기	기	에		익	숙	해	졌	기		때	문	에		이	런		결
과	가		나	왔	다	고		생	각	해		볼		수		있	다	.		

최근 10년 동안 노년층의 스마트폰 사용률이 크게 증가했다. 먼저 전체 인구의 스마트폰 사용률을 살펴보면 2010년 70%에서 2018년 80%로 큰 변화가 없는 반면에 60대 노년층의 스마트폰 사용률은 2010년 15%에서 2018년 60%까지 크게 증가한 것을 알 수 있다. 이처럼 노년층의 스마트폰 사용률이 증가한 원인은 첫째, 노년층을 대상으로 한 핸드폰 회사의 마케팅이 성공했기 때문이라고 볼 수 있다. 둘째, 노년층도 전자기기에 익숙해졌기 때문에 이런 결과가 나왔다고 생각해 볼 수 있다.

MEMO

● 학생 답안 및 평가

<상> 내용 및 과제 수행 ★★★   전개 구조 ★★★   언어 사용 ★★★

과학 기술이 발전함에 따라 풍요로운 삶을 누리게 되었지만 과학에 지나치게 의존한 탓에 여러 문제점도 생겼다. 따라서 이 글을 통해 과학의 발전이 인류의 생활에 미친 영향에 대해 살펴보고자 한다.

과학은 의학, 정보통신, 교육 등 모든 분야에서 이용된다. 로봇이 수술을 하기도 하고 전 세계에서 일어나는 일들을 스마트폰 하나로 알 수 있으며 교육도 컴퓨터의 도움 없이는 불가능해졌다.

이렇게 과학 기술의 발전은 인간과 떼려야 뗄 수 없는 관계이다. 그러나 모든 것에 일장일단이 있듯 과학도 마찬가지이다. 우선 멀리 있는 사람이나 소식도 쉽게 접할 수 있게 되었다. 또한 기술 발달로 여가 시간이 늘어나게 되었다. 반면 과학 기술의 발전은 기상이변과 같은 환경오염 문제를 초래하였다. 그리고 기계가 인간의 역할을 대신해 오히려 인간이 소외되는 현상이 나타났다.

이렇듯 양면성을 가진 과학을 올바르게 발전시키기 위해서는 첫째, 기술 개발 시 인간의 존엄성을 지킬 수 있도록 신중하게 개발해야 할 것이다. 둘째, 과학 기술을 이용하는 사람들도 이를 도덕적으로 이용해야 할 것이며 인류의 미래를 생각하면서 사용해야 할 것이다.

이상으로 과학이 인류의 생활에 미치는 긍정적 · 부정적 영향에 대해 살펴보았다. 과학은 인간이 만든 것이므로 무엇보다도 우리 스스로 인간 존엄성을 지키는 범위 내에서 과학 기술을 이용해야 할 것이다.

　　과학 기술이 발전함에 따라 좋은 점도 있지만 나쁜 점도 많다. 따라서 이 글을 통해 과학의 발전이 인류의 생활에 미친 영향에 대해 살펴보고자 한다.

　　과학이 어떤 분야에서 이용되는가는 의학 분야서도 이용되고 , 정보통신 분야에서도 이용된다. 뿐만 아니라 교육 등의 분야에서도 이용되기 때문에 모든 분야에서 이용되는 것 같다.

　　과학 기술의 발전과 인류 생활의 관계는 어떠한가는 관계가 너무 큰 것 같다. 왜냐하면 멀리 있는 사람이랑 언제도 쉽게 연락할 수 있다. 나도 유학생인데 스마트폰이나 노트북이 있으니까 부모님과 쉽게 연락할 수 있다. 그리고 과학 기술 때문에 우리 생활이 너무 편해졌다. 우리는 편리한 기계가 없는 생활을 상상도 할 수 없다. 진짜 너무 편하다. 또 한국어를 공부할 때 컴퓨터에서 한국 드라마를 보면도 도움이 된다. 이것은 인터넷이 없으면 할 수 없다. 그러니까 우리 생활의 모든 곳에서 과학의 영향을 많이 받고 있다. 그런데 과학 때문에 환경오염 문제가 생겼다. 스마트폰이 있으니까 친구를 만나도 이야기하지 않고 혼자 스마트폰만 해서 대화를 안 한다. 이건 큰 문제다. 사람과의 교류가 없다.

　　과학 기술을 올바르게 발전시키기 위해서 어떤 노력이 필요한가는 과학을 올바르게 발전시켜야 한다. 첫째, 과학을 지금보다 더 신중하게 개발해야 하고, 둘째, 사람들도 도덕적으로 바르게 이용해야 한다.

　　과학 기술은 장점과 단점이 다 있다. 인류에게 영향도 많이 미쳤다.

과학 발전이 인류의 생활에 미친 영향에 대해 쓰는 서술형의 문제입니다.

내용 및 과제 수행 ★☆
문제에서 요구한 것(이용되는 분야, 과학 기술과 인류 생활의 관계, 과학을 올바르게 발전시킬 수 있는 방법)은 빠지지 않고 잘 썼습니다. 그런데 중간중간 자신의 개인적인 경험을 이야기하는 내용이 있습니다(밑줄 친 부분). 게다가 두 번째 단락은 이용되는 분야에 대한 구체적인 설명 없이 단어만 나열하고 있습니다.

전개 구조 ★★
서론, 본론, 결론에 따라 단락은 잘 구분하였습니다. 그리고 단락이 바뀔 때마다 표현을 사용하기는 하였으나 문제에 제시된 질문을 그대로 쓴 것에 불과합니다.
그리고 단락별로 분량이 적절히 구분되어야 하는데 두 번째 질문에 대한 대답이 다른 것에 비해 지나치게 길 뿐만 아니라 내용 전개에 필요한 표현의 사용도 적습니다. 마지막으로 결론의 내용은 서론의 내용을 그대로 반복한 것에 지나지 않아 앞의 내용을 정리한 것으로 보기 힘듭니다.

언어 사용 ★
한 문장의 길이가 너무 짧습니다. 고급이라면 문장을 연결해서 길게 쓸 수 있어야 합니다. 또한 사용된 문법이 다양하지 않고 초급 수준의 똑같은 문법이 반복적으로 사용되고 있습니다. 단어도 '좋다', '나쁘다'와 같이 단순한 초급 수준의 단어가 많습니다.

54번 연습 문제 ① 해설

▶▶ 본책 144~151쪽

54번 연습 문제 ①-1

<상> 내용 및 과제 수행 ★★★   전개 구조 ★★★   언어 사용 ★★★ | 참 잘했어요! |

	사	이	버		폭	력	이	란		사	이	버		공	간	에	서		언	
어	나		영	상	을		이	용	해		타	인	에	게		불	쾌	감	을	
주	는		것	을		말	하	는	데		인	터	넷		보	급		이	후	
사	이	버		폭	력		문	제	가		끊	임	없	이		일	어	나	고	
있	다	.	따	라	서		이		글	을		통	해		폭	력	을		줄	100
일		수		있	는		방	법	에		대	해		살	펴	보	고	자		
한	다	.																		
	사	이	버		폭	력	으	로		인	해		생	기	는		문	제	는	
먼	저		사	이	버		폭	력	을		당	한		피	해	자	가		정	
신	적	인		충	격	으	로		우	울	증	에		걸	리	거	나		자	200
살	을		하	기	도		한	다	는		것	이	다	.		다	음	으	로	
가	해	자	들	이		피	해	자	의		개	인		정	보	를		노	출	
함	으	로	써		피	해	자	의		일	상		생	활	이		어	려	워	
지	기	도		한	다	.														
	이	러	한		사	이	버		폭	력	의		원	인	은		첫	째	,	300
인	터	넷	의		익	명	성		때	문	이	다	.	사	이	버		공	간	
에	서	는		자	신	의		이	름	을		밝	히	지		않	기		때	
문	에		함	부	로		다	른		사	람	의		욕	을		하	거	나	
공	격	하	기		쉽	다	.	둘	째	,		가	해	자	들	이		사	이	버	
폭	력	의		심	각	성	을		잘		느	끼	지		못	하	기		때	400
문	이	다	.	인	터	넷	에	서	는		아	무	리		심	한		말	을	
해	도		실	제	로		그		사	람	의		몸	을		때	리	는		
것	이		아	니	기		때	문	이	다	.									
	따	라	서		사	이	버		폭	력	을		예	방	하	기		위	해	
서	는		반	드	시		인	터	넷		실	명	제	를		실	시	해	야	500
한	다	.	실	명	제	를		하	면		자	신	의		말	이	나		행	
동	에		책	임	감	을		가	지	게		될		것	이	다	.		그	리	

고 처벌 법을 강화해야 한다. 많은 벌금을 내게 하면 사이버 폭력이 줄어들 것이다. 지금까지 사이버 폭력의 문제와 이를 해결할 수 있는 방법에 대해 살펴보았다. 앞으로 이 문제를 해결하기 위해서는 인터넷 실명제를 실시하고 처벌을 더 강화해야 할 것이다.

(600 / 700)

<하> 내용 및 과제 수행 ☆　　　전개 구조 ★★　　　언어 사용 ★

〈주제에 대해서 잘못 파악한 경우〉

사이버 폭력이란 사이버 중에서 한 사람과 다른 사람이 말을 통해 서로 싸우는 것을 말한다. 사이버 폭력으로 인해 생기는 문제는 싸우는 두 사람 중에서 마음이 약한 한 사람이 우울증에 걸리거나 자살을 하기도 한다.

이러한 사이버 폭력의 원인은 첫째, 스트레스가 많다. 자신의 스트레스를 다른 사람과 싸우면서 푼다. 일이나 공부 때문에 스트레스가 많은 경우 인터넷에서 우리는 다른 사람과 쉽게 싸운다. 둘째, 사이버에서 우리는 폭력이 심각하지 않다고 생각하는 것 같다. 사이버에서는 아무리 심하게 싸우더라도 실제로 그 사람의 몸을 때리는 것이 아니기 때문이다.

따라서 사이버 폭력을 예방하기 위해서는 스트레스를 받지 않아야 한다. 그러면 폭력하고 싶은 마음이 없어진다. 또 사이버 폭력도 심각하다고 생각해야 한다. 그리고 법도 만들어야 폭력이 약해질 것이다.

내용 및 과제 수행 ☆
'사이버 폭력'의 의미를 잘못 이해하고 있습니다(밑줄 친 부분). 사이버 상에서 서로 싸우는 것으로 이해하고 있어 전체적으로 사이버 폭력이라는 주제에서 벗어난 내용을 쓰고 있습니다.

전개 구조 ★★
서론, 본론, 결론에 따라 단락을 잘 구분하였습니다. 그리고 단락이 바뀔 때마다 연결 표현을 사용하였고 중심 내용과 이를 뒷받침하는 내용도 적절히 구성되어 있습니다. 다만 원인을 설명할 때 써야 하는 표현을 제대로 쓰지 못하고 있습니다.

언어 사용 ★
주제 단어인 '폭력'이라는 단어를 계속해서 '폭력'이라고 쓰고 있습니다. 그리고 한 문장의 길이가 짧은 데다가 접속사를 지나치게 많이 사용해 내용이 연결되지 않고 끊기는 느낌입니다.

54번 연습 문제 ①-2

<상> 내용 및 과제 수행 ★★★　　　전개 구조 ★★★　　　언어 사용 ★★★　　　**참　잘했어요!**

	기	술	의		발	달	로		채	팅	앱	이	나		S	N	S		등
이		생	겨	나	면	서		우	리	는		과	거	에		비	해		더
많	은		사	람	과		소	통	할		수		있	게		되	었	다	.
그	러	나		많	은		사	람	과		소	통	하	는		것	이		진
정	한		소	통	이	라	고	는		볼		수		없	다	.	따	라	서
이		글	을		통	해		기	술		발	달	이		사	람	들	의	
소	통	에		미	치	는		영	향	에		대	해		살	펴	보	고	자
한	다	.																	
	먼	저		진	정	한		소	통	이	란		단	편	적	으	로		서
로	의		소	식	이	나		정	보	에		대	해		주	고	받	는	
것	이		아	니	라		각	자	가		생	각	하	고		고	민	하	는
것	에		진	심	으	로		관	심	을		가	져		주	고		함	께
기	뻐	해		주	거	나		슬	퍼	해		주	는		것	이	라	고	
할		수		있	다	.													
	이	러	한		의	미	에	서		기	술	의		발	달	은		오	히
려		우	리	를		진	정	한		소	통	에	서		멀	어	지	게	
만	들	었	다	.	기	술	의		발	달	로		인	해		소	통	하	는
상	대	의		수	는		훨	씬		늘	었	지	만		S	N	S	나	
채	팅	앱	에	서	의		형	식	적	인		소	통	의		경	우	만	
늘	었	기		때	문	이	다	.	또	한		형	식	적	인		소	통	에
시	간	을		소	비	하	느	라	고		정	작		소	통	이		필	요
한		가	족	이	나		주	변	의		친	구	들	과		멀	어	지	게
되	었	다	.																
	따	라	서		진	정	한		소	통	을		위	해	서	는		지	금
바	로		가	족	이	나		주	변		친	구	들	과	의		자	리	를
마	련	해	야		한	다	.	그	리	고		스	마	트	폰	은		잠	시
꺼		두	고		가	족	과		친	구	들	의		이	야	기	에		귀
를		기	울	여	야		할		것	이	다	.							
	지	금	까	지		기	술	의		발	달	이		진	정	한		소	통
에		미	치	는		영	향	에		대	해		살	펴	보	았	다	.	앞

100 / 200 / 300 / 400 / 500 / 600

에서 말했듯이 기술의 발달은 많은 사람들과의 소통에는 긍정적인 영향을 주었으나 진정한 소통은 아니다. 따라서 진정한 소통을 위해 기술보다는 주변 사람들과의 관계에 집중해야 할 것이다. 700

<하> 내용 및 과제 수행 ★☆　　　전개 구조 ☆　　　언어 사용 ★☆

〈서론이 지나치게 긴 경우〉

　사회가 발전함에 따라 기술이 발달하게 됐다. 그로 인해서 채팅앱, SNS, 블로그 등이 생겨났고 많은 사람들이 이 기술을 이용하며 소통한다. 예를 들면 페이스북에서 외국에 있는 친구와 연락하기도 하고 오랫동안 연락 하지 않았던 친구와 연락을 다시 할 수도 있다. 이렇게 소통을 하게 되었는데 이것이 진정한 소통이라고 할 수 있을까? 과거에는 편지를 주고 받기도 하고 연락하고 싶으면 며칠이나 몇 달이 걸려서 그 사람들 만나러 갔다.이것이 진정한 소통이 아닐까?

　진정한 소통은 앞에서 말했다시피 과거처럼 오랜 시간이 걸려도 상대방을 생각해서 연락하는 것이다.

　이 의미에서 기술의 발달은 너무 모든 것이 빠르다. 먼 나라의 친구도 오랜만에 연락하는 친구와도 컴퓨터를 켜자마자 연락을 할 수 있다. 모든 것이 나무 빠르게 변한다. 과거처럼 상대를 생각하고 걱정하며 소통하는 시간은 꿈도 못 꾼다.

　따라서 기술이 발달했지만 소통을 잘하기 위해서는 과거처럼 편지도 쓰고 직접 만나서 이야기해야 한다.

내용 및 과제 수행 ★☆
이 글은 문제에서 요구한 것(진정한 소통이란, 기술 발달과 소통의 관계, 진정한 소통을 위해 필요한 것)을 충실히 쓰기는 하였습니다.

전개 구조 ☆
내용에 따라 단락은 잘 구분하였습니다. 그런데 서론의 내용이 절반 이상을 차지할 정도로 깁니다.

언어 사용 ★☆
특별히 오류가 많이 나타나지는 않지만 고급 수준의 문법이나 단어가 거의 없습니다. 약간의 오류가 있더라도 고급 수준의 문법이나 단어를 다양하게 쓰는 것이 좋습니다.

54번 연습 문제 ①-3

<상> 내용 및 과제 수행 ★★★   전개 구조 ★★★   언어 사용 ★★★   **참 잘했어요!**

	우	리	는		지	구	가		하	나	의		마	을	이	라	는		의
미	의		'	지	구	촌	'	에		살	고		있	다	.	이	러	한	
세	계	화		시	대	를		살	아	가	기		위	해	서	는		필	요
한		태	도	와		버	려	야	만		할		태	도	가		있	을	
것	이	다	.	따	라	서		이		글	을		통	해		세	계	화	
시	대	에		필	요	한		태	도	에		대	해		알	아	보	고	자
한	다	.																	
	먼	저		세	계	화	의		의	미	를		생	각	해		보	면	
세	계	화	란		세	계		여	러		나	라	가		정	치	,	경	제 ,
사	회	,	문	화		등		다	양	한		분	야	에	서		서	로	
영	향	을		주	고	받	으	면	서		교	류	가		많	아	지	는	
현	상	이	라	고		할		수		있	다	.	따	라	서		우	리	는
모	두		세	계	화		시	대	에		살	고		있	다	고		할	
수		있	다	.															
	이	러	한		세	계	화		시	대	를		살	아	가	기		위	해
필	요	한		것	은		첫	째	,	다	른		나	라	의		문	화	를
수	용	할		줄		아	는		넓	은		마	음	이		필	요	하	다 .
타	문	화	에		대	한		편	견	이		있	으	면		교	류	하	기
힘	들	기		때	문	이	다	. 둘	째	,	공	용	어	인		영	어	를	
배	워	서		다	른		나	라		사	람	들	과		쉽	게		소	통	
할		수		있	어	야		할		것	이	다	.						
	이	와		반	대	로		세	계	화		시	대	에		버	려	야	만
할		태	도	나		사	고	방	식	은		첫	째	,	다	른		나	라
의		문	화	나		언	어		등	에		부	정	적	인		시	각	을
갖	는		것	은		좋	지		않	다	.	둘	째	,	자	신	의		문
화	와		언	어	를		무	시	하	는		태	도	도		좋	지		않
다	.	세	계	화	는		같	은		문	화	를		공	유	하	는		것
이		아	니	라		다	양	한		문	화	를		교	류	하	는		것
이	기		때	문	이	다	.												
	지	금	까	지		세	계	화		시	대	에		꼭		필	요	한	

(오른쪽 칸 수 표시: 100, 200, 300, 400, 500, 600)

태	도	와		버	려	야	만		할		태	도	에		대	해		살	펴
보	았	다	.		앞	으	로		세	계	는		더	욱	더		세	계	화
될			것	이	다	.		따	라	서		우	리	는		다	른		문	화	나
언	어	를		받	아	들	이	면	서	도		자	신	의		것	을		소
중	히		하	는		자	세	를		가	져	야		할		것	이	다	.

700

<하> 내용 및 과제 수행 ★   전개 구조 ★☆   언어 사용 ☆

〈개인적인 내용, 추측 표현, 구어적인 표현〉

　우리 세계화 시대를 살고 있으니까 필요한 태도와 안 필요한 태도가 있는 것 같다. 그래서 나는 여기에서 세계화 시대 무슨 태도 필요하는지 쓰겠다.

　세계화란 세계가 소통하면서 영향을도 주고받고 교류한다. 그러니까 우리는 다 세계화 시대에 살고 있는 것 같다. 나도 다른 나라에 친구들이 많이 있는다.

　세계화 시대에서 필요하는 것은 다른 나라의 문화를 이해하는 마음이 있으면 좋겠다. 왜냐하면 다른 나라하고 교류가 많으니까 다른 나라 문화를 싫어하면 나쁜 영향이 있다.

　하지만 세계화 시대에 이런 태도는 있으면 나쁘다. 다른 나라랑 교류를 많이 하니까 자기 문화하고 언어를 신경 쓰지 않은 사람도 있을 듯하다. 세계화는 세계 나라가 문화가 같게 되는 건 아니다고 생각한다. 세계화는 다른 문화가 서로 교류한다. 그러니까 자기 문화도 소중한다.

　앞에서 세계화 시대에 좋은 태도와 나쁜 태도를 얘기했는데 내 생각은 앞으로 세계는 더 세계화가 되는 것 같다. 그러니까 우리 사람은 자기 문화를 잘 생각하고 다른 나라하고 교류는도 하면 정말 좋겠다.

내용 및 과제 수행 ★
이 문제는 세계화 시대에 필요한 태도에 쓰는 것인데 이 글 두 번째 단락 끝에 '자신은 외국 친구들이 많다'는 것은 주제와도 관계가 없습니다(밑줄 친 부분).

전개 구조 ★☆
서론, 본론, 결론에 따라 단락은 잘 구분하였습니다. 그리고 단락이 바뀔 때마다 표현을 사용하기는 하였으나 내용 전개에 필요한 표현의 사용이 적습니다.

언어 사용 ☆
구어적인 표현이나 추측성의 표현이 너무 많습니다. 따라서 글의 주제와 어울리지 않습니다. 또한 서술문이나 조사 사용에도 오류가 많습니다(밑줄 친 부분).

<상> 내용 및 과제 수행 ★★★   전개 구조 ★★★   언어 사용 ★★★   참 잘했어요!

	대	중	매	체	란		많	은		사	람	에	게		대	량	으	로	
정	보	와		생	각	을		전	달	하	는		수	단	이	다	.	이	러
한		대	중	매	체	는		우	리	에	게		많	은		영	향	을	
끼	치	는	데		이		글	을		통	해		대	중	매	체	의		역
할	과		그		영	향	에		대	해		살	펴	보	고	자		한	다 .
	이	제		대	중	매	체	는		우	리		일	상	에		없	어	서
는		안		될		존	재	가		되	었	다	.	하	루	에	도		몇
번	씩		인	터	넷	에		접	속	하	여		다	양	한		정	보	를
찾	기	도		하	고		수	시	로		텔	레	비	전	을		보	기	도
한	다	.	시	대	가		변	했	지	만		여	전	히		라	디	오	나
신	문	,	잡	지		등	의		대	중	매	체	도		많	이		이	용
한	다	.																	
	이	러	한		대	중	매	체	는		긍	정	적	인		면	과		부
정	적	인		면	이		모	두		있	다	.	먼	저		대	중	매	체
의		보	급	으	로		인	해		특	별	한		계	층	만		누	리
던		문	화	를		대	중	이		누	릴		수		있	게		되	었
다	.	또	한		다	양	한		정	보	를		많	은		사	람	들	이
쉽	게		접	할		수		있	게		되	었	다	.	그	러	나		대
중	매	체	를		통	해		얻	는		정	보	가		똑	같	기		때
문	에		현	대	인	의		개	성	과		취	미	가		획	일	적	으
로		바	뀔		수		있	다	.	게	다	가		대	중	매	체	는	
일	방	적	이	거	나		잘	못	된		정	보	를		보	여		줌	으
로	써		문	제	를		만	들		수		있	다	.						
	따	라	서		앞	으	로		대	중	매	체	가		올	바	른		방
향	으	로		나	아	가	기		위	해	서	는		개	성	을		살	리
거	나		개	개	인	의		취	향	에		맞	는		다	양	한		정
보	를		제	공	해	야		할		것	이	며		정	치	적	인		보
도	에		있	어	서		중	립	적	인		입	장	에	서		사	실	을
있	는		그	대	로		깨	끗	하	게		보	도	해	야	만		할	
것	이	다	.																

100
200
300
400
500
600

	지	금	까	지		대	중	매	체	의		긍	정	적	·	부	정	적	인
영	향	과		대	중	매	체	가		나	아	가	야		할		방	향	에
대	해		살	펴	보	았	다	.	앞	에	서		언	급	했	던		것	처
럼		대	중	매	체	의		정	보	들	은		있	는		그	대	로	
사	람	들	에	게		전	달	되	어	야		할		것	이	다	.		

700

〈문장과 단락을 연결하는 표현이 없는 경우〉

　대중매체란 많은 사람에게 대량으로 정보와 생각을 전달하는 수단이다. 사회를 발전함에 따라 대중매체는 우리 일상에 매일 사용하는 꼭 필요한 것이다. 하루에도 몇 번씩 인터넷에 접속하여 다양한 정보를 찾기도 하고 텔레비전도 매일 본다. 라디오나 신문, 잡지 등의 대중매체도 많이 이용한다.

　대중매체는 긍정적인 영향은 대중매체의 보급으로 인해 특별한 계층만 누리던 문화를 대중이 누릴 수 있게 되었다. 대중매체를 통해 얻는 정보가 똑같기 때문에 현대인의 개성과 취미가 획일적으로 바뀔 수 있다. 일방적이거나 잘못된 정보를 보여줌으로써 문제가 나올 수 있다. 이것은 부정적인 영향이다.

　대중매체가 다양한 정보를 제공해야 한다. 개성과 취미를 살려야 한다. 대중매체는 또 좋은 정보를 보여줘야 한다. 대중매체의 긍정적·부정적인 영향과 대중매체가 나아가야 할 방향에 대해 이야기했다.

내용 및 과제 수행 ★★
문제에서 요구한 것은 빠지지 않고 대체로 잘 썼습니다. 그러나 글자수도 모자라고 첫 번째 질문과 세 번째 질문의 경우 구체적으로 무엇을 이야기하고자 하는지 잘 드러나지 않습니다.

전개 구조 ☆
서론, 본론, 결론에 따라 단락은 잘 구분하였습니다. 그러나 글을 전개할 때 내용을 연결해 주는 표현이 없습니다. 그러다 보니 전체적으로 무슨 이야기를 하는지 이해하기가 힘듭니다.

언어 사용 ★
문장의 길이가 대체로 짧고 문장끼리 연결해 주는 표현도 부족합니다. 따라서 고급 수준의 문장으로 썼다고 보기 힘듭니다.

● 학생 답안 및 평가

<상> 내용 및 과제 수행 ★★★　　　전개 구조 ★★★　　　언어 사용 ★★★

　　대학은 학문을 위한 곳이다. 그러나 최근 대학의 역할에 대해 사람들의 의견이 분분하다. 대학은 학생들의 취업을 도와줄 수 있는 곳이어야 한다는 주장과 학문을 연구하는 곳이 되어야 한다는 주장이 있는데 나는 대학이 취업을 준비해 주는 곳이 되어야 한다고 본다.

　　그 이유는 첫째, 취업을 하지 못한다면 대학에 들어가는 것은 의미가 없기 때문이다. 대학은 학문을 위한 곳이다. 그러나 학문이 필요한 이유는 배움을 통해 자신의 자아를 실현하기 위해서이다. 자아실현은 자신이 원하는 일을 하면서 실현될 수 있다. 취직조차 하지 못하고 학문만을 위한 학문을 하는 것은 진정한 학문이 아닐 것이다.

　　둘째, 시대의 흐름에 따르지 못한다면 그것은 죽은 학문이다. 오늘날 취직을 하거나 성공한 사람들의 경우 실용적인 학문을 배워서 이를 실제로 적용시키는 경우가 많다. 학문만을 연구하는 인문학과 같은 기초 학문을 전공하는 경우 취직률이 낮거나 전공과 전혀 다른 곳에 취업하는 경우가 많다. 시대의 흐름과 상관없이 책상 앞에서 연구만 하는 학문은 더 이상 의미가 없다고 본다.

　　위에서 언급했던 것처럼 대학의 역할은 자아실현에 도움이 되고 시대의 흐름에 맞춰 변화해야 한다. 따라서 대학은 더 이상 학문만을 위해 존재할 것이 아니라 진정으로 학생을 위할 수 있는 실용적인 교육을 해야 할 것이다.

대학은 대학생들이 공부를 하는 곳을 말한다. 그런데 대학의 역할에 대해 사람들이 어떻게 해야 하는지 의논한다. 대학은 학생들의 취업을 도와줄 수 있는 곳이어야 하는 주장과 학문을 연구하는 곳이 되어야 하는 주장이 있다. 나는 대학이 취업을 준비해 주는 곳이 되어야 한다고 생각한다. 첫째, 취업을 못하다면 왜 대학교에 들어가는 것은 의미가 없기 때문이다. 대학교에 가는 이유는 좋은 회사에 취직하고 싶다. 다음으로 대학교에서 배운 공부가 회사에서 사용되지 않으면 아무 소용없다. 내 친구만 해도 대학교에서 실용적이지 않은 공부를 했으니까 지금 취직하기가 너무 어렵다. 셋째, 실용적이지 않은 것도 괜찮지만 완전히 다르면 안 된다. 마지막으로 옛날하고 시대가 달라진 것 같다. 시대에 따라 대학교도 달라야 한다. 그리고 대학교를 졸업해도 취직을 못하면 아무 소용없다. 그러니까 대학교에서 무조건 공부만 하는 것은 안 된다.

나는 대학에서 공부만 하는 것은 반대한다. 요즘 추업하기가 얼마나 힘이 든데 공부만 하고 취업하는 준비를 하지 않으면 대학생들은 취직하기가 너무 힘들다. 그러니까 대학에서는 공부만 가르치면 안 되고 쉽게 취직할 수 있는 것을 가르쳐 주면 더 좋다.

대학의 역할에 대해 자신의 입장을 쓰는 선택형의 문제입니다.

내용 및 과제 수행 ★☆
대학의 역할에 대한 자신의 입장을 확실하게 밝히기는 했지만(취업 준비를 위한 곳으로 바뀌어야 한다) 서론에서 언급해야 하는 주제에 대한 소개 없이 곧 바로 본론의 내용을 쓰기 시작했습니다. 주제에 벗어나는 부분은 없지만 구체적으로 설명하지 않은 부분도 있습니다. 무엇보다 내용을 읽어 보면 같은 이야기가 계속해서 반복되고 있고 다양한 근거를 제시하지 않았습니다.

전개 구조 ★★
서론, 본론, 결론에 따라 단락이 적절히 구분되지 않았습니다. 그리고 내용을 전개할 때 사용하는 연결 표현이 거의 없을뿐더러 일관되지도 않았습니다(첫째, 다음으로, 셋째, 마지막으로, 그리고). 그리고 결론으로 보이는 부분은 위의 내용을 정리한 것이 아니라 그냥 반복만 하고 있습니다.

언어 사용 ★☆
'-고 싶다'나 '-(으)면 좋겠다'와 같은 구어적인 표현이 많고 조사도 잘못 쓴 것이 많습니다. 단어나 문법의 사용도 다양하지 않고 똑같은 표현을 반복적으로 사용하고 있습니다.

54번 연습 문제 ② 해설

54번 연습 문제 ②-1

<상> 내용 및 과제 수행 ★★★　　　전개 구조 ★★★　　　언어 사용 ★★★　　　　**참　잘했어요!**

	유	기	견	이	란		버	려	지	는		개	를		의	미	하	는	데
현	재		유	기	견	들	의		20	%	는		입	양	되	지	만		나
머	지	는		대	부	분		안	락	사		되	고		있	다	.		재	정
적	인		문	제	와		관	리		문	제		등	으	로		인	해	
안	락	사	가		최	선	이	라	는		의	견	과		비	인	간	적	이	100
라	는		이	유	로		반	대	하	는		의	견	이		있	는	데	
나	는		유	기	견	들	을		안	락	사		하	는		것	은		옳
지		않	다	고		본	다	.											
	유	기	견		안	락	사	에		반	대	하	는		이	유	는		다
음	과		같	다	.		첫	째	,		유	기	견	은		전	적	으	로	200
간	의		책	임	이	기		때	문	이	다	.		사	람	들	은		개	가
병	에		걸	리	거	나		더		이	상		귀	엽	지		않	다	는
이	유		등	으	로		개	를		버	려		결	국		죽	음	에	
이	르	게		한	다	.		이	러	한		인	간	의		무	책	임	한	
행	동	이		개	의		생	명	을		좌	우	하	는		것	은		옳	300
지		않	다	고		본	다	.											
	둘	째	,		아	무	리		작	고		말		못	하	는		동	물	일
지	라	도		소	중	한		생	명	체	이	기		때	문	이	다	.		인
간	과		같	이		살	아	가	는		소	중	한		생	명	체	를	
단	순	히		관	리	할		장	소	가		부	족	하	고		비	용	이	400
많	이		든	다	는		이	유	로		안	락	사		시	키	는		것
은		인	간	의		잔	인	하	고		이	기	적	인		행	동	이	다.
	셋	째	,		조	사	에		따	르	면		유	기	견	을		안	락	사
하	는		데		드	는		비	용	이		연	간		11	0	억	이	라
고		한	다	.		이	렇	게		많	은		비	용	을		유	기	견	을	500
죽	이	는		데	에		사	용	하	느	니		차	라	리		보	호	소
를		만	드	는		데		쓰	거	나		유	기	견		입	양		홍
보	에		쓴	다	면		더	욱		의	미		있	을		것	이	다	.

지금까지 유기견 안락사에 반대하는 입장에서 그 이유를 정리해 보았다. 애견이 유기견이 된 책임은 인간에게 있으며 인간이 동물의 소중한 생명을 마음대로 빼앗을 권리는 없다. 따라서 안락사 비용을 유기견을 보호하는 데에 사용하는 것이 더 의미 있을 것이다.

600

700

<하> 내용 및 과제 수행 ☆   전개 구조 ★   언어 사용 ★

〈서론, 결론 없음. 주장이 일관되지 않음〉

나는 유기견 안락사를 반대한다. 그 이유는 셋까지 있다. 유기견을 버리는 행동은 사람이 한다. 이것은 무책임한 행동이다. 사람 때문에 동물이 죽는 것은 너무 잔인하다. 동물은 우리 사람의 가족 때문에 우리가 책임을 져야 한다. 무책임하게 행동하면 안 된다. 책임 있는 사람만 개를 기를 수 있다.

또 개는 사람이 아니고 동물이지만 생명이 있어서 소중하다. 사람한테 친구같은 것이다. 우리는 돈이 없으면도 친구를 버리지 않는다. 돈이 많이 필요하다고 개를 버리면 너무 이기적이다. 개는 물건이 아니다. 개도 자기를 버리면 슬픈 감정을 안다. 그러니까 개를 버리면 안 된다.

또 신문에서 봤는데 유기견 보호소에 유기견이 너무 많다. 유기견을 보호하기 위해서 돈이 많이 필요하다. 보호소에 돈이 없으니까 안락사는 할 수밖에 없다고 보는 사람도 있다. <u>개가 적당하게 있으면 괜찮지만 유기견 보호소에 개가 너무 많으면 안락사하는 것은도 조금 괜찮은 것 같다.</u>

또 유기견 보호소에 개가 너무 많으로 인해서 보호소가 깨끗하지 않기 때문에 병에 걸리는 개도 많다. 그러니까 개들이 병에 걸리지 않도록 잘 관리해야 한다.

내용 및 과제 수행 ☆
서론에서 유기견 안락사에 반대한다고 밝혔는데 네 번째 단락을 보면 안락사를 해도 괜찮다는 내용이 있습니다(밑줄 친 부분). 그리고 마지막 단락은 불필요한 내용입니다.

전개 구조 ★
서론과 결론이 없습니다. 그리고 단락을 연결해 주는 연결 표현이 '또' 하나밖에 없고 '또'는 단락을 연결해 주는 데 적절한 표현은 아닙니다.

언어 사용 ★
구어적인 표현도 많고 고급 수준이라고 보기 힘든 표현도 많이 있습니다.

54번 연습 문제 ②-2

　최근　담뱃값이　오르고　흡연　장소를　제한하는　등　그　규제가　강화되고　있다.　이런　가운데　채용이나　승진에　불이익을　주는　기업들도　생기고　있다.　이에　대해　찬성하는　입장과　반대하는　입장이　있는데　나는　흡연을　이유로　취직이나　승진에서　불이익을　주는　것은　타당하지　않다고　본다.

　흡연자에게　취업이나　승진에서　불이익을　주는　것에　반대하는　이유는　다음과　같다.　먼저,　담배를　피우는　것은　개인의　기호이다.　많은　사람들이　담배가　건강에　좋지　않다는　이유로　흡연에　대해　부정적으로　생각하는　경우가　많이　있지만　담배는　과자와　같은　기호　식품일　뿐이므로　좋아하면　피울　수　있는　권리가　있다.　기업이　흡연자의　권리나　자유를　침해하는　행동을　할　수는　없다.

　둘째,　흡연은　일의　능력과　전혀　관계가　없기　때문이다.　기업에서　직원을　뽑거나　승진을　시킬　때　그　기준은　그　사람의　업무에　대한　능력일　것이다.　따라서　업무　능력과　관계없는　것으로　평가를　받아서　취직이나　승진에　불이익을　당하는　것은　옳지　않다.

　지금까지　흡연자에　대한　기업의　불이익은　옳지　않다는　입장에서　이에　반대하는　이유에　대해　이야기해　보았다.　흡연은　개인의　기호일　뿐이며　업무　능력과는　전혀　상관이　없다.　따라서　흡연자

에		대	한		기	업	의		불	이	익	은		옳	지		않	으	며
흡	연	자	의		권	리	를		보	호	해	야		할		것	이	다	.

<하> 내용 및 과제 수행 ☆   전개 구조 ★★☆   언어 사용 ★

〈지나치게 감정적이고 비논리적임〉

요즘 흡연하는 것을 규제하는 것이 강해지고 있다. 회사에서 직원을 뽑을 때 승진을 할 때 불이익을 주는 곳도 있을 정도다.

나는 흡연 규제 강화는 당연하다고 생각한다. 왜냐하면 첫째, 흡연은 좋은 점이 하나도 없기 때문이다. 흡연을 하면 건강도 나빠지는 데다가 담배 연기 때문에 머리나 옷에 안 좋은 냄새가 나기도 하고 오랫동안 담배를 피우면 입이나 몸에서 나쁜 냄새가 나서 좋은 점이 없다.

둘째, 흡연은 주위 사람들에게도 피해만 줄 뿐이다. 담배를 피우는 사람 옆에 있으면 냄새를 맡게 되니까 기분도 안 좋을 수밖에 없고 또한 간접흡연이 건강에 훨씬 더 해롭다는 것은 모르는 사람이 없을 것이다. 이렇게 흡연은 좋은 점이 하나도 없는데 담배를 피우는 사람은 자기만 생각하는 이기적인 사람이다.

셋째, 건강을 해치기만 하는 담배를 사는 데 돈이 많이 들기 때문이다. 최근 담배값이 많이 올라서 담배를 사는 데 훨씬 더 많은 부담이 생겼다. 이렇게 비싼 돈을 내고 담배를 사느니 차라리 불쌍한 사람들을 도와주는 것이 훨씬 더 낫다고 생각한다. 담배를 피우는 데 돈을 쓰는 것은 쓸데없이 돈을 쓰는 것에 불과하다.

지금까지 흡연자에 대해서 기업이 불이익을 주는 것이 당연한 이유를 이야기해 보았다. 흡연은 자신뿐만 아니라 주위 사람들에게도 피해만 줄 뿐이므로 이기적으로 자신만 생각하지 않는다면 담배는 피우지 않아야 할 것이다.

내용 및 과제 수행 ☆
흡연 규제에 대해 찬성하는 입장인데 그 근거가 비논리적이고 감정적입니다(밑줄 친 부분). 그리고 논리적인 근거를 전혀 찾아볼 수 없고 '당연히 안 된다'라는 식의 주장만 계속해서 반복되고 있습니다.

전개 구조 ★★☆
서론, 본론, 결론에 따라 단락은 잘 구분하였습니다. 그리고 글을 전개할 때 연결 표현도 대체로 잘 쓰고 있습니다.

언어 사용 ★
'-(으)니까'나 '안' 형태의 부정 표현 등 구어적인 표현이 많습니다.

54번 연습 문제 ②-3

<상> 내용 및 과제 수행 ★★★　　　전개 구조 ★★★　　　언어 사용 ★★★　　　참 잘했어요!

　동물실험은　동물을　이용하여　생명현상을　연구하는　일이다.　최근에는　의학　분야뿐만　아니라　식품,　화장품　등의　분야로　확대되고　있다.　이런　이유로　동물실험은　지속되어야　한다는　주장과　인간을　위해　동물이　희생되면　안　된다는　주장이　있는데　나는　동물실험이　필요하다고　본다.

　동물실험이　필요한　이유를　정리해　보면　다음과　같다.　첫째,　동물실험을　통해　질병을　예방하고　치료법을　개발하여　더　많은　수의　생명을　살릴　수　있기　때문이다.　실례로　당뇨병을　치료하는　인슐린　역시　개를　대상으로　한　동물실험을　통해　알아냈다.

　둘째,　동물실험을　대체할　현실적인　대안이　아직까지　없기　때문이다.　과학　기술의　발전으로　가능하게　된　인공　조직을　이용하는　방법도　개발되기는　하였으나　그　결과는　아직까지　검증되지　않았다.

　셋째,　동물실험과　관련된　규정을　통해　동물들의　존엄성이　최대한　지켜지도록　법으로　보호되어　있기　때문이다.　최소한의　동물을　이용해　실험　중　고통을　받지　않도록　하고　있으므로　동물의　생명을　함부로　대한다는　주장은　억지스럽다.

　이상으로　동물실험이　필요하다는　입장에서　동물실험의　필요성에　대해　이야기

해		보	았	다	.		동	물	실	험	이		최	선	의		선	택	은	600
아	니	겠	지	만		현	실	적	인		부	분	을		고	려	했	을		
때		관	련		규	정	만		잘		지	킨	다	면		동	물	실	험	
은		인	간	을		위	해		필	요	하	다	고		본	다	.			

<하> 내용 및 과제 수행 ★★　　　전개 구조 ☆　　　언어 사용 ★

〈근거가 논리적이지 않음〉

　동물실험은 동물로 연구하는 것이다. 요즘 병원뿐만 아니라 식품, 화장품에서도 동물실험을 하고 있다. 나는 동물실험은 하면 안 된다고 본다. 그 이유는 첫째, 동물 실험은 동물을 죽이는 <u>끔찍한 행동이다. 나는 고향에서 강아지를 키운 적이 있다. 어느날 강아지가 감기에 걸렸는데 며칠동안 아파서 밥도 안 먹고 힘들었다. 겨우 감기에 걸려도 이렇게 아픈 작고 약한 동물에게 실험을 하고 죽이는 것은 옳지 않다.</u>

　둘째 동물도 가족이다. 요즘은 아이가 보통 한명밖에 없는 가족이 많다. 그래서 동물도 가족처럼 여기는 사람들이 많아졌다. 우리 고향에도 이런 사람들이 많다. 비록 동물이 사람은 아니지만 가족같은 존재이다. <u>가족을 누가 죽이는다?</u> 가족을 죽이는 것은 동물보다 더 못한 행동이다. 그러므로 동물실험은 안 된다.

　작고 약한 우리의 가족같은 동물을 앞으로 실험 때문에 죽여서는 절대로 안된다.

내용 및 과제 수행 ★★
동물실험에 대해 반대하는 입장임을 밝히기는 했으나 그 근거가 논리적이지 않습니다. 단순히 자신이 동물을 키운다는 이유로 무조건 안 된다는 것은 전혀 논리적이지 않습니다(밑줄 친 부분).

전개 구조 ☆
서론, 본론, 결론에 따라 단락은 잘 구분하였습니다. 그리고 자신의 근거를 제시하는 연결 표현은 있으나 '이유'를 나타내는 문법 표현이 확실하지 않습니다.

언어 사용 ★
논리적인 글에 어울리지 않는 구어적인 표현이 매우 많습니다.

<상> 내용 및 과제 수행 ★★★　　　전개 구조 ★★★　　　언어 사용 ★★★　　　**참 잘했어요!**

	유	전	자		변	형		식	품	(	G	M	O	)	은		유	전	공	
학	기	술	을		이	용	하	여		유	전	자	를		조	작	해		개	
발	된		식	품	이	다	.	G	M	O	는		식	량	문	제	를		해	
결	할		수		있	다	는		점	에	서		찬	성	하	는		입	장	
과		부	작	용	에		대	한		연	구	가		부	족	해		반	대	100
하	는		입	장	이		있	는	데		나	는		안	정	성	의		문	
제	가		있	기		때	문	에		유	통	되	지		않	아	야		한	
다	고		본	다	.															
	G	M	O	에		반	대	하	는		이	유	는		다	음	과		같	
이		정	리	해		볼		수		있	다	.	첫	째	,		아	직	까	지	200
G	M	O	의		안	정	성	이		검	증	되	지		않	았	기		때	
문	이	다	.	G	M	O		식	품	은		이	전	까	지		먹	어		
오	던		식	품	과		달	라		섭	취		후		알	레	르	기		
반	응	을		일	으	킨		사	례	가		종	종		보	도	되	고		
있	다	.																		300
	둘	째	,	생	태	계	가		파	괴	될		수		있	기		때	문	
이	다	.	예	를		들	어		유	전	자		조	작		연	어	의		
경	우		성	장		호	르	몬	에		문	제	가		생	겨		기	형	
적	으	로		변	하	고		결	국	에	는		몇		세	대		만	에	
종	이		거	의		사	라	졌	다	고		한	다	.	또	한		내	성	400
에		강	한		G	M	O	는		슈	퍼		잡	초	를		만	들	어	
내	기	도		한	다	.														
	셋	째	,	다	국	적		기	업	의		종	자		및		식	량		
독	점		문	제	가		생	기	기		때	문	이	다	.	강	한		유	
전	자	인		G	M	O	가		종	자		시	장	을		독	점	하	게	500
되	면	서		해	마	다		G	M	O		품	종	을		가	지	고		
있	는		기	업	에		많	은		돈	을		지	불	하	고		종	자	
를		사	와	야		한	다	.												
	지	금	까	지		G	M	O		식	품	에		반	대	하	는		입	
장	에	서		G	M	O	가		유	통	되	면		안		되	는		이	600

유	에		대	해		이	야	기	해		보	았	다	.		G	M	O	는	
여	러		면	에	서		인	간	에	게		이	롭	기	보	다	는		해
로	운		면	이		많	다	.	인	간	과		생	태	계	의		안	전
과		조	화	를		생	각	한	다	면		G	M	O		식	품		생
산	은		금	지	되	어	야		할		것	이	다	.					

700

<하> 내용 및 과제 수행 ☆   전개 구조 ★☆   언어 사용 ★★

〈반대쪽 주장의 근거를 길게 쓰고 자신의 주장에 대한 근거는 거의 없음〉

유전자 변형 식품(GMO)은 유전자를 조작해 개발된 식품이다. 나는 안정성의 문제가 있기 때문에 유통되지 않아야 한다고 본다.

GMO에 반대하는 이유는 다음과 같이 정리해 볼 수 있다. 첫째, 세계식량기구에서 GMO 식품을 아직 유해하다고 판단하지 않았고 각국 정부가 자체 안정성 시험을 거치고 있어 어느 정도 안정성이 검증되었다고 하지만 GMO 섭취 후 부작용이 나타났다는 보도 사례가 적지 않기 때문이다.

둘째, 슈퍼 잡초나 슈퍼 해충이 생긴 이유는 단순히 GMO에 의해서 생겨난 것이 아니라 오래 전부터 사용해 온 농약 때문이라는 주장도 있지만 <u>농약보다 GMO를 사용했을 때 그 영향이 더 컸기 때문이다.</u>

셋째, 다국적 기업에서의 종자 개량 덕분에 아프리카나 여러 나라에서 병충해에 강한 종자가 개발되었다는 이유로 다국적 기업의 문제가 아니라고 하는 주장도 있지만 <u>어쨌든 그 기업에 많은 돈을 지불해야 하기 때문에 GMO 식품은 필요하다고 할 수 없다.</u>

지금까지 GMO 식품에 반대하는 입장에서 GMO가 유통되면 안 되는 이유에 대해 이야기해 보았다. GMO는 여러 면에서 인간에게 이롭기 보다는 해로운 면이 많다. 인간과 생태계의 안전과 조화를 생각한다면 GMO 식품 생산은 금지되어야 할 것이다.

내용 및 과제 수행 ☆
서론에서 반대 입장이라고 정확하게 밝히고 있으나 그 근거를 설명할 때 찬성 쪽의 입장을 길게 쓰고 반박하는 내용은 단순히 '그건 아니다'라는 식으로 써서 근거가 턱없이 부족합니다(밑줄 친 부분).

전개 구조 ★☆
서론, 본론, 결론에 따라 단락은 잘 구분하였습니다. 그러나 서론과 본론, 결론이 일관된 입장에서 전개되고 있다고 보기 힘듭니다.

언어 사용 ★★
문어적이고 고급 수준에 맞는 표현을 비교적 잘 쓰고 있습니다. 그러나 반대하는 이유를 설명하는 두 번째 단락에서 한 문장의 길이가 너무 길어서 읽기에 좋지 않습니다.

54번 예상 문제 해설

54번 예상 문제 1

<상> 내용 및 과제 수행 ★★★   전개 구조 ★★★   언어 사용 ★★★   **참 잘했어요!**

	현	대		사	회	는		과	거	와		달	리		빠	르	게		변	
화	하	고		있	다	.	이	에		따	라		현	대		사	회	에	서	
요	구	되	는		리	더	의		능	력	도		달	라	질		것	이	다 .	
따	라	서		이		글	을		통	해		현	대		사	회	에	서		
필	요	한		리	더	의		조	건	에		대	해		살	펴	보	고	자		100
한	다	.																		
	현	대		사	회	에	서		리	더	에	게		필	요	한		능	력	
은		무	엇	보	다	도		자	신	의		분	야	에		대	한		전	
문	성	일		것	이	다	.	자	신	의		분	야	에	서		전	문	성	
을		갖	추	지		않	고	서	는		리	더	가		되	어		다	른		200
사	람	을		끌	고		갈		수		없	다	.	그		다	음	으	로	
리	더	에	게		필	요	한		능	력	은		추	진	력	이	다	.		빠	
르	게		변	화	하	는		사	회		속	에	서		현	대	인	들	은	
어	떠	한		것	을		선	택	하	고		실	행	하	는		것	에		
어	려	움	을		느	끼	는		경	우	가		많	다	.	이	때		추		300
진	력	을		가	지	고		일	을		실	행	시	키	면		리	더	의	
능	력	이		더	욱		빛	날		수		있	다	.							
	앞	에	서		말	한		리	더	가		되	기		위	해	서	는		
다	음	과		같	은		노	력	이		필	요	하	다	.	먼	저		전	
문	성	을		가	지	기		위	해		자	신	의		분	야	와		관		400
련	된		경	험	과		공	부	를		끊	임	없	이		해	야		한	
다	.	다	음	으	로		추	진	력	은		갑	자	기		생	기	는		
능	력	은		아	니	므	로		자	신	의		주	관	을		갖	고		
옳	고		그	름	을		판	단	할		수		있	는		능	력	을		
먼	저		키	워	야		할		것	이	다	.	판	단		능	력	을		500
키	운		후	에	는		그	것	을		실	제	로		실	행	하	는		

힘	을		키	워	야		할		것	이	다	.							
	지	금	까	지		현	대		사	회	에	서		필	요	한		리	더
의		능	력	과		그	러	한		리	더	가		되	기		위	해	
필	요	한		노	력	에		대	해		알	아	보	았	다	.	뛰	어	난
리	더	가		되	려	면		전	문	성	과		추	진	력	은		필	수
조	건	이	며		그		밖	에	도		많	은		노	력	이		필	요
할		것	이	다	.														

600

<하> 내용 및 과제 수행 ★☆   전개 구조 ☆   언어 사용 ★☆

〈서론, 결론 없음. 나열만 하고 구체적 설명 없음〉

　현대 사회에서 리더에게 필요한 능력은 첫째, 자기와 다른 문화에 대해 열린 마음을 가져야 한다. 그리고 자신의 분야에서 전문성을 갖추는 것이다. 그리고 다른 사람을 배려하는 마음을 가져야 한다. 오늘날 경쟁이 심하고 이기적인 분위기가 사회에 많이 조성되어 있다. 이러한 사회일수록 다른 사람을 배려하는 마음이 꼭 필요하며 이러한 능력이 리더의 조건이다. 그리고 리더에게 필요한 능력은 언어와 컴퓨터능력이다.

　이러한 리더가 되기 위해서는 자기와 다른 문화에 대해 열린 마음을 가져야 한다. 그리고 전문성을 갖추기 위해 전문적인 지식과 전공 공부를 해야 한다. 그리고 배려하는 마음을 가져야 한다. 그리고 언어 능력, 컴퓨터 능력은 너무나 많다. 그리고 다른 사람보다 훨씬 더 노력해야 된다.

내용 및 과제 수행 ★☆
문제에서 요구한 것은 빠뜨리지 않고 대체로 잘 썼습니다. 그러나 구체적인 설명이 부족합니다.

전개 구조 ☆
서론과 결론이 없습니다. 그리고 글을 전개할 때 내용을 연결해 주는 표현이 '그리고'만 계속해서 반복되고 있습니다(밑줄 친 부분).

언어 사용 ★☆
문장의 길이가 대체로 짧고 문장끼리 연결해 주는 표현도 부족합니다. 따라서 고급 수준의 문장으로 썼다고 보기 힘듭니다.

54번 예상 문제 2

<상> 내용 및 과제 수행 ★★★　　　전개 구조 ★★★　　　언어 사용 ★★★　　　참 잘했어요!

　우리는　누구나　행복을　위해　살고 행
복을　얻기　위해　노력하지만　사람들마다
행복에　대한　기준이　다르다.　따라서　이
글을　통해　진정한　행복이　무엇인지,　진
정한　행복을　위해서　필요한　것은　무엇　(100)
인지　이야기해　보고자　한다.
　행복이란　생활에서　기쁨과　만족감을
느끼는　상태를　말한다.　그러므로　돈을
많이　가졌을　때　행복하다고　느끼는　사
람도　있고　성공이　진정한　행복이라고　(200)
말하는　사람도　있다.　하지만　내가　생각
하는　진정한　행복이란　사랑하는　사람과
함께　시간을　보내는　것이다.　아무리　돈
이　많아도　함께　할　가족이나　애인,　또
는　친구가　없다면　외로움이　더　커질　(300)
것이고　성공　역시　옆에서　같이　기뻐해
줄　사람이　없다면　행복을　느끼기　힘들
것이다.
　따라서　진정한　행복을　위해서　사랑하
는　사람들에게　항상　감사하는　마음을　(400)
가지고　소중히　대해야　할　것이다.　우리
는　가까이　있는　것에　대한　소중함을
잊어버릴　때가　많은데　그들이　진정한
행복을　주는　사람임을　잊지　말아야　할
것이다.　그리고　사랑하는　사람들의　행복　(500)
을　위해　같이　시간을　보내　줄　수　있
어야　한다.　상대방　역시　행복을　느낄
때　옆에서　시간을　함께　보내　줄　수
있어야　할　것이다.
　지금까지　진정한　행복에　대해　이야기　(600)

해		보	았	다	.		진	정	한		행	복	은		먼		곳	에		있
는		것	이		아	니	다	.		주	변	의		사	람	들	과		함	께
할		때		행	복	을		느	낄		수		있	다	면		그		삶	
이	야	말	로		진	정	으	로		행	복	한		삶	일		것	이	다	.

내용 및 과제 수행 ☆　　　전개 구조 ★　　　언어 사용 ★☆

〈앞·뒤 내용이 일관되지 않음〉

　사람들은 살면서 행복을 얻기 위해 노력한다. 그런데 사람들마다 헹복에 대한 기준이 다르다.

　행복이란 생활에서 기쁘고 좋다고 생각하는 그 느낌이다. 작은 일에 행복할 수도 있고 큰 일에 행복할 수도 있다. 그러므로 돈을 아주 많이 가졌을 때 행복하다고 느끼는 사람도 있고 성공했을 때 너무 너무 행복한다고 말하는 사람도 있는다. 하지만 <u>내가 생각하는 진정한 행복이란 애인이 옆에 있는 것이다.</u> 애인이 있으면 아무리 배가 고파도 돈이 없어도 너무 행복할 것 같다. 성공하지 않아도 행복할 것이다. 그런데 애인이 옆에 있으려면 무엇보다도 돈이 꼭 필요한다. 그리도 좋은 학력도 필요하다. 돈이 아무리 많아도 좋은 학교를 다니지 않으면 애인이 찾기 힘들다.

　또 성공하지 않으면 안된다. 성공해야 애인이 생길 수 있다.

　따라서 <u>진정한 행복을 위해서 돈을 많이 벌게 좋은 직업을 먼저 찾아야 한다.</u> 그리고 학력도 좋아야 하니까 좋은 대학교에 입학해야 한다. 좋은 대학교에 가려면 열심히 한국어를 공부하고 수업도 열심히 들어야 한다. 그러면 성공도 할 수 있다. 사람들이 모두 행복을 원한다. 나도 행복을 원한다. 그러므로 사람들은 다 자기가 원하는 것을 찾기 위해서 열심히 노력해야 한다.

내용 및 과제 수행 ☆
자신이 생각하는 행복은 '애인이 옆에 있는 것'이라고 했는데 뒤에서 행복을 위해서 '돈을 벌고 좋은 직업을 찾고 좋은 대학교에 입학해야 한다'는 다소 앞뒤가 맞지 않는 이야기를 하고 있습니다. 또한 내용이 논리적이지도 않습니다(밑줄 친 부분).

전개 구조 ★
대체로 서론, 본론, 결론을 잘 나누고 있으나 중간중간 내용이 바뀌지 않았는데 단락을 나누고 있습니다.

언어 사용 ★☆
서술문에서 오류를 보이거나 추측성 표현, 구어적 표현이 많습니다. 그리고 고급 수준의 문법이나 단어가 거의 없습니다.

	임	금		피	크	제	란		일	정	한		나	이	가		된		근
로	자	의		임	금	을		줄	이	는		대	신	에		정	년	까	지
고	용	을		보	장	하	는		제	도	이	다	.	최	근		한	국	의
기	업	들	이		이		제	도	를		시	행	하	려	고		하	는	데
이	에		대	해		찬	성	과		반	대		입	장	이		서	로	
팽	팽	히		맞	서	고		있	다	.	나	는		다	음	과		같	은
이	유	로		임	금		피	크	제	에		대	해		반	대	한	다	.
	임	금		피	크	제	에		반	대	하	는		이	유	는		첫	째,
기	업	이		경	력	이		많	은		직	원	을		싼		임	금	으
로		쓰	려	고		할		것	이	기		때	문	이	다	.	경	력	이
많	은		직	원	은		그	에		맞	는		임	금	을		받	아	야
하	는	데		임	금		피	크	제	가		생	김	으	로		인	해	서
불	이	익	을		당	할		수	도		있	다	.						
	둘	째	,	청	년		실	업	과		이		문	제	는		아	무	런
관	련	이		없	기		때	문	이	다	.	청	년		실	업	의		원
인	이		마	치		고	령	자		때	문	이	라	는		시	각	이	
있	는	데		실	제		연	구		결	과	에		의	하	면		임	금
피	크	제	는		청	년		실	업		문	제	와		관	련	이		없
는		것	으	로		나	타	났	다	.									
	셋	째	,	일	에		대	한		집	중	력	도		떨	어	질		뿐
만		아	니	라		회	사	에		대	한		애	정	도		없	어	질
것	이	다	.	임	금	이		줄	어	들	면		회	사	나		일	에	
대	한		만	족	도	가		떨	어	지	게		되	므	로		일	을	
열	심	히		해	야	겠	다	는		생	각	이		들	지		않	을	
것	이	다	.																
	이	상	으	로		임	금		피	크	제	에		반	대	하	는		입
장	에	서		임	금		피	크	제		시	행	으	로		나	타	날	
수		있	는		문	제	점	에		대	해		살	펴	보	았	다	.	임
금		피	크	제	는		기	업	이		악	용	할		경	우		노	동

오른쪽 칸 수치: 100, 200, 300, 400, 500

자가 피해를 볼 수도 있고 청년 실업 **600**
문제를 해결해 줄 수도 없다. 또한 일
에서의 능률을 떨어뜨릴 수도 있으므로
시행해서는 안 된다고 본다.

<하> 내용 및 과제 수행 ☆　　　전개 구조 ☆　　　언어 사용 ★★★

〈자신의 입장을 선택하지 않고 양쪽 입장 모두 씀〉

　임금 피크제란 일정한 연령을 기준으로 임금을 줄이는 대신 일정 기간 동안 고용을 보장하는 제도이다.

　임금 피크제를 도입하면 고용이 안정될 수 있다. 기업의 입장에서 인건비에 대한 부담을 줄일 수 있으며 고령의 인력을 활용할 수도 있다. 인사 문제를 해소할 수 있는 데다가 노동력 부족 문제가 해결되는 등 여러 가지 기대되는 효과가 있다.

　임금 피크제를 시행할 경우 다음과 같은 문제점이 생길 수도 있다. 임금이 줄어들기 때문에 조직의 분위기나 활력이 떨어질 수 있다.

　임금 피크제는 고액 연봉을 받는 고령 근로자에 대한 기업의 부담과 청년 실업이라는 사회적인 문제를 해결하기 위한 대책으로 생겨난 것이다. 이것은 노동자는 늘어나지만 임금 총액은 변함이 없으므로 기업에게만 좋은 것이라고도 볼 수 있다. 임금 피크제 외에 더 현실적이고 많은 사람들이 만족할 수 있는 제도가 만들어져야 할 것이다.

내용 및 과제 수행 ☆
이 문제는 한 가지 입장을 선택해 써야 하는 유형인데, 이 글은 양쪽의 입장을 모두 소개하고 있으므로 문제를 완전히 잘못 파악한 경우입니다.

전개 구조 ☆
서론, 본론, 결론에 따라 단락은 잘 구분하였습니다. 그러나 글을 전개할 때 내용을 연결해 주는 표현이 없습니다. 그러다 보니 글을 이해하기가 쉽지 않습니다.

언어 사용 ★★★
문어적이고 고급 수준에 맞는 글을 썼습니다. 그러나 아무리 정확한 문법과 단어를 사용했다고 하더라도 써야 하는 내용이 틀렸기 때문에 좋은 점수를 받기 어렵습니다.

<상> 내용 및 과제 수행 ★★★　　　전개 구조 ★★★　　　언어 사용 ★★★　　　**참　잘했어요!**

　'노키즈존'이란 어린아이들의 출입을 금지하는 구역이다. 최근 노키즈존이 확대되는 경향에 대해 일반 고객을 위해 시행해야 한다는 입장과 아이들에 대한 차별이기에 시행하면 안 된다는 입장이 있는데 나는 노키즈존은 필요하다고 본다.

　노키즈존에 찬성하는 이유는 다음과 같다. 첫째, 영업 방침을 정하는 것은 개인의 권리이므로 존중해야 하기 때문이다. 물론 아이를 가진 부모 입장에서는 기분이 안 좋을 수 있지만 가게 주인들이 자신이 원하는 가게 분위기가 있기 때문에 이것에 대해 왈가왈부할 수는 없다.

　둘째, 노키즈존이 생긴 것은 소란을 피우는 아이들과 이를 방치한 몰상식한 부모 탓이기 때문이다. 공공장소에서는 기본적으로 지켜야 하는 예의가 있는데 이를 지키지 않았기 때문에 노키즈존이 생겨난 것이다. 노키즈존을 무조건 반대하기 전에 자신들의 행동을 돌아볼 필요가 있다.

　셋째, 아이들의 안전사고를 예방하자는 차원이기 때문이다. 어린 아이들이 가게 안에서 뛰어놀다가 다치면 그 책임이 가게 주인에게도 있는데 이를 사전에 방지하고자 하는 생각에서 노키즈존은 필요하다고 할 수 있다.

	지	금	까	지		노	키	즈	존	이		필	요	하	다	는		입	장	600
에	서		그		이	유	를		정	리	해		보	았	다	.		노	키	즈
존	은		결	국		공	공	장	소	에	서	의		예	절	을		지	키	
지		않	아		생	겨	난		것	이	다	.		따	라	서		반	대	하
기	에		앞	서		공	공	장	소	에	서		예	절	을		지	키	는	
일	이		선	행	되	어	야		할		것	이	다	.						700

〈구어적, 추측성 표현이 많음〉

요즘 노키즈존 문제에 사람들이 많이 관심이 가지고 있다. 여기에 대해 일반 고객님을 위해 시행해야 한다는 입장과 애기들에 대한 차별이니까 시행하면 안 된다는 입장이 있는데 내 생각에는 노키즈존은 필요한 것 같다.

그 이유는 다음과 같다. 첫째, 가게에 애기랑 엄마가 올 수 있고 없고는 사장님께서 정하는 거라고 생각한다. 아기하고 부모님은 기분이 안 좋을 수 있지만 가게 사장님들이 자기가 원하는 가게 분위기가 있기 때문에 이것에 대해 얘기 할 수는 없다.

둘째, 애기들이 없으면 가게 분위기가 더 좋은 것 같다. 결혼 안한 사람들은 아기를 좋아하지 않는다. 참, 가게 알바들도 안 좋아한다. 아기들이 시끄럽게 떠들거나 놀면 분위기가 안 좋고 사람들도 즐길 수 없는 것 같다.

셋째, 아이들이 사고를 당할 수도 있는 것 같다. 가게 안은 뜨거운 음식도 있고 바닥도 미끄러우니까 아이들이 쉽게 다친다. 사고가 나기라도 하면 큰일이잖다. 아기들은 가게에 오느니 차라리 금지하는 게 더 나을 것 같다.

이건 바로 내가 노키즈존에 찬성한 이유이다.

내용 및 과제 수행 ★
'노키즈존'에 찬성하는 입장에서 세 가지 정도의 이유를 구체적으로 쓰기는 했습니다. 그러나 내용을 읽어 보면 추측성 표현 때문에 근거의 논리성이 부족해 보입니다(밑줄 친 부분).

전개 구조 ★★
서론, 본론, 결론에 따라 단락은 잘 구분하였습니다. 그러나 결론을 보면 앞에 쓴 내용을 정리하는 것이 아니라 단순히 '찬성하는 이유이다'라는 문장으로 마무리를 하고 있습니다.

언어 사용 ☆
구어적, 추측성 표현이 너무 많아서 논리적인 느낌이 전혀 들지 않습니다.

최신 경향 54번 연습 문제 1

> 사람이 살아가는 데에 일도 중요하지만 휴식도 중요하다. 최근 많은 사람들은 개인의 행복을 위해 일과 휴식의 균형을 맞추려는 노력을 한다. 일과 휴식의 균형을 맞추는 것이 왜 중요하며 이것을 위해 필요한 것이 무엇인지 아래의 내용을 중심으로 자신의 생각을 쓰라.

· 일과 휴식의 균형을 맞추는 것이 왜 중요한가?
· 일과 휴식의 균형을 맞추지 않으면 무슨 문제가 생기는가?
· 일과 휴식의 균형을 맞추기 위해 어떻게 해야 하는가?

서론	〈일과 휴식의 균형을 맞춰야 하는 이유〉 휴식을 잘 취해야 ① 새로운 에너지가 생김 ② 일의 능률도 오름
본론	〈일과 휴식의 균형이 깨지면 생기는 문제〉 ① 건강상의 문제(신체, 정신) ② 일의 능률이 떨어짐 ↓ 사회적 손실
결론	〈일과 휴식의 균형을 위해 필요한 노력〉 ① 관련 법이나 제도 마련 ② 사회적 분위기 변화 필요

		최	근		젊	은		세	대	는		일	을		많	이		해	서
돈	을		많	이		버	는		것	보	다		퇴	근		후		개	인
적	인		시	간	을		보	내	며		쉬	는		것	을		행	복	한
삶	이	라	고		생	각	한	다	.		일	이		끝	나	고		충	분	한
휴	식	을		취	해	야		다	시		일	을		할		수		있	는
새	로	운		에	너	지	가		생	기	고		일	의		능	률	도
오	르	게		되	기		때	문	이	다	.		따	라	서		일	과		휴

100

식의 균형을 맞추는 것은 매우 중요하다.

만약 일과 휴식의 균형을 맞추지 않으면 여러 가지 문제가 생길 수 있다. 먼저, 신체적으로 건강하지 못한 사람들이 늘어날 것이다. 사람의 몸은 일정 시간 일을 했으면 일정 시간 동안 쉬어야 한다. 그런데 그 둘의 균형이 깨지면 건강상의 문제가 생기고만다. 또한 제대로 쉬지 못하면 일의 능률도 오르지 않는다. 이로 인해 스트레스를 받게 될 것이고 정신적으로도 건강하지 못한 상태가 될 것이다. 이것은 결국 사회적으로도 큰 손실을 가져오게 될 것이다.

일과 휴식의 균형을 맞추기 위해서는 첫째, 휴식 시간을 보장 받을 수 있는 제도가 마련되어야 한다. 아무리 개인이 쉬고 싶어도 회사에서 업무 시간을 줄이지 않으면 불가능하다. 따라서 일하는 사람들의 휴식 시간을 법이나 제도로 보장해 주어야 한다. 둘째, 사회적 분위기가 바뀌어야 한다. 지금까지는 경쟁에서 이겨야 하기 때문에 쉬면 남들보다 뒤처진다고 생각했다. 그러나 잘 쉬는 것이 일의 효율을 높인다는 사실을 모두 알게 된다면 일만큼 휴식이 중요하다는 것을 알게 될 것이다.

멀리 있는 친구나 가족과 대화하거나 다양한 정보를 얻기 위해 SNS를 하는 사람이 많다. 그러나 SNS가 긍정적인 부분만 있는 것은 아니다. 'SNS의 올바른 사용 방법'에 대해 아래의 내용을 중심으로 자신의 생각을 쓰라.

· SNS의 긍정적인 부분은 무엇인가?
· SNS의 부정적인 부분은 무엇인가?
· SNS를 올바르게 사용하는 방법은 무엇인가?

서론	〈SNS의 긍정적인 부분〉 ① 다양한 사람과 정보 주고받으며 소통 – 새로운 인간관계 형성 ② 전 세계에 있는 소식을 실시간으로 알 수 있음.
본론	〈SNS의 부정적인 부분〉 ① 개인 정보 유출, 범죄 악용(도용) ② 가짜 정보 – 퍼지는 속도 너무 빠름, 수정 불가능
결론	〈SNS의 올바른 사용 방법〉 ① 개인 정보 공개/사생활 노출 조심 ② 글이나 사진의 사실 여부 충분히 판단

	사	람	들	은		온	라	인	상	에	서		정	보	를		얻	거	나	
다	양	한		사	람	과		소	통	하	기		위	해		S	N	S	를	
한	다	.	이	러	한		S	N	S	는		가	족	이	나		친	구	뿐	
만		아	니	라		전		세	계	에		있	는		다	양	한		사	
람	들	과		정	보	를		주	고	받	을		수	도		있	고		서	100
로		소	통	할		수	도		있	다	.	이	를		통	해		새	로	
운		인	간	관	계	를		만	들	기	도		한	다	.	또	한		S	
N	S	를		통	해		전		세	계	에		있	는		소	식	을	
누	구	나		실	시	간	으	로		알	릴		수		있	고		알	게	
될		수	도		있	다	.	이	처	럼		S	N	S	는		예	전	에	200
는		쉽	게		접	하	지		못	했	던		정	보	들	을		쉽	게	
접	할		수		있	다	는		점	에	서		긍	정	적	으	로		볼	

수 있다.

　반면 SNS로 인해 생겨나는 문제점도 적지 않다. 우선 SNS에 공개되어 있는 개인 정보를 유출해 범죄에 이용하는 경우도 있고 SNS에 올린 사진이나 글에 있는 내용이 도용되는 경우도 종종 일어난다. 그뿐만 아니라 너무 많은 정보를 쉽게 올리다 보니 정확하지 않은 가짜 정보도 넘쳐나고 있다. 한번 생산된 내용은 급속도로 퍼져 나가서 잘못된 정보를 다시 정정한다고 해도 이미 퍼져 나간 내용을 되돌리기에는 한계가 있다.

　따라서 SNS를 올바르게 사용하기 위해서는 첫째, SNS를 이용할 때 개인 정보를 공개하는 것에 신중해야 한다. 그리고 자신의 사생활을 지나치게 많이 공개하는 것도 조심해야 할 것이다. 둘째, 사실로 확인되지 않은 내용에 대해 글을 올리거나 그것을 공유하는 등의 행동을 삼가야 한다. SNS상에 글이나 사진을 올리기 전에 충분히 사실 여부를 판단하고 올려야 할 것이다.

최신 경향 54번 연습 문제 3

예전에는 개나 고양이 등은 단순히 인간에게 즐거움을 주는 존재라고 생각했다. 그러나 요즘은 동물들을 친구나 가족 같은 존재로 생각하는 사람들이 늘어나고 있다. 이러한 상황에서 '반려동물을 대하는 태도'에 대해 아래의 내용을 중심으로 자신의 생각을 쓰라.

· 반려동물은 어떤 존재인가?
· 반려동물은 인간에게 어떤 영향을 미치는가?
· 반려동물을 대할 때 어떤 태도를 가져야 하는가?

서론	〈반려동물의 존재 의미〉 친구이자 가족과 같은 존재
본론	〈반려동물이 인간에게 미치는 영향〉 ① 인간에게 심리적 안정감을 줌. ② 실질적 도움을 줌. (우울증 치료, 안내견)
결론	〈반려동물을 대하는 태도〉 ① 소중하게 대하고 아끼고 사랑하기 ② 책임감 가지기

	인	간	은		오	랫	동	안		개	나		고	양	이	와		같	은	
동	물	과		함	께		살	아	왔	다	.		그	런	데		과	거	에	는
이	런		동	물	을		단	순	히		귀	엽	고		인	간	을		즐
겁	게		하	는		존	재	라	고		생	각	해		애	완	동	물	이
라	고		불	렀	다	.	하	지	만		최	근	에	는		인	간	과	100
더	불	어		살	아	가	며		교	감	을		나	누	는		친	구	이
자		가	족	과		같	은		존	재	라	고		생	각	해		반	려
동	물	이	라	고		부	른	다	.										
	반	려	동	물	은		인	간	에	게		긍	정	적	인		영	향	을
미	친	다	.	우	선	,	반	려	동	물	은		인	간	으	로		하	여	200
금		심	리	적		안	정	감	을		느	끼	게		해		준	다	.	
혼	자		사	는		노	인	들	이		반	려	동	물	과		함	께	
사	는		경	우		심	리	적	으	로		안	정	감	을		느	껴	

외로움을　덜　느끼게　된다고　한다.　그리
고　우울증에　걸린　사람도　반려동물을　　300
키우면서　성격이　밝아지고　우울증이　치
료된　연구　결과도　있다고　한다.　또한
시각장애인의　경우　앞을　볼　수　없어서
혼자서는　외출하기가　매우　힘들다.　그런
데　안내견과　함께　하면서　외출도　가능　　400
해지고　평생　함께할　수　있는　친구도
생기게　된다.
　이처럼　반려동물은　인간에게　긍정적인
영향을　미치는데　여전히　개나　고양이를
키우다가　마음에　안　든다는　이유로　버　　500
리거나　학대를　하는　경우도　있다.　이는
잘못된　태도이다.　만약에　반려동물을　가
족과　같은　존재라고　생각한다면　좀　더
소중하게　아끼고　사랑을　나누어야　할
것이다.　또한　반려동물을　기르는　사람은　600
책임감을　가지고　끝까지　가족으로　생각
하고　돌봐야　할　것이다.

일반적으로 기부라고 하면 다른 사람을 돕기 위해 돈을 내는 것을 생각한다. 그러나 최근 자신의 재능으로 다른 사람을 돕거나 직접 물건을 만들어서 기부하는 등 그 방법이 다양해지고 있다. 아래의 내용을 중심으로 기부에 대한 자신의 생각을 쓰라.

· 사람들이 기부를 하는 이유는 무엇인가?
· 기부의 방법에는 어떤 것들이 있는가?
· 기부를 통해 사람들은 무엇을 얻을 수 있는가?

서론	〈기부를 하는 이유〉 도움이 필요한 사람들을 돕기 위해
본론	〈다양한 기부의 방법〉 ① 재능기부 (예: 미용사) ② 포인트 기부
결론	〈기부를 통해 얻을 수 있는 것〉 누군가에게 도움을 주었다는 데에서 오는 행복감

	기	부	란		도	움	이		필	요	한		사	람	이	나		단	체
에		가	지	고		있	는		돈	이	나		물	건		등	을		대
가		없	이		내	놓	는		것	을		말	한	다	.		사	람	들	이
기	부	를		하	는		이	유	는		지	진	으	로		갑	자	기	
집	을		잃	은		사	람	들	이	나		부	모	가		없	는		아
이	들	과		같	은		사	람	들	에	게		여	러		방	면	에	서
도	움	을		주	기		위	해	서	이	다	.							
	그	런	데		과	거	에	는		기	부	라	고		하	면		하	나
같	이		돈	을		내	는		것	이	라	고		생	각	했	지	만	
최	근	에	는		돈	이		아	니	더	라	도		다	양	한		방	법
으	로		기	부	를		하	는		사	람	들	이		많	아	지	고	
있	다	.	먼	저		재	능	기	부	를		들	수		있	다	.	예	
를		들	어		미	용	사	가		자	신	의		재	능	인		머	리
를		자	르	는		기	술	을		이	용	하	여		주	말	에		가

난 한 노인들이나 아이들의 머리를 무료로 잘라 주는 것이다. 다음으로 물건을 구매함으로써 기부를 하는 방법도 있다. 그것은 '포인트' 기부라고도 하는데 카드로 물건을 사면 금액의 1% 정도가 포인트로 쌓여서 어려운 이웃에게 사용되기도 한다.

기부는 남을 돕는 행위이지만 기부를 한 사람들은 대부분 '자신의 행복을 위해서'라고 말하는 경우가 많다. 사람들은 다른 사람들로부터 무엇을 받았을 때도 행복함을 느끼지만 자신이 가진 것을 다른 사람에게 나누어 주었을 때 더 큰 행복을 느끼는 경우가 많기 때문이다. 이처럼 사람들은 기부를 통해 자신이 가진 재능이나 작은 행동이 누군가에게 도움이 된다고 생각하고 행복을 느낄 것이다.

실전 모의고사 1 정답표

문항 번호	모범 답안	배점
51	㉠ 내일 직접 제출하기가 어려울 것 같습니다 ㉡ 이메일로 보내도 되겠습니까 / 다음 주에 제출해도 되겠습니까	10
52	㉠ 실패로 인해 슬퍼하기도 한다 ㉡ 실패가 항상 나쁜 것은 아니다 / 실패를 두려워하면 안 된다	10
53	이 그래프는 20대와 40대 성인 남녀 500명을 대상으로 옷을 살 때 중요하게 생각하는 조건에 대해 설문 조사를 실시한 것이다. 조사 결과 20대의 경우 디자인이 56%로 가장 높게 나타났고 그 다음으로 가격이 32%를 차지했다. 마지막으로 편안함을 중요하게 생각한다는 12%였다. 반면에 40대의 경우는 편안해야 한다가 49%로 가장 높았고 그 다음으로 가격이 27%, 디자인을 중요하게 생각한다는 24%로 나타났다. 이 조사 결과를 통해서 20대와 40대가 옷을 살 때 중요하게 생각하는 조건이 다르다는 것을 알 수 있다.	30
54	매년 공공장소에 CCTV 카메라가 더욱 많이 설치되고 있다. 요즘 이 CCTV 카메라는 모든 도로와 시설, 기타 공공 시설물에 설치되어 있다. 이러한 CCTV 설치에 안전하다고 느끼는 사람이 있는가 하면 사생활을 침해한다는 이유로 반대하는 사람도 있는데 나는 CCTV가 사생활을 침해하기 때문에 설치되지 않아야 한다고 생각한다. 　CCTV 카메라 설치에 반대하는 이유는 다음과 같다. 첫째, 사생활 보호는 우리의 기본 권리이기 때문이다. 나도 모르는 사이에 나의 개인적인 부분이 사진이나 카메라로 찍힌다면 좋아할 사람을 없을 것이다. 안전을 위한다는 이유만으로 사생활이 희생되어서는 안 된다. 　둘째, 범죄율이 줄어들고 있지 않기 때문이다. CCTV 카메라의 설치 목적은 범죄율을 줄이기 위함이었다. 물론 CCTV 카메라 덕분에 범죄를 해결하는 경우가 있기는 하지만 전체 비율로 따지면 많지 않다. 막대한 돈을 들였는데도 범죄율 감소에 효과가 없다면 CCTV는 비효율적이라고 볼 수밖에 없다. 　셋째, CCTV는 증거로서의 역할밖에 하지 못하기 때문이다. CCTV는 범죄 발생 후에 효과가 있는 것이지 범죄가 발생하는 당시에는 영향을 미치지 못한다. 그러나 이것 역시 CCTV가 볼 수 없는 사각지대에서 범죄가 발생한다면 아무런 소용이 없는 일이다. 　지금까지 CCTV 설치를 반대하는 입장에서 그 이유를 이야기해 보았다. 안전을 위해서 개인의 권리가 희생되어서는 안 된다. 따라서 경찰은 이러한 보안 카메라에 의지하는 것이 아니라 범죄 예방을 위해서 더욱 적극적인 조치를 취해야 할 것이다.	50

실전 모의고사 2 정답표

문항 번호	모범 답안	배점
51	㉠ 외국인 한국어 말하기 대회를 하려고 합니다 ㉡ 신청을 원하시는 분들은 이메일로 신청서를 보내 주시기 바랍니다	10
52	㉠ 학교에서 나타나기도 한다 / 나타날 때도 있다 ㉡ 세대 차이를 해결하기는 힘들다 /극복하는 것은 쉽지 않다	10
53	이 그래프는 교사와 학생 200명을 대상으로 한국어 말하기 능력을 향상시키는 방법에 대해 조사를 실시한 것이다. 조사 결과 교사의 경우 말하기를 잘하기 위해서는 수업 시간에 열심히 말해야 한다가 60%로 가장 높게 나타났고 그 다음으로 한국 친구를 사귀어야 한다가 35%, 마지막으로 드라마를 봐야 한다는 5%에 불과했다. 반면에 학생의 경우 한국 친구 사귀기가 70%, 수업 시간에 열심히 말하기가 20%, 드라마 보기가 10%로 그 뒤를 이었다. 이 조사 결과를 통해서 교사와 학생의 말하기 능력을 향상시키는 방법에 대한 생각이 다르다는 것을 알 수 있다.	30
54	오늘날 우리는 교통과 통신 등의 발달로 인해 세계화 시대에 살고 있다. 세계화 시대가 됨에 따라 영어를 공용어로 사용하는 나라들이 많아졌다. 이러한 상황에서 더 이상 자국어가 필요 없다고 말하는 사람들도 있는데 자국어는 단순히 의사소통의 수단이 아니고 그 나라 사람들에게 중요한 영향을 끼친다. 따라서 이 글을 통해 자국어의 중요성에 대해 살펴보고자 한다. 　우리가 자국어를 배우고 지켜야 하는 이유는 자국어를 배운다는 것은 단순히 언어를 배우는 것이 아니기 때문이다. 언어는 그 나라의 문화, 그 나라의 역사, 그 나라 국민의 정서 등을 모두 포함하고 있다. 한국어에 '우리'라는 단어는 공동체 의식을 중요하게 생각하는 한국인의 정서를 나타내는 것이고 일본 사람들이 '스미마셍'이라는 말을 많이 하는 것도 다른 사람에게 폐를 끼치는 것을 싫어하는 일본인들의 특성을 보여 주는 것이다. 이처럼 언어는 그 나라의 문화나 정서를 보여 주는 창과도 같다. 　이처럼 우리는 자국의 언어를 통해 그 나라 국민으로서 정체성과 민족성 등을 배울 수 있다. 왜냐하면 언어는 그 나라 민족의 정체성, 민족성을 드러내 주는 수단이기 때문이다. 한 예로 과거 식민지 정복자들이 식민지의 언어 사용을 금지했는데 이유는 그 나라 국민들의 민족성과 정체성을 없애고 싶었기 때문이다. 오늘날에도 많은 교포들이 자신의 정체성을 찾고 싶다는 이유로 자국의 언어를 공부하고 있다. 　지금까지 영어 공용어에 맞서 자국어의 중요성에 대해 살펴보았다. 언어는 단순히 말이 아니다. 언어는 한 나라의 문화, 역사, 정체성, 민족성 등 모든 것을 포함하고 있는 것이다. 따라서 우리는 자국어를 지켜야 할 것이다.	50

실전 모의고사 3 정답표

문항 번호	모범 답안	배점
51	㉠ 엘리베이터 이용이 불가능합니다 ㉡ 계단을 이용해 주시기 바랍니다	10
52	㉠ 걷기 운동이 누구에게나 다 좋은 것은 아니라는 뜻이다 ㉡ 걷기 운동이 몸에 해롭다	10
53	이 그래프는 최근 4년간 남성 전업주부 수의 변화에 대해 나타낸 것이다. 조사 결과 2010년에 10만 6천 명이었던 남성 전업주부 수는 2014년에 15만 천 명으로 4년 만에 약 5만 명이나 증가했다. 이처럼 남성 전업주부의 수가 증가한 원인은 다음과 같다. 첫째, 최근 한국에서 여성의 사회적인 지위가 상승했기 때문이다. 둘째, 일자리가 부족으로 인해 남성 전업주부의 수가 증가했다. 앞으로 경기 침체는 계속될 것으로 보이며 남성 전업주부의 수는 꾸준히 증가할 전망이다.	30
54	이제 많은 나라에서 전통적인 대가족이 거의 사라지고 핵가족이나 동거 가정, 한 부모 가정 등 그 형태가 다양해지면서 우리 사회에 많은 영향을 주고 있다. 따라서 이 글을 통해 이러한 새로운 가족 형태의 변화가 사회에 미치는 영향에 대해 살펴보고자 한다. 　산업화로 인해 도시로 인구가 집중되거나 여성의 경제 활동 참여가 증가하면서 가족의 형태가 점점 다양해지고 있다. 부모와 자녀로만 구성된 가정, 아이를 낳지 않는 무자녀 가정, 혼자 사는 1인 가족, 자녀 교육 등의 이유로 일부 가족만 해외로 나가 있는 기러기 가족 등을 들 수 있다. 　이렇게 가족의 형태가 다양해지면서 사회에도 영향을 끼쳤다. 먼저 가족의 역할이나 기능이 많이 축소되었다. 이전에는 가정 내에서 이루어졌던 교육이나 생산의 기능이 사회로 많이 넘어가게 되었다. 다음으로 가족이나 결혼에 대한 개념이 축소되면서 이것이 곧 저출산으로 이어졌다. 자발적으로 아이를 낳지 않는 가정도 증가하였다. 　이런 현상이 지속된다면 앞으로도 가족의 형태는 더 다양해질 것이다. 과거에 비해 가족주의 가치관이 많이 약화되었고 결혼에 대한 시각도 달라지면서 가족의 형태는 계속해서 변화하고 있다. 국제결혼이 증가하면서 다문화 가정이 증가할 것이고, 혈연관계가 아니더라도 함께 모여 사는 동거 가족도 증가할 것이다. 　이상으로 가족 형태의 변화가 사회에 어떤 영향을 미치는지에 대해 살펴보았다. 시대가 달라지면 사회적인 현상이나 사람들의 사고방식도 달라지기 마련이다. 다만 이러한 변화에 소외되거나 불이익을 받는 사람이 없도록 제도적인 보완이 필요할 것이다.	50

최신 경향 실전 모의고사 4 정답표

문항 번호	모범 답안	배점
51	㉠ 언어 교환을 하고 싶습니다 ㉡ 한국어 회화와 쓰기를 가르쳐 주시면 좋겠습니다	10
52	㉠ 독감 주사를 맞으라고/맞아 두라고 한다 ㉡ 독감 주사를 맞았더라도/맞아도	10
53	생활건강연구소에서 직장인 남녀 2,500명을 대상으로 직장인의 운동 실태에 대해 조사하였다. 조사 결과 일주일에 운동을 한 번도 안 한다는 응답이 60%로 가장 높게 나타났고 그 다음으로 매주 1~3회라는 대답이 35%를 차지했다. 매일 운동을 하는 사람은 5%에 불과했다. 운동을 안 하는 이유에 대해 남자와 여자 모두 시간이 없어서라고 응답한 경우가 가장 많았다. 이어 남자는 귀찮아서, 여자는 운동을 안 좋아해서라고 응답하였다.	30
54	과거 영화 속 이야기라고 느껴졌던 인공지능은 더 이상 영화 속 이야기가 아니라 현실이 되었다. 이러한 인공지능의 발달에 대해 기대와 우려하는 목소리가 동시에 들려온다. 　먼저 인공지능의 긍정적인 영향을 살펴보면 다음과 같다. 첫째, 인공지능은 위험한 일이나 귀찮은 일을 대신 해 준다. 화재나 지진과 같은 재난 현장에서 뛰어난 능력을 발휘한다. 또한 청소나 단순 반복적인 일도 실수 없이 처리한다. 둘째, 새로운 일자리를 만들어 낸다. 인공지능이 많이 사용되면 인공지능을 개발하거나 관리할 인재가 더 많이 필요할 것이다. 따라서 인공지능과 관련된 직업들이 생겨날 수도 있다. 　반면에 인공지능의 부정적인 영향은 먼저 인공지능이 범죄에 이용될 수 있다. 인공지능을 사용하는 사람의 가치관에 따라 범죄에 이용되어 인간을 죽이는 무기가 될 수도 있다. 또한 인공지능에 너무 의존하게 돼서 인간이 나태해질 수도 있다. 모든 일은 인공지능에 맡기게 되면서 스스로 무엇인가를 하려고 하지 않는 사람들이 늘 것이다. 　따라서 우리가 인공지능을 사용할 때는 올바른 윤리 의식을 가지고 좋은 일에만 사용해야 한다. 그래야 인공지능이 범죄에 이용되지 않고 인간과 행복한 공존을 할 것이다. 그리고 인공지능은 우리를 도와주는 존재이지 우리가 해야 할 일을 대신해 주는 존재는 아니다. 따라서 우리가 할 수 있는 일은 스스로 하려는 노력을 해야 한다.	50

최신 경향 실전 모의고사 5 정답표

문항 번호	모범 답안	배점
51	㉠ 지원해 주셔서 감사합니다 ㉡ 5월 20일에 진행될/진행할	10
52	㉠ 다이어트에 좋지 않다/좋지 않을 수도 있다 ㉡ 천천히 먹는 것이 좋다/먹어야 한다	10
53	최근 운동 용품 판매량이 증가하고 있다. 2010년에 5만 개에 불과했던 운동 용품 판매량이 2018년에는 30만 개로 꾸준히 증가했다. 이러한 운동 용품 판매량 증가의 원인으로 우선 건강에 대한 관심이 증가한 것을 들 수 있다. 다음으로 SNS를 통해 운동을 배우기가 쉬워진 것도 증가의 원인이 되었다. 이렇게 매년 판매량이 증가하는 것으로 보아 2022년에는 2018년의 두 배정도인 60만 개가 판매될 것으로 예상된다.	30

54	과거와 달리 요즘은 즐길 거리가 굉장히 많고 점점 자극적인 것들이 많아지고 있다. 또한 그 변화의 속도가 과거와 비교할 수 없을 정도로 빠르다. 그러다 보니 전통 문화는 특히 젊은 사람들에게 외면을 받고 있다. 그런데 전통 문화는 단순히 옛날의 문화가 아니라 조상 때부터 오랜 세월에 걸쳐 만들어진 것이므로 한 민족의 고유한 것이다. 또한 과거와 미래를 이어 주는 중요한 역할을 하기 때문에 전통 문화를 지키는 것이 중요하다.
	    만약 전통 문화가 사라지게 되면 여러 가지 문제가 생길 수 있다. 먼저 그 나라만이 가지고 있는 매력이나 가치가 사라질 것이다. 왜냐하면 전통 문화는 그 나라만이 가지고 있는 고유한 것이기 때문이다. 다음으로 전통 문화가 사라지면 그 나라의 역사가 모두 사라질 수도 있다. 전통은 오랜 세월 동안 형성된 것으로 전통 문화를 통해 조상들의 지혜를 배울 수 없기 때문이다.
	    이러한 전통 문화를 지키기 위해서는 다양한 방법을 통해 전통 문화가 가지고 있는 고유의 매력이나 가치를 젊은 사람들에게 알릴 수 있도록 노력해야 한다. 그리고 젊은 사람들도 전통을 무조건 옛날 것이라고만 생각하지 않고 전통 문화에 담긴 조상들의 지혜를 소중하게 생각하는 마음을 가져야 한다. 그래야 전통 문화가 사라지지 않고 계속해서 이어질 수 있을 것이다.
		50

한국어능력시험
TOPIK II

1 교시 (쓰기)

성 명 (Name)	한국어 (Korean)	
	영 어 (English)	

주관식 답안은 정해진 답란을 벗어나거나 답란을 바꿔서 쓸 경우 점수를 받을 수 없습니다.
(Answers written outside the box or in the wrong box will not be graded.)

51	㉠	
	㉡	

52	㉠	
	㉡	

53 아래 빈칸에 200자에서 300자 이내로 작문하십시오 (띄어쓰기 포함).
(Please write your answer below; your answer must be between 200 and 300 letters including spaces.)

														50
														100
														150
														200
														250
														300

※ 54번은 뒷면에 작성하십시오. (Please write your answer for question number 54 at the back.)

수 험 번 호

| 8 | | | | | | | | | | |

54

주 관 식 답 란 (Answer sheet for composition)

아래 빈칸에 600자에서 700자 이내로 작문하십시오 (띄어쓰기 포함).
(Please write your answer below; your answer must be between 600 and 700 letters including spaces.)

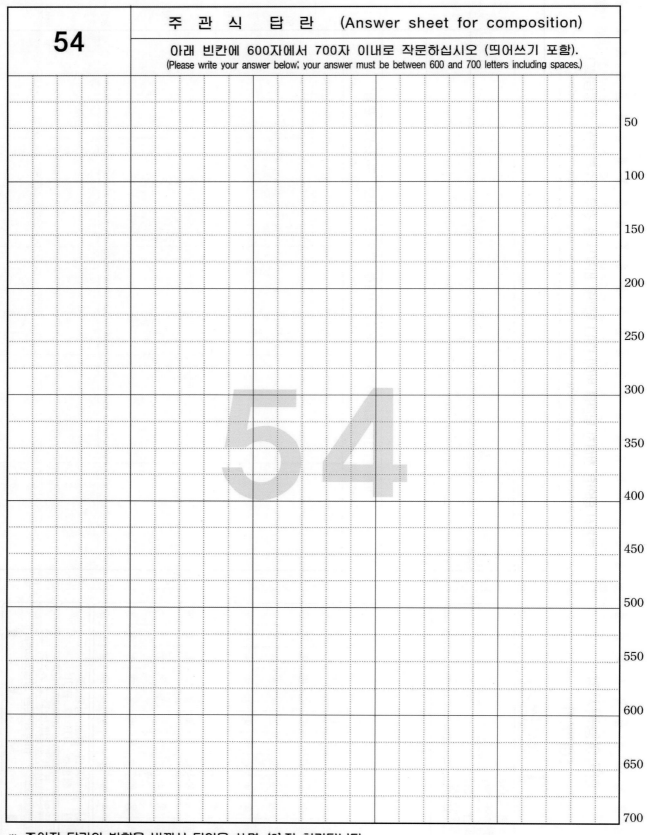

50
100
150
200
250
300
350
400
450
500
550
600
650
700

※ 주어진 답란의 방향을 바꿔서 답안을 쓰면 '0' 점 처리됩니다.
(Please do not turn the answer sheet horizontally. No points will be given.)

한국어능력시험
TOPIK II
1 교시 (쓰기)

성 명 (Name)	한 국 어 (Korean)	
	영 어 (English)	

수	험	번	호								
					8						
0	0	0	0	0		0	0	0	0	0	0
1	1	1	1	1		1	1	1	1	1	1
2	2	2	2	2		2	2	2	2	2	2
3	3	3	3	3		3	3	3	3	3	3
4	4	4	4	4		4	4	4	4	4	4
5	5	5	5	5		5	5	5	5	5	5
6	6	6	6	6		6	6	6	6	6	6
7	7	7	7	7		7	7	7	7	7	7
8	8	8	8	8	●	8	8	8	8	8	8
9	9	9	9	9		9	9	9	9	9	9

※결 시 확인란	결시자의 영어 성명 및 수험번호 기재 후 표기	○

※답안지 표기 방법(Marking examples)	
바른 방법(Correct)	바르지 못한 방법(Incorrect)
●	✓ ⊙ ◐ ⊗ ✗

※ 위 사항을 지키지 않아 발생하는 불이익은 응시자에게 있습니다.

※감독관 확 인	본인 및 수험번호 표기가 정확한지 확인	(인)

주관식 답안은 정해진 답란을 벗어나거나 답란을 바꿔서 쓸 경우 점수를 받을 수 없습니다.
(Answers written outside the box or in the wrong box will not be graded.)

51	㉠
	㉡
52	㉠
	㉡
53	아래 빈칸에 200자에서 300자 이내로 작문하십시오 (띄어쓰기 포함). (Please write your answer below; your answer must be between 200 and 300 letters including spaces.)

53

50
100
150
200
250
300

※ 54번은 뒷면에 작성하십시오. (Please write your answer for question number 54 at the back.)

주 관 식 답 란 (Answer sheet for composition)

아래 빈칸에 600자에서 700자 이내로 작문하십시오 (띄어쓰기 포함).
(Please write your answer below; your answer must be between 600 and 700 letters including spaces.)

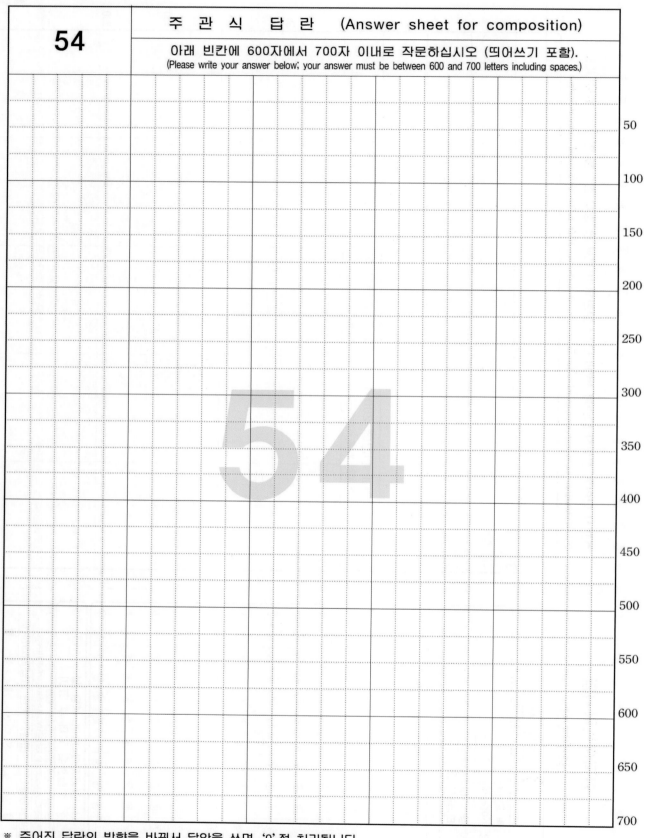

50
100
150
200
250
300
350
400
450
500
550
600
650
700

한국어능력시험
TOPIK II

1 교시 (쓰기)

주관식 답안은 정해진 답란을 벗어나거나 답란을 바꿔서 쓸 경우 점수를 받을 수 없습니다.
(Answers written outside the box or in the wrong box will not be graded.)

성 명 (Name)	한국어 (Korean)	
	영 어 (English)	

수 험 번 호

8

아래 빈칸에 200자에서 300자 이내로 작문하십시오 (띄어쓰기 포함).
(Please write your answer below; your answer must be between 200 and 300 letters including spaces.)

51 ㉠ / ㉡
52 ㉠ / ㉡
53

(50 / 100 / 150 / 200 / 250 / 300)

※ 54번은 뒷면에 작성하십시오. (Please write your answer for question number 54 at the back.)

※ 결시 결시자의 영어 성명 및 수험번호 기재 후 표기
확인란

※ 답안지 표기 방법(Marking examples)
바른 방법(Correct) ● / 틀린 방법(Incorrect) ⊘ ⊙ ⊗ ◑

※ 위 사항을 지키지 않아 발생하는 불이익은 응시자에게 있습니다.

※ 감독관 본인 및 수험번호 표기 (인)
확 인 이 정확한지 확인

주 관 식 답 란 (Answer sheet for composition)

아래 빈칸에 600자에서 700자 이내로 작문하십시오 (띄어쓰기 포함).
(Please write your answer below; your answer must be between 600 and 700 letters including spaces.)

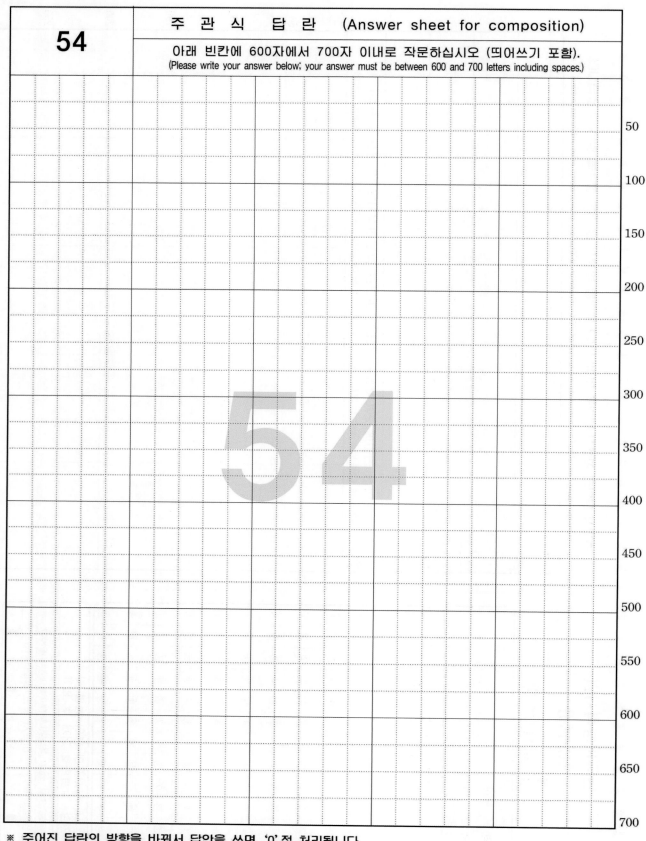

50
100
150
200
250
300
350
400
450
500
550
600
650
700

※ 주어진 답란의 방향을 바꿔서 답안을 쓰면 '0' 점 처리됩니다.
(Please do not turn the answer sheet horizontally. No points will be given.)

한국어능력시험
TOPIK II

1 교시 (쓰기)

성 명 (Name)	한 국 어 (Korean)	
	영 어 (English)	

수 험 번 호

	8										
⓪		⓪	⓪	⓪	⓪	⓪		⓪	⓪	⓪	⓪
①		①	①	①	①	①		①	①	①	①
②		②	②	②	②	②		②	②	②	②
③		③	③	③	③	③		③	③	③	③
④		④	④	④	④	④		④	④	④	④
⑤		⑤	⑤	⑤	⑤	⑤		⑤	⑤	⑤	⑤
⑥		⑥	⑥	⑥	⑥	⑥		⑥	⑥	⑥	⑥
⑦		⑦	⑦	⑦	⑦	⑦		⑦	⑦	⑦	⑦
⑧		⑧	⑧	⑧	⑧	●		⑧	⑧	⑧	⑧
⑨		⑨	⑨	⑨	⑨	⑨		⑨	⑨	⑨	⑨

결 시 확인란	결시자의 영어 성명 및 수험번호 기재 후 표기	◯

※ 답안지 표기 방법(Marking examples)

	바른 방법(Correct)	바르지 못한 방법(Incorrect)
바른 방법(Correct)	●	⊘ ⊙ ⊗ ⦸

※ 위 사항을 지키지 않아 발생하는 불이익은 응시자에게 있습니다.

감독관 확 인	본인 및 수험번호 표기가 정확한지 확인	(인)

주관식 답안은 정해진 답란을 벗어나거나 답란을 바꿔서 쓸 경우 점수를 받을 수 없습니다.
(Answers written outside the box or in the wrong box will not be graded.)

51	㉠
	㉡

52	㉠
	㉡

53	아래 빈칸에 200자에서 300자 이내로 작문하십시오 (띄어쓰기 포함). (Please write your answer below; your answer must be between 200 and 300 letters including spaces.)

(칸: 50, 100, 150, 200, 250, 300)

※ 54번은 뒷면에 작성하십시오. (Please write your answer for question number 54 at the back.)

54

주 관 식 답 란 (Answer sheet for composition)

아래 빈칸에 600자에서 700자 이내로 작문하십시오 (띄어쓰기 포함).
(Please write your answer below; your answer must be between 600 and 700 letters including spaces.)

50

100

150

200

250

300

350

400

450

500

550

600

650

700

※ 주어진 답란의 방향을 바꿔서 답안을 쓰면 '0'점 처리됩니다.
(Please do not turn the answer sheet horizontally. No points will be given.)

한국어능력시험
TOPIK II

1 교시 (쓰기)

주관식 답안은 정해진 답란을 벗어나거나 답란을 바꿔서 쓸 경우 점수를 받을 수 없습니다.
(Answers written outside the box or in the wrong box will not be graded.)

51	㉠	
	㉡	

52	㉠	
	㉡	

53 아래 빈칸에 200자에서 300자 이내로 작문하십시오 (띄어쓰기 포함).
(Please write your answer below; your answer must be between 200 and 300 letters including spaces.)

※ 54번은 뒷면에 작성하십시오. (Please write your answer for question number 54 at the back.)

성 명 한국어 (Korean)
(Name) 영 어 (English)

수 험 번 호

8

※ 결시 결시자의 영어 성명 및
확인란 수험번호 기재 후 표기

※ 답안지 표기 방법(Marking examples)
바른 방법(Correct) ●
바르지 못한 방법(Incorrect) ⊘ ⊙ ◑ ⊗ ⊕

※ 위 사항을 지키지 않아 발생하는 불이익은 응시자에게 있습니다.

본인 및 수험번호 표기가
감독관 정확한지 확인 (인)
확인 본인 및 수험번호 확인

주 관 식 답 란 (Answer sheet for composition)

아래 빈칸에 600자에서 700자 이내로 작문하십시오 (띄어쓰기 포함).
(Please write your answer below; your answer must be between 600 and 700 letters including spaces.)

50
100
150
200
250
300
350
400
450
500
550
600
650
700

※ 주어진 답란의 방향을 바꿔서 답안을 쓰면 '0' 점 처리됩니다.
(Please do not turn the answer sheet horizontally. No points will be given.)

HOT TOPIK 쓰기 토픽Ⅱ Writing 해설집

초판 발행	2016년 2월 15일
개정판 발행	2018년 12월 3일
개정판 9쇄	2024년 12월 10일

저자	현빈, 최재찬
편집	권이준, 김아영
펴낸이	엄태상
디자인	진지화
콘텐츠 제작	김선웅, 장형진
마케팅본부	이승욱, 왕성석, 노원준, 조성민, 이선민
경영기획	조성근, 최성훈, 김다미, 최수진, 오희연
물류	정종진, 윤덕현, 신승진, 구윤주

펴낸곳	한글파크
주소	서울시 종로구 자하문로 300 시사빌딩
주문 및 교재 문의	1588-1582
팩스	0502-989-9592
홈페이지	http://www.sisabooks.com
이메일	book_korean@sisadream.com
등록일자	2000년 8월 17일
등록번호	제300-2014-90호

ISBN 978-89-5518-580-5 (13710)

HOT TOPIK 쓰기 토픽 II Writing

해설집